انتخبوا مرشح بدو الجنوب

WIELD VILLAGE
ENGLAND
ALBANIA
COUNTRY. 8
CROATIA
COUNTRY. 6
COUNTRY. 12
CYPRUS
RWANDA
COUNTRY. 20
EGYPT
COUNTRY. 15
TANZANIA
ZANZIBAR
COUNTRY. 21
ITALY
COUNTRY. 4
JERUSALEM
SUDAN
COUNTRY. 16
COUNTRY. 5
SLOVENIA
GREECE
COUNTRY.
10
MACEDONIA
COUNTRY
9
FRANCE
COUNTRY.
2
JORDAN
COUNTRY. 13
Uganda
COUNTRY. 19
MONTENEGRO
COUNTRY. 7
COUNTRY. 22
MALAWI
SWAZILAND
COUNTRY. 23
MOZAMBIQUE
COUNTRY. 23
KENYA
COUNTRY. 18
TURKEY
COUNTRY. 11
SWITZERLAND
COUNTRY. 3
ETHIOPIA
COUNTRY. 17
ZIMBABWE
COUNTRY. 24
SOUTH AFRICA
COUNTRY. 26

– THE NOMADIC KITCHEN –

{ *präsentiert* }

COOK & BIKE
Mit Rad und Wok von London nach Kapstadt

{ *geschrieben und gestaltet* }

von TOM PERKINS

★★★★★

Im Gedenken an das wirklich außergewöhnliche Leben von *Angela Perkins.*

– Mutter, Großmutter, Urgroßmutter –
Du warst Herz und Seele unserer Familie.

Die schlechteste Köchin der Welt und die anspruchsvollste Fotografin.
Schriftstellerin, Historikerin und leidenschaftliche Leserin.

Du hast uns allen so viel beigebracht. Es tut mir unendlich leid, dass ich die Chance verpasst habe, dir ein letztes Mal zu danken und dir Adieu zu sagen ...

{ *Dieses Buch ist für dich.* }

– WILLKOMMEN AUF UNSERER REISE –

INHALT

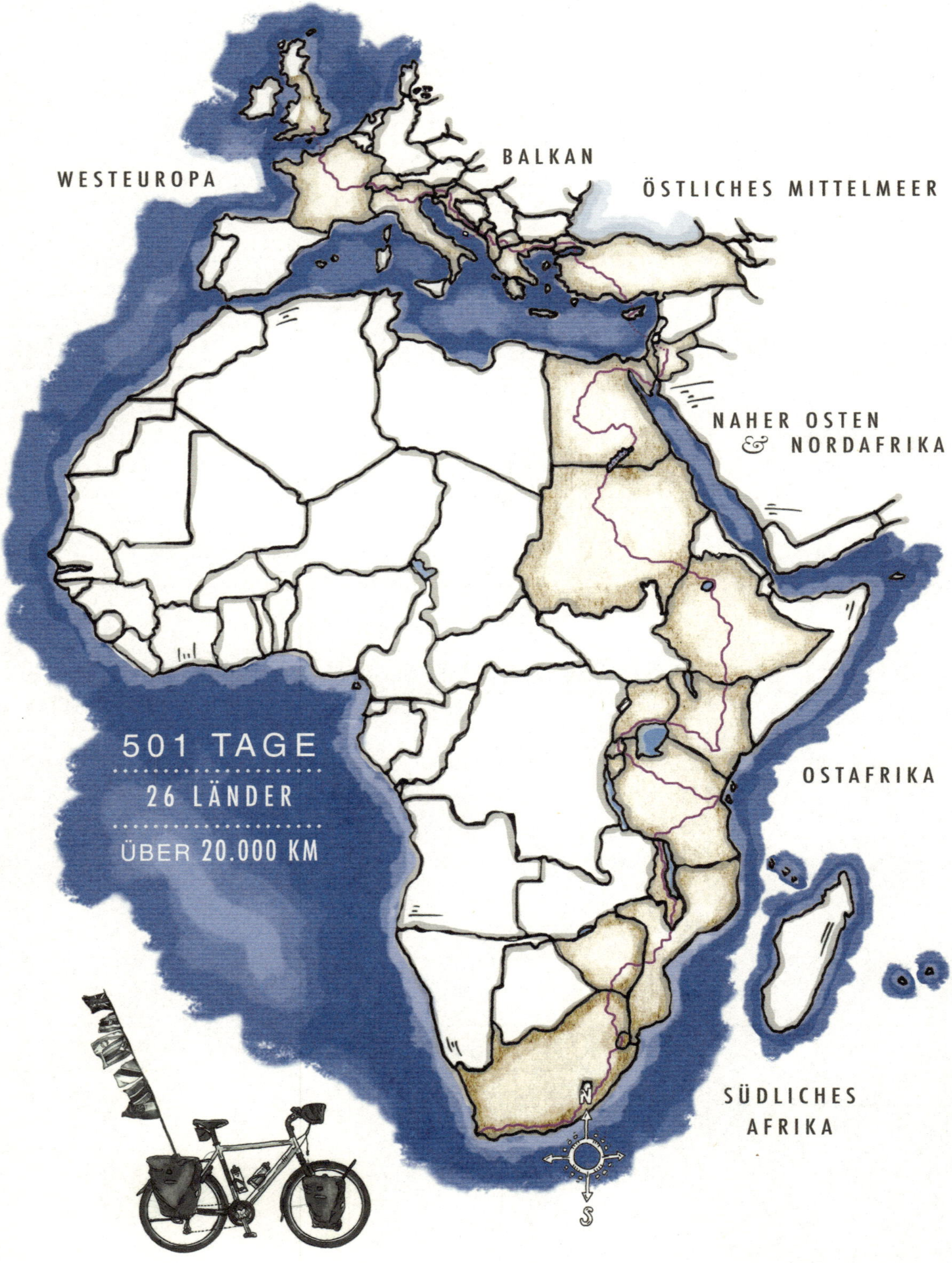
WESTEUROPA
BALKAN
ÖSTLICHES MITTELMEER
NAHER OSTEN
& NORDAFRIKA
OSTAFRIKA
SÜDLICHES
AFRIKA
501 TAGE
26 LÄNDER
ÜBER 20.000 KM
N
S

WAGHALSIGE PLÄNE

{ Wie alles begann }

Wie wir auf einmal auf die Idee zu dieser Reise kamen, daran erinnere ich mich nur verschwommen. Ich weiß, dass sie einer Laune entsprang, einer Bierlaune, um genau zu sein. Matt und ich saßen in unserem Lieblings-Pub und redeten darüber, was wir demnächst machen wollten. Ich ließ irgendeine Bemerkung fallen, und die traf einen Nerv, obwohl sie absurd klang: Warum setzen wir uns nicht einfach auf unsere Fahrräder, binden ein paar wahrscheinlich unnütze und überschwere Sachen auf den Gepäckträger und fahren Richtung Süden, bis es nicht mehr weitergeht? Der Rest findet sich mit etwas Glück dann schon.

Aber von wo nach wo? Warum nicht durch drei Kontinente von einem Pub zum anderen?

Das klang ganz leicht, wenn man mal von der klitzekleinen logistischen Komplikation absah, dass ein Pub in einem winzigen Dorf in Südengland stand und der andere am Rand der südlichsten Metropole Afrikas. Und dass dazwischen diverse Gebirge und Wüsten, sprich ungastliche Gegenden mit extremen Temperaturen lagen, der Arabische Frühling voll im Gange war, es an 25 Grenzübergängen unvermeidliche unangenehme bürokratische Hindernisse zu überwinden galt und über 20 000 Kilometer Straße mit unwägbaren Überraschungen und Abenteuern auf uns warteten.

★ ★ ★ ★ ★

Wir erzählten einem Kumpel davon. Er lachte. Ihr zwei? Nie im Leben. Wir erzählten es dem zweiten, der es gar nicht so lächerlich fand: klingt toll. Aber geht das überhaupt? Und dann dem nächsten. Wir wurden zuversichtlicher. Und dann noch einem. Langsam nahmen die Leute uns ernst, und unser Fernweh wurde immer größer. Bis wir schließlich fest an die Verwirklichung unserer Schnapsidee glaubten. Im Nachhinein weiß man ja immer alles besser – und jetzt ist mir klar, wie wenig Ahnung wir hatten. Wie relativ naiv wir die Sache angingen. Aus der winzigen Keimzelle einer Idee wurde ganz schnell ein Mammut-Abenteuer, das – nicht nur einmal – in einer Katastrophe hätte enden können.

Eins will ich hier klarstellen: Wer eine lange Tour mit dem Fahrrad machen will, sollte wohl besser unsere Herangehensweise an Planung und Vorbereitung besser nicht eins zu eins übernehmen. Wir befanden uns in einem geradezu seligen Zustand der Unwissenheit, den wir zwar für hinderlich, aber nicht für unerträglich hielten. Eigentlich beschränkten sich unsere Vorbereitungen darauf, sicherzustellen, dass wir für die nächsten 17 Monate ausreichend Geld zur Verfügung hatten, und die Liste mit der Erste-Hilfe-Ausrüstung abzuhaken. Und einer von uns ging die Sache mit dem Konditionstraining definitiv sehr locker an, weil er meinte, die anstehenden 501 Tage körperlicher Strapazen müsste man nicht unnötig verlängern.

Wir kannten Start und Ziel, das war's. Wir hatten eine ungefähre Vorstellung von den Ländern, die wir unbedingt sehen wollten, aber wir wollten uns nicht mit Detailwissen belasten. Schon am zweiten Tag wichen wir von der geplanten Reiseroute ab, und so hielten wir es auch auf dem weiteren Weg. Wir merkten, dass wir mehr erleben konnten, wenn wir so flexibel wie möglich blieben. Wir hatten ein GPS-Gerät dabei und benutzten es am ersten Tag auch, danach schalteten wir es nicht mehr ein. Einfache Landkarten und der Rat von Einheimischen bestimmten unseren Kurs. Ziemlich oft hatten wir keine Ahnung, wo wir die Nacht verbringen würden. In den ersten sechs Monaten blieben unsere Handys ausgeschaltet. Ja, wir hätten sorgfältiger planen können. Ja, wir hätten eine zweckmäßigere und zuverlässigere Ausrüstung kaufen können. (Obwohl die drei spottbilligen, mit Klebeband gehaltenen Planen sich erst kurz vor dem Ziel auflösten, großes Lob.) Ja, wir hätten etwas mehr trainieren und die Ledersättel einfahren können, damit die ersten Wochen nicht so hart würden. Ja, wir hätten Fahrräder in der richtigen Größe kaufen können, mit ordentlich funktionierenden Bremsen und Gepäckträgern, die nicht nur von Kabelbindern, Schlauchschellen und Teelöffeln zusammengehalten würden.

Ja, ja, ja – ABER – und das ist das Wichtigste: Unsere Annäherungsweise funktionierte, für uns war sie die richtige. Was will man mehr? Auf unsere naive, unbekümmerte Art fanden wir unsere eigene Routine und unsere eigenen Methoden. Wir wollten keine Rekorde brechen oder irgendetwas tun, was vor uns noch niemand getan hatte. Wir wussten, was wir uns zutrauen konnten, was wir in etwa erleben wollten, und mit diesem Wissen planten wir unsere Route, die uns beiden zusagte. Die uns wirklich reizte. Anspornte. Wir waren keine Radsportler und sind es immer noch nicht – so wie wir kann wirklich jeder reisen.

★ ★ ★ ★ ★

Nach der Verwirklichung dieses gemeinsamen Traumes machte ich mich an die meines eigenen. In diesem Buch steckt alles, was mich leidenschaftlich interessiert. Es ist eine persönliche Erzählung. Meine Geschichte. Unsere Geschichte. Und unsere Sichtweise des Erlebten. Hier geht es um flüchtige, aber packende Einblicke in verschiedene Welten, die so ungeheuer komplex, so heterogen und so außergewöhnlich sind, dass tausend Leben nicht ausreichen würden, um sie tatsächlich zu verstehen. Hier geht es um Menschen und darum, was das Essen und seine Zubereitung für sie bedeuten. Dieses Buch ist ganz sicher kein praktischer Reiseführer und auch kein Küchenlexikon oder Grundkochbuch, für so etwas bin ich nicht gründlich und geduldig genug. Eigentlich habe ich vom Reichtum der kulinarischen Kulturen, denen wir begegnet sind, nur einen Bruchteil hier einfangen können. Ich behaupte nicht, eine der Küchen dieser Welt wirklich gut zu kennen, und ich sehe mich auch nicht als Koch. Ganz und gar nicht. Ich bin einfach jemand, der beharrlich neugierig und wahnsinnig gerne kreativ ist.

In diesem Buch ist eine Mahlzeit nicht die Summe ihrer Zutaten, hier geht es darum, wie gehaltvoll sie im menschlichen Sinn ist. Die fantastischsten kulinarischen Erfahrungen auf unserer Reise hatten etwas mit Gerichten zu tun, die ich kaum heruntergebracht habe. Weil ich krank oder zu erschöpft war, das Essen fade, schwer verdaulich oder ziemlich widerwärtig – Stierlungeneintopf in der Türkei, frittierte Fischköpfe im Sudan oder Käfer und Raupen in Malawi. Aber das war egal. Eine Mahlzeit besteht – als kultureller, sozialer und menschlicher Anlass – aus dem Augenblick, der Art und Weise, wie sie zubereitet wird, und den Menschen, mit denen wir zusammen sind. Dieses Buch handelt von gemeinsamen Mahlzeiten und davon, was sie für die Menschen, denen wir begegneten, und für uns bedeuteten. Wir hatten das Glück, einen kurzen Blick in Welten werfen zu können, die so ganz anders sind als unsere. Hier sind die Momentaufnahmen.

Im Grunde bin ich ein großer Junge, der am liebsten ohne großen Komfort draußen in der Natur ist. Der es toll findet, in abgetragenen Klamotten herumzulaufen und an den merkwürdigsten Orten zu kochen und zu schlafen. Ein Truckstop mitten im Sinai oder die improvisierte Küche eines alten jordanischen Lkw-Fahrers unter einem keuchenden Laster entsprechen also meinen Vorstellungen von kulinarischer Perfektion. Ich will mit einem reichlich exzentrischen Beduinen als Kochlehrer, ein paar Auberginen, etwas Tahini und einem Stapel Fladenbrote an einer Feuerstelle mitten in der Wüste sitzen. Oder mit betrunkenen Fischern, selbstlosen Schulköchinnen, Kebab-Imbiss-Besitzern oder Kleinbauern zusammen sein. Ich wollte nicht einfach etwas zu essen, ich wollte etwas erleben. Ich wollte nicht nur wissen, was wir aßen, sondern warum wir es aßen. Warum sitzen wir im Kreis auf der Erde und benutzen nur unsere rechte Hand? Warum sind wir nur unter Männern? Warum trinken wir alle aus einem Becher? Warum wird hier diese eine Nutzpflanze angebaut, und warum wird sie auf diese besondere Weise geerntet? Warum lädt uns ein völlig Fremder so herzlich in sein Haus ein? Warum ist es hier so anders als zu Hause? Es ging mir darum, etwas tiefer einzutauchen, etwas weiter zu sehen und das Essen quasi als Vergrößerungsglas zu benutzen.

Etwas ist sehr wichtig, und es wurde uns auf dieser Reise sehr bewusst: Kultur, Traditionen und Bräuche machen an Grenzen nicht Halt. Trennlinien, die man auf einer Landkarte zieht, sind keine undurchlässigen Hindernisse für Sprache, Musik, Sport und Essgewohnheiten. Ein nachträglicher Blick in die Geschichtsbücher hat uns ahnen lassen, wie und warum sich heimische und äußere Einflüsse gegenseitig befruchten und vermischen und sich die nationalen Esskulturen ausgeprägt haben, die wir heute kennen.

★ ★ ★ ★ ★

Viele Staaten, die wir heute als unabhängige Gebilde ansehen, sind vor nicht allzu langer Zeit entstanden. Bevor sie im vorigen Jahrhundert unabhängig wurden, waren sie Zahnräder in der Maschinerie von Staatenverbänden, Groß- oder Kolonialreichen, die sich über riesige Territorien oder sogar über mehrere Kontinente erstreckten. Viele hatten ausgedehnte Handelsnetze, die verschiedene Kulturen umspannten und exotische Waren, Gewürze, Seide und Sitten aus den entferntesten Winkeln des Reiches heranschafften. Auch Menschen wanderten, teilweise in Massen, auf diesen Routen. Nicht immer freiwillig: Sklaverei und Zwangsarbeit gehörten zu den Stützpfeilern vieler Machtstrukturen. Das trifft vor allem auf Regionen wie den Balkan, den Nahen Osten und große Teile Afrikas zu. Mazedonien, Jordanien oder Simbabwe, Slowenien, Kenia oder Mosambik zum Beispiel befanden sich jahrzehnte- oder sogar jahrhundertlang geographisch, gesellschaftlich und politisch im Wandel. An ihrer Geschichte kann man ablesen, wie Massenmigration, Besatzung und Assimilation unsere Welt geprägt haben und prägen.

Und was bringen Einwanderer, egal, ob sie freiwillig oder unter Zwang kommen, in ein neues Land mit? Die Antwort ist einfach. Ihre Küche. Nicht als Hausrat, sondern als Wissen um Zutaten, Zubereitungsweisen und Sitten. Man muss nur in eine der multikulturellen Metropolen dieser Erde fahren, und schon begegnet man Esskulturen aus den unterschiedlichsten Weltgegenden. Dort verschmelzen Aromen und Bräuche. In Istanbul, Daressalam oder Kapstadt wird einem diese »Fusionsküche« sofort auffallen. Mit der Zeit übernimmt die Kultur des Gastlands diese fremden Geschmacksnoten und Traditionen als positiven Beigeschmack und Bereicherung für den eigenen Gaumen. Und das überträgt sich dann auch auf die Nachbarländer – wie gesagt, Kultur unterwandert Grenzen. Deshalb will ich die Rezepte in diesem Buch auch nicht als typisch für nur ein bestimmtes Land beschreiben. Das wäre eine ziemlich beschränkte Sichtweise. Viele Speisen gibt es in mehreren Ländern in leicht abgewandelter Zubereitungsform, doch sie gehen eben auf ein Grundgericht zurück. Börek isst man auf dem Balkan unter vielen verschiedenen Namen und in vielen Varianten, genauso verhält es sich mit Falafel im Nahen Osten und Nordafrika oder mit Maismehlspeisen im östlichen und südlichen Afrika. Kochkultur ist länderübergreifend, wenn hier ein Gericht doch einem bestimmten Land zugeordnet ist, dann deshalb, weil wir es in diesem Land besonders oft gegessen haben oder das Geschmackserlebnis besonders einprägsam war.

»Die Kultur begann, als das Rohe gekocht wurde.«

{ FELIPE FERNÁNDEZ-ARMESTO }

»… an keine Gegend erinnert man sich so gut, wie an die, die man mit dem Fahrrad durchquert hat.«

{ ERNEST HEMINGWAY }

– TOM PERKINS –

– MATT CHENNELLS –

Ich wage mich mal an eine verwerfliche Verallgemeinerung: Es gab eine Konstante auf unserer Reise. Kurz gesagt, ist es die erstaunliche Kraft, die das Essen als soziales Bindemittel hat. Egal, wo wir waren, das Essen war die wirkungsvollste Methode, um Menschen zusammenzubringen, der beste Anlass zum Feiern und Dankesagen. Diese Erfahrung haben wir überall gemacht, unabhängig von Wohlstand, Sprache, Klasse, Überzeugung, Religion oder Kultur – und wir haben die unterschiedlichsten Kulturen auf unserer Reise kennengelernt. In vielen Gesellschaften, und das gilt vor allem für die muslimischen Gesellschaften, gilt es als die größte Ehre und das größte Privileg für einen Gastgeber, einen Fremden in sein Haus einzuladen und eine Mahlzeit mit ihm zu teilen. Fremde werden dort nicht als Bedrohung angesehen, sondern als Segen. Wahrhaft reich wird der, der gibt, nicht der, der nimmt – und Essen ist eine der stabilsten Währungen.

★ ★ ★ ★ ★

Wir bewegen uns auf Straßenniveau durch dieses Buch und konzentrieren uns auf Gassen, Hinterhöfe, Imbissverkäufer, Köche und Bäcker. Auf Fremde, die uns einluden, unterbrachten und zu essen gaben. Auf Speisekarten, die wir nur sehnsuchtsvoll studierten. Auf Mahlzeiten, die uns Kraft gaben und die wir genossen haben. Auf fantastische Menschen, die uns gezeigt haben, wie man diese Mahlzeiten zubereitet. Auf Gewürze und Zutaten, die wir so oft auf Märkten und in Basaren gekauft haben. Dieses Buch ist ein Allerlei aus Nationalgerichten, regionalen Delikatessen und Street-Food.

In diesem Buch geht es darum, sich auf das Unbekannte einzulassen. Darum, die Chancen und unvermeidlichen Komplikationen zu genießen, die sich ergeben, wenn man fremden, exotischen Umgebungen völlig ausgesetzt ist und tief in sie eintaucht. Darum, mit begrenzten Mitteln kreativ zurechtzukommen. Unterwegs haben wir nur mit der Ausrüstung gekocht, die wir auf unseren sowieso schon heillos überladenen Fahrrädern transportieren konnten. Wir verwendeten nur die Zutaten, die wir am jeweiligen Tag ergattern konnten. Am Anfang hatten wir einen nicht sehr zuverlässigen Campingkocher, dazu kamen in Italien ein paar stumpfe Kochmesser, in der Türkei eine Kaffeekanne, in Äthiopien ein paar verbeulte alte Töpfe vom Markt, in Kenia ein Holzlöffel, in Ruanda Emailleteller und in Tansania ein schwerer Wok. In der wie auch immer ausgestatteten Küche eines Fremden kochen zu können war geradezu ein Fest. Eine kontrollierbare Wärmequelle, ein Backofen, selbst fließendes Wasser wurden Zeichen höchster Zivilisation.

★ ★ ★ ★ ★

Ich bin mir der Ironie meines Projekts durchaus bewusst. Für viele Menschen, denen wir auf unserer Reise begegnet sind, ist die Vorstellung, ein Rezept aufzuschreiben, völlig absurd. Rezepte sind für sie keine festgelegte Abfolge formelhafter Anweisungen, sondern ein nicht klar umrissenes Ganzes, die Summe aus kollektiven Erfahrungen und der Hypothese von Zeit, Ort und verfügbaren Zutaten. Sie werden mündlich von Generation zu Generation weitergegeben, angepasst, abgewandelt und – praktisch umgesetzt. Diese Menschen richten sich ganz nach den Jahreszeiten, dem Reifen der Früchte und Wildkräuter, den verschiedenen Erntezeiten, den Wanderbewegungen der wilden Tiere. Schriftliche Rezepte brauchen sie nicht. Sie haben alles im Kopf. Für sie ist Nahrungsmittelproduktion kein abstrakter Begriff, die enge Naturverbundenheit ist ein Mittel zum Überleben, denn sie müssen wissen, was sie anbauen und wie sie ihre Großfamilie nicht nur sättigen, sondern auch möglichst gut ernähren können.

In vielen Gesellschaften ist das Weitergeben der Techniken und die Zubereitung des Essens reine Frauensache. Das Wissen wird vorgeführt, die Tochter sieht ihrer Mutter zu, die wiederum ihrer Mutter zugesehen hat. Weil nichts notiert wird, zählen bei den Mengen nicht strenge Vorgaben, sondern Gefühl. Als ich in Kenia mit der wundervollen Robista kochte, zeigte sie mir in ihrer Handfläche, wie viel Mehl, Zimt und Salz wir brauchten – keine schriftliche Angabe kann so exakt sein. Ich fragte sie, warum sie wusste, dass sie die richtige Menge nahm. Sie zuckte nur mit den Achseln und meinte: »Ich weiß, dass es die richtige ist, weil meine Mutter es genauso gemacht hat. Und sie hat sich nie geirrt.« Ich liebe diese Antwort, nicht nur weil sie zeigt, dass Mütter auf der ganzen Welt das Richtige tun, sondern weil ich selbst so koche. Ich habe es nicht so mit dem peniblen Messen und Abwiegen. Deshalb gibt es in diesem Buch auch keinen Nachtisch. Süßes ist nicht mein Ding, und ich halte mich lieber an mein Gefühl als an die Präzisionswaage. Ich habe hier zwar Mengen und Maße angegeben, aber das sind nur Anhaltspunkte. Wenn Sie glauben, dass etwas fehlt – Säure, Süße oder Würze –, dann vertrauen Sie Ihrem Gefühl und geben noch etwas mehr ans Essen. Ich will Ihnen nicht beibringen, wie man kocht. Hier geht es nicht um raffinierte Techniken, nicht darum, ob etwas aufgeht oder auf den Punkt gegart ist oder zerfällt – hier geht es um herzhafte Gerichte, die ich aus Neugier und an vielen Orten bei fantastischen Menschen gesammelt habe.

Ich hoffe, dass dieses Buch noch etwas mehr bietet. Ich hoffe, dass Sie mit den Geschichten und Fotos etwas über einige der atemberaubendsten, schönsten und interessantesten Orte dieser Welt erfahren. Ich hoffe, dass dieses Buch Ihnen Lust aufs Reisen macht und etwas Licht auf die Lebendigkeit dieser weitgehend unbekannten und missverstandenen Regionen wirft. Vor allem aber hoffe ich, dass es zeigt, wie freundlich und hilfsbereit Menschen sind.

{*Die Welt der*}

GEWÜRZE

– DIE GEWÜRZROUTEN –

Es ist nicht abwegig zu behaupten, dass der unersättliche und oft unsagbar grausame Drang, die Gewürzrouten zu kontrollieren und zu monopolisieren, einst die Welt beherrschte. Jahrhunderte-, wenn nicht jahrtausendelang waren Gewürze die begehrtesten Waren überhaupt. Ihre ungeheure Bedeutung und betörende Verlockung sind in zahlreichen Kulturen auf der ganzen Welt bis heute ungebrochen. Sie waren die Quelle des enormen Reichtums und Einflusses der Eliten, die mit ihnen handelten.

Die ständig wachsende Nachfrage nach exotischen Aromen brachte denjenigen, die das Angebot strikt regulieren konnten, große Macht. Aufstieg und Niedergang ganzer Reiche sind seit der Antike untrennbar mit der Kontrolle der Handelsrouten verbunden. Eine globale Wirtschaft mit transkontinentalem Güteraustausch entstand überhaupt erst, weil man sich diese unschätzbar wertvollen Waren sichern wollte. Arabische Händler, die Römer, die venezianischen Kaufleute, die portugiesischen Entdecker und die niederländische Ostindien-Kompanie – sie alle häuften sagenhaften Reichtum an, weil sie die Gewürzrouten kontrollierten.

★ ★ ★ ★ ★

Lange Zeit richtete der Westen dafür den Blick nach Osten. Es ging darum, die Schifffahrtswege im Indischen Ozean zu sichern und eine Möglichkeit zu finden, die Gewürze sicher und gewinnbringend auf die europäischen Märkte zu schaffen. Genauso wichtig war es aber auch, die Kultivierung der Gewürze, die Landbesitzer, Anbauer und Arbeiter zu kontrollieren. Viele der reichsten Anbaugebiete so wertvoller Luxusgüter wie Muskatnuss, Muskatblüte und Nelken lagen auf kleinen Inseln im Indischen Ozean und Im heutigen Indonesien. Wenn die Kolonialherren sich die Herrscher dieser Inseln nicht mit der verlockenden Aussicht auf Wohlstand untertan machen konnten, schreckten sie nicht davor zurück, die Bevölkerung brutal zu unterdrücken. Nur zu oft liest man von Mord und der Zerstörung ganzer Dörfer und Regionen. Wer dabei erwischt wurde, Gewürze selbst anzubauen oder Samen und Setzlinge von den Inseln zu schmuggeln, wurde meistens mit dem Tod bestraft. Die Gewürzwaren, die wir heute kennen, die heute so gut wie überall zu kaufen sind, haben eine dunkle, verhängnisvolle und faszinierende Vergangenheit.

Im Lauf der Geschichte hatten Gewürze viele Funktionen. Mit ihnen wurde konserviert, angereichert, getauscht, verschönert, wurden Lösegelder und Prämien bezahlt und das Ungenießbare genießbar gemacht. Sie lieferten den Stoff für Legenden und Fabeln. Manche Gewürze wurden früher mit Gold aufgewogen. Sie lösten ein großes Zeitalter der Entdeckungen aus: Vasco da Gama umsegelte das Kap der Guten Hoffnung und erschloss neue Routen nach Indien, Kolumbus entdeckte Amerika, und infolge dieser Entdeckung eroberten Chili und Paprika den ganzen Globus – diese welterschütternden Ereignisse verdankten sich vor allem dem brennenden Wunsch, die aromatischen Kostbarkeiten zu finden und zu kontrollieren. Die alten Ägypter benutzten Gewürze, um die Reichen einzubalsamieren, und sie bauten die Pyramiden in dem festen Glauben, dass Gewürze den Arbeitern ungeheure Kräfte verliehen. Schon 500 v. Chr. propagierte Konfuzius die gesunden Eigenschaften des Ingwers. Die Römer überdeckten den Geruch von faulendem Fleisch mit Bergen von Salz und schwarzem Pfeffer.

Heute genießen wir die phänomenalen Eigenschaften der Gewürze vor allem beim Essen. Für viele Gesellschaften sind sie ein unersetzlicher Teil der kulturellen Identität. Sie einen, sie trennen, sie sichern das Auskommen und charakterisieren die regionalen Küchen.

– Piment
– Aleppo-Chiliflocken
– Urfa-Chiliflocken
– schwarzer Pfeffer
– verschiedene Chilis
– Kümmelsamen
– gemahlener Zimt
– gemahlener Koriander
– Berbere
– grüne Kardamomkapseln
– Kreuzkümmelsamen
– gemahlene Nelken

– Fenchelsamen
– Zitronengras
– Safran
– Tamarinden paste
– Sternanis
– gemahlener Bockshornkleesamen
– Senfkörner
– gemahlene Kurkuma
– frischer & gemahlener Ingwer
– gemahlene Muskatnuss
– Sumach
– Paprika-pulver
– Garam Masala
– Baharat
– Niter-Kibbeh-Gewürze
– Zatar & Dukkah
– Wacholderbeeren

– NITER KIBBEH –

– Für die äthiopische Küche unverzichtbar: geklärte Gewürzbutter mit Kreuzkümmel, gemahlenem Koriander, Kurkuma, Korarima, Bockshornklee, frischem Ingwer, Knoblauch, roter Zwiebel, Oregano & Basilikum

– AJVAR –

– »Balkan-Gemüsekaviar«: gegrillte rote Paprika, Aubergine & Knoblauch; wird auf dem Balkan an fast jedes Essen gegeben

– PIRI-PIRI-SAUCE –

– sehr scharfe Sauce und Marinade, die in Mosambik auf fast jedem Tisch steht; nach einer Chilisorte benannt

– GRANATAPFEL-SIRUP –

– kulinarisches Goldkind des Nahen & Mittleren Ostens & Nordafrikas; Süß, sauer, herb und klebrig – was will man mehr?

– HUMMUS –

– orientalischer Klassiker als Vorspeise und Dip, aus pürierten Kichererbsen, Tahini, Knoblauch, Zitronensaft, Sumach & Olivenöl

– BASILIKUM-MINZE-MANDEL-PESTO –

– Klassiker-Variante; der Name leitet sich vom italienischen »pestare« (zerstoßen) ab; zerstoßene frische Kräuter, Nüsse, Olivenöl, Knoblauch & Parmesan

– APRIKOSEN-CHUTNEY –

– in Südafrika eine unverzichtbare Zutat, vor allem in der Kap-Malaien-Küche: Chutney aus Aprikosen, roten Äpfeln, getrocknetem Chili, Koriander, Kreuzkümmel, Senfkörner, Orangensaft & -schale & Cidre-Essig

– HARISSA –

– Eine echt scharfe Sache: Die im Nahen Osten und Nordafrika sehr beliebte Chilipaste ist als Würze für Couscous, gegrilltes Gemüse und Tajines unschlagbar.

GARAM MASALA

- 3 TL KREUZKÜMMELSAMEN
- 2 TL SCHWARZE PFEFFERKÖRNER
- 4 TL KORIANDERSAMEN
- 3 TL GEMAHLENER ZIMT
- 1 TL NELKEN
- 2 TL GEMAHLENER INGWER
- 1 TL GEMAHLENE MUSKATNUSS
- 2 TL FENCHELSAMEN
- 2 TL GRÜNE KARDAMOMKAPSELN
- 2 TL SCHWARZE KARDAMOMKAPSELN
- 2 LORBEERBLÄTTER
- 2 STERNANIS

Nur eins ist bei Garam Masala sicher – es schmeckt nie gleich. Diese Gewürzmischung ist so vielfältig und vielseitig. In weiten Teilen Ostafrikas, vor allem in Kenia und Tansania, ist Garam Masala außerordentlich beliebt.

Kreuzkümmel, Pfeffer, Koriander, Zimt, Nelken, Ingwer, Muskat und Fenchel in einer Pfanne bei mittlerer Hitze einige Minuten trocken rösten. Dabei öfters umrühren. Die Mischung in einen Mörser oder eine Gewürzmühle geben. Die Kardamomkapseln auf einer Arbeitsfläche mit einem Löffelrücken zerdrücken. Die Samen entnehmen und die Schalen entsorgen. Die Samen mit Lorbeerblättern und Sternanis unter die gerösteten Gewürze mischen und alles zu Pulver zerstoßen bzw. mahlen. Das Garam Masala in ein luftdicht schließendes Schraubglas füllen. Es ist etwa drei bis sechs Monate haltbar.

★ ★ ★ ★ ★

BAHARAT

- 4 EL GEMAHLENER PIMENT
- 1 EL SCHWARZE PFEFFERKÖRNER
- 1 EL GEMAHLENER ZIMT
- 1 EL GEMAHLENE MUSKATNUSS
- 1 TL GEMAHLENER KARDAMOM
- 1 TL GEMAHLENE NELKEN
- 1 TL GEMAHLENER INGWER
- 1 TL GETROCKNETE ROSENBLÜTENBLÄTTER

Diese charakteristische, sehr vielseitige und aromatische Gewürzmischung verwendet man vor allem im Nahen und Mittleren Osten sowie in Nordafrika sehr häufig. In Saudi-Arabien, den Golfstaaten, im Irak, in der Türkei, in Ägypten und in anderen Ländern gibt es regionale Varianten.

Alle Gewürze vermischen und in ein luftdicht schließendes Schraubglas füllen. Das Baharat hält drei bis sechs Monate.

★ ★ ★ ★ ★

ZATAR

- 1 EL SESAMSAMEN
- 2 EL SUMACH
- 2 EL GETROCKNETER THYMIAN
- 2 EL GETROCKNETER MAJORAN
- 2 EL GETROCKNETER OREGANO
- 1 TL SALZ

Eine der besten Gewürz-Kräuter-Mischungen der Welt! Wie bei den meisten Mischungen gibt es auch bei dieser unendlich viele Variationen. Nicht eine schmeckt im Fruchtbaren Halbmond wie die andere – in den Hügeln Syriens wächst eine andere wilde Thymiansorte als im palästinensischen Westjordanland. Manche Zatar-Mischungen werden mit Sumach, andere mit Kreuzkümmel zubereitet. Aber egal wie sie gemacht wird, mit einem Schuss Olivenöl zu Labneh-Frischkäse und warmem Fladenbrot schmeckt sie fantastisch.

Den Sesam in einer Pfanne eine Minute vorsichtig trocken rösten. Dabei immer wieder rühren, denn er verbrennt leicht. Die Samen mit den übrigen Zutaten in einen Mörser geben und grob zerstoßen. In einem luftdicht schließenden Schraubglas aufbewahrt, hält das Zatar drei bis sechs Monate.

★ ★ ★ ★ ★

DUKKAH

- 2 EL KÜRBISKERNE
- 2 TL SESAMSAMEN
- 1 TL KORIANDERSAMEN
- 1 TL KREUZKÜMMELSAMEN
- 2 EL UNGESALZENE ERDNUSSKERNE
- 1 TL SCHWARZE PFEFFERKÖRNER
- 1 kleine Handvoll MINZE {fein gehackt}
- 1 kleine Handvoll THYMIAN {Blätter abgezupft & fein gehackt}
- 1 TL SALZ

Dukkah, vom arabischen Wort für »zerstoßen« abgeleitet, ist eine Mischung aus Nüssen, Kräutern und Gewürzsamen, die frisch zubereitet und gegessen werden muss. Mit Olivenöl beträufelt, ist sie vor allem in Ägypten sehr beliebt.

Die Kürbiskerne mit Sesam, Koriander und Kreuzkümmel in einer Pfanne eine Minute trocken rösten. Dabei öfters umrühren, da die Saaten leicht verbrennen. Die gerösteten Gewürze mit den übrigen Zutaten in einen Mörser geben und grob zerstoßen. In einem luftdicht schließenden Schraubglas im Kühlschrank aufbewahren. Da die Würzmischung frische Kräuter enthält, sollte sie innerhalb einer Woche verbraucht werden.

BERBERE

- 2 TL KORIANDERSAMEN
- 1 TL BOCKSHORNKLEESAMEN
- 1 TL SCHWARZE PFEFFERKÖRNER
- 1 TL NELKEN
- 20 g GETROCKNETE ROTE CHILISCHOTEN
- 4 TL PAPRIKAPULVER
- 2 TL GEMAHLENER INGWER
- 2 TL ZWIEBELPULVER
- 1 TL GEMAHLENER KORARIMA {äthiopischer Kardamom; ersatzweise schwarzer Kardamom}
- 1 TL GEMAHLENE MUSKATNUSS
- ½ TL GEMAHLENER ZIMT
- ½ TL GEMAHLENER PIMENT
- ½ TL KNOBLAUCHPULVER
- 1 TL SALZ

Berbere gehört zum Dreigestirn der äthiopischen Küche und kann – je nach Großzügigkeit der Zubereitenden – wirklich sehr scharf sein. Der echte Knüller sind die roten Chilis, die tagelang liebevoll in der heißen äthiopischen Sonne getrocknet wurden. Wie scharf die Mischung wird, hängt ganz von Ihrer Wahl der Chilisorte ab, getrockneter Serrano-Chili eignet sich zum Beispiel sehr gut.

Koriander- und Bockshornkleesamen, Pfefferkörner und Nelken in einer Pfanne bei mittlerer Hitze einige Minuten trocken rösten, bis sie zu duften beginnen. Mit den Chilischoten in einen Mörser geben und fein zerstoßen. Die Mischung in eine Schüssel umfüllen, mit den übrigen Zutaten vermengen und in ein luftdicht schließendes Schraubglas füllen. Die Würzmischung hält im Kühlschrank drei bis sechs Monate.

★★★★★

NITER KIBBEH

- 250 g BUTTER
- ½ mittelgroße ROTE ZWIEBEL {grob gehackt}
- 1 KNOBLAUCHZEHE {fein gehackt}
- 2 cm FRISCHER INGWER {geschält & geraspelt}
- 1 TL GEMAHLENER KREUZKÜMMEL
- 1 TL GEMAHLENER KORIANDER
- ½ TL GEMAHLENE KURKUMA
- 1 TL KORARIMA {äthiopischer Kardamom; ersatzweise schwarzer Kardamom}
- 1 TL GEMAHLENE BOCKSHORNKLEESAMEN
- 2 TL GETROCKNETER OREGANO
- 1 kleine Handvoll BASILIKUM {Blätter abgezupft}

Die Butter in einem Topf bei mittlerer Hitze sanft zerlassen. Den Schaum an der Oberfläche mit einem Löffel abschöpfen und entsorgen. Die Butter so lange bei großer Hitze rühren, bis kein Schaum mehr aufsteigt. Sie darf dabei jedoch nicht bräunen. Die übrigen Zutaten zugeben und bei geringer Hitze 15 Minuten sanft weiterköcheln. Vom Herd nehmen und die Niter Kibbeh etwas abkühlen lassen. Noch flüssig in einen luftdicht schließenden Behälter umfüllen. Die Würzbutter hält im Kühlschrank bis zu drei Wochen.

★★★★★

PIRI-PIRI-SAUCE

- 6 GETROCKNETE ROTE PIRI-PIRI-CHILISCHOTEN
- 1 ROTE PAPRIKASCHOTE {halbiert, Scheidewände & Samen entfernt}
- 3 unbehandelte LIMETTEN {abgeriebene Schale & Saft}
- 2 TL GERÄUCHERTES PAPRIKAPULVER
- 2 TL GETROCKNETER OREGANO
- 1 TL CAYENNEPFEFFER
- 6 KNOBLAUCHZEHEN
- 2 TL BRAUNER ZUCKER
- 3 cm FRISCHER INGWER {geschält}
- 1 große Handvoll KORIANDERKRAUT {Stängel & Blätter}
- 2 TL ROTWEINESSIG
- 120 ml RAPSÖL
- SALZ & FRISCH GEMAHLENER SCHWARZER PFEFFER

Verwenden Sie für dieses Rezept am besten einen Universalzerkleinerer oder Standmixer, da die Zutaten möglichst fein zerkleinert werden sollen. Die Piri-Piri-Sauce soll chilischarf und sehr frisch im Geschmack sein und sozusagen »richtig reinhauen«. Sie können die Anzahl der Chilis nach Geschmack variieren. Alle Zutaten mit reichlich Pfeffer im Universalzerkleinerer oder Mixer zerkleinern, bis die Mischung eine relativ grobe Konsistenz hat. Sie sollte nicht zu cremig sein, sondern noch Stückchen enthalten. Dann mit Salz abschmecken. Luftdicht verschlossen, hält die Sauce im Kühlschrank bis zu zwei Wochen.

AJVAR

- 2 große AUBERGINEN {Stielansätze entfernt & halbiert}
- 6 große ROTE PAPRIKASCHOTEN {halbiert & Samen entfernt}
- 4 KNOBLAUCHZEHEN {geschält}
- 120 ml OLIVENÖL
- 2 TL GERÄUCHERTES PAPRIKAPULVER
- 1 ZITRONE {Saft}
- 1 ROTE CHILISCHOTE
- SALZ & FRISCH GEMAHLENER SCHWARZER PFEFFER

Den Ofen auf 200 °C (Umluft 180 °C) vorheizen. Die Auberginenhälften (Schnittseite nach oben), die Paprikahälften (Hautseite nach oben) und den Knoblauch auf einem Backblech verteilen. Mit etwas Öl beträufeln und 25 Minuten im Ofen rösten, bis das Gemüse weich und die Haut der Paprika gebräunt ist. Aus dem Ofen nehmen, in eine Schüssel füllen, die Schüssel mit Frischhaltefolie verschließen und das Gemüse abkühlen lassen.

Die Haut der Paprika grob abziehen und das weiche Fleisch der Auberginen herauskratzen. Paprika, Auberginenfleisch und Knoblauch in den Standmixer füllen. Paprikapulver, Zitronensaft, Chili, das übrige Öl sowie reichlich Pfeffer zugeben und alles cremig pürieren. Die Paste mit Salz und Pfeffer abschmecken. Das Ajvar hält im Kühlschrank in einem luftdicht schließenden Behälter bis zu zwei Wochen.

★★★★★

HUMMUS

- 200 g GETROCKNETE KICHERERBSEN
- 1½ TL BACKNATRON
- 2 EL TAHINI
- 1 ZITRONE {Saft}
- 4 KNOBLAUCHZEHEN {geschält}
- 50 ml OLIVENÖL, zzgl. etwas Öl zum Servieren
- 2 TL PINIENKERNE {trocken geröstet}
- 1 kleine Handvoll GRANATAPFELKERNE {nach Geschmack}
- 2 TL SUMACH
- SALZ

Für dieses Rezept brauchen Sie Geduld. Ein authentisches Hummus enthält keine Dosenprodukte. Wer sich dazu entschließt, es selbst herzustellen, anstatt ein Fertigprodukt zu kaufen, sollte bei der Zubereitung auch keine Abkürzung nehmen. Lassen Sie sich also Zeit dafür. Das Ergebnis wird einfach, aber unglaublich köstlich sein.

Zunächst die Kichererbsen in einer Schüssel mit der doppelten Menge an kaltem Wasser übergießen. Einen Teelöffel Natron dazugeben, die Schüssel mit einem Küchentuch abdecken und die Kichererbsen bis zu 24 Stunden einweichen. Danach abgießen, gründlich spülen und in einen großen Topf füllen. Mit Wasser bedecken und das restliche Natron unterrühren. Den Deckel aufsetzen, das Wasser zum Kochen bringen und dann die Hitze reduzieren. Die Kichererbsen kochen, bis sie sehr weich sind. Je nach Sorte und Größe dauert dies ein bis vier Stunden. Das Kochwasser beim Abgießen auffangen und für später beiseitestellen.

Die Kichererbsen mit Tahini, Zitronensaft, Knoblauch, einem Viertel des Kochwassers und 50 ml Olivenöl im Standmixer cremig pürieren. Etwas Kochwasser zugießen, falls die Mischung noch zu fest und klebrig ist. Dann das Hummus mit Salz abschmecken. In eine Servierschüssel umfüllen, mit Pinienkernen, Granatapfelkernen (nach Geschmack) und Sumach bestreuen und etwas Olivenöl darüberträufeln. Schmeckt frisch am besten!

★★★★★

HARISSA

- 10–12 GETROCKNETE ROTE CHILISCHOTEN
- 1 TL KORIANDERSAMEN
- 1 TL KÜMMELSAMEN
- 1 TL KREUZKÜMMELSAMEN
- 3 KNOBLAUCHZEHEN {geschält}
- ½ ZITRONE {Saft}
- 2 EL OLIVENÖL
- 1 Prise SALZ

Diese Harissa kann feurig-scharf oder eher mild zubereitet werden, je nach Qualität und Schärfegrad der Chilis. Wichtig ist nur, dass Sie dafür getrocknete Schoten verwenden. Zunächst alle Chilis in einer Schüssel mit warmem Wasser übergießen und 30 Minuten einweichen. Dann das Wasser abgießen und die Schoten mit Küchenpapier trocken tupfen. Die Stiele abschneiden, die Schoten längs halbieren und die Samen entfernen.

Die Koriander-, Kümmel- und Kreuzkümmelsamen in einer Pfanne bei mittlerer Hitze einige Minuten trocken rösten. Dabei öfters rühren, da die Saaten leicht verbrennen. In einen Mörser geben und zu einem feinen Pulver zerstoßen. Dann mit Chilis, Knoblauch, Zitronensaft, Olivenöl und einer Prise Salz im Standmixer zu einer Paste pürieren. In einen luftdichten Behälter füllen und im Kühlschrank bis zu 24 Stunden ziehen lassen, damit sich die Aromen voll entfalten können. Die Harissa hält im Kühlschrank bis zu zwei Wochen.

GRANATAPFELSIRUP

Sein einzigartiger zunächst süßer, dann saurer Geschmack ist äußerst vielseitig und wertet jedes Gericht auf, dem der Granatapfelsirup zugefügt wird. Verwenden Sie den Sirup jedoch eher sparsam. Wenn man ihn erst einmal für Eintöpfe, Röstgemüse oder Salatdressings probiert hat, wundert man sich, wie man je ohne zurechtkam – eine echte kulinarische Entdeckung für jeden, der ihn noch nicht kennt. Er ist in Orient-Lebensmittelgeschäften oder online erhältlich.

★★★★★

BASILIKUM-MINZE-MANDEL-PESTO

- 2 große Handvoll BASILIKUM {Blätter abgezupft & fein gehackt}
- 2 große Handvoll MINZE {fein gehackt}
- OLIVENÖL
- 2 KNOBLAUCHZEHEN {geschält}
- 70 g PARMESAN {gerieben}
- 70 g PINIENKERNE
- 70 g MANDELKERNE
- ½ ZITRONE {Saft}
- SALZ & FRISCH GEMAHLENER SCHWARZER PFEFFER

Dieses Pesto sollte nicht zu cremig werden, sondern relativ grob bleiben und noch Struktur haben. Daher schlage ich vor, keinen Mixer bei der Zubereitung zu verwenden. Zunächst das Basilikum und die Minze fein hacken und dann im Mörser gründlich zerstoßen. Eine großzügige Prise Salz und etwas Olivenöl dazugeben und im Mörser vermischen. Die Kräuter in einen Mixbecher geben. Dann den Knoblauch mit einer großzügigen Prise Salz sowie etwas Olivenöl im Mörser zu einer Paste verarbeiten. Die Knoblauchmischung mit drei Vierteln des Parmesans zu den Kräutern geben.

Die Pinienkerne in einer Pfanne bei mittlerer Hitze trocken rösten. In den Mörser geben und leicht zerstoßen. Sie sollten nicht zu fein, sondern noch stückig sein. Ebenfalls in den Mixbecher geben. Nun die Mandelkerne im Mörser auf die gleiche Größe zerstoßen und zu den anderen Zutaten geben. So viel Olivenöl unter die Zutaten rühren, dass die Mischung eine zähflüssige Konsistenz erhält. Den übrigen Parmesan dazugeben und mit Salz sowie reichlich Pfeffer würzen. Das Pesto gegebenenfalls nochmals mit Olivenöl verdünnen und den Zitronensaft unterarbeiten. In einen luftdicht schließenden Behälter umfüllen. Das Pesto hält im Kühlschrank bis zu zwei Wochen.

★★★★★

WÜRZIG-SCHARFES APRIKOSEN-APFEL-CHUTNEY

- 2 TL KORIANDERSAMEN
- 2 TL KREUZKÜMMELSAMEN
- 1 TL SENFKÖRNER
- 1 Schuss OLIVENÖL
- 1 ROTE ZWIEBEL {grob gehackt}
- 1 ROTER APFEL {geschält, Kerngehäuse entfernt & grob geschnitten}
- 2 KNOBLAUCHZEHEN {geschält & fein gehackt}
- 2 cm FRISCHER INGWER {geschält & geraspelt}
- 2 TL CHILIFLOCKEN
- 1 unbehandelte ORANGE {abgeriebene Schale & Saft}
- 400 g GETROCKNETE APRIKOSEN {gehackt}
- 200 g HELLBRAUNER ROHRZUCKER
- 500 ml APFELESSIG
- SALZ & FRISCH GEMAHLENER SCHWARZER PFEFFER

Koriander- und Kreuzkümmelsamen mit den Senfkörnern in einer Pfanne bei mittlerer Hitze einige Minuten trocken rösten. In einen Mörser geben und fein zerstoßen.

Einen Schuss Olivenöl in einem großen Topf bei mittlerer Hitze erhitzen und die Zwiebel darin etwa zehn Minuten dünsten, bis sie weich ist. Den Apfel zugeben und einige Minuten weiterdünsten. Dann Knoblauch, Ingwer, Chili, geröstete Gewürze, Orangenschale und Aprikosen unterrühren und eine Minute mitgaren. Orangensaft, Zucker und Essig zugeben. Zum Simmern bringen und unter Rühren den Zucker auflösen, dann die Mischung 45 Minuten bis eine Stunde sanft köcheln. Das heiße Chutney sollte noch etwas flüssig sein – es dickt nach, wenn es abkühlt. Den Topf vom Herd nehmen und das Chutney auf Raumtemperatur abkühlen lassen. Mit Salz und Pfeffer abschmecken und das Chutney in sterilisierte Marmeladengläser abfüllen. Der volle Geschmack entwickelt sich erst bei der Lagerung und wird mit der Zeit noch besser. Warten Sie also etwas, bis Sie es servieren. Das Chutney ist im Kühlschrank mehrere Monate haltbar.

THE YEW TREE
London
Wield
ENGLAND
ÄRMELKANAL
FRANKREICH
Paris
ATLANTISCHER
OZEAN
Orleans
Bourges
WESTERN
Europe
GOLF VON BISKAYA
SPANIEN

DEUTSCHLAND
POLEN
TSCHECHIEN
ÖSTERREICH
SCHWEIZ
Genfer See
Simplonpass
Lago Maggiore
Como
SLOWENIEN
KROATIEN
Venedig
ITALIEN
ADRIA
SCHES MEER
Rom
KORSIKA

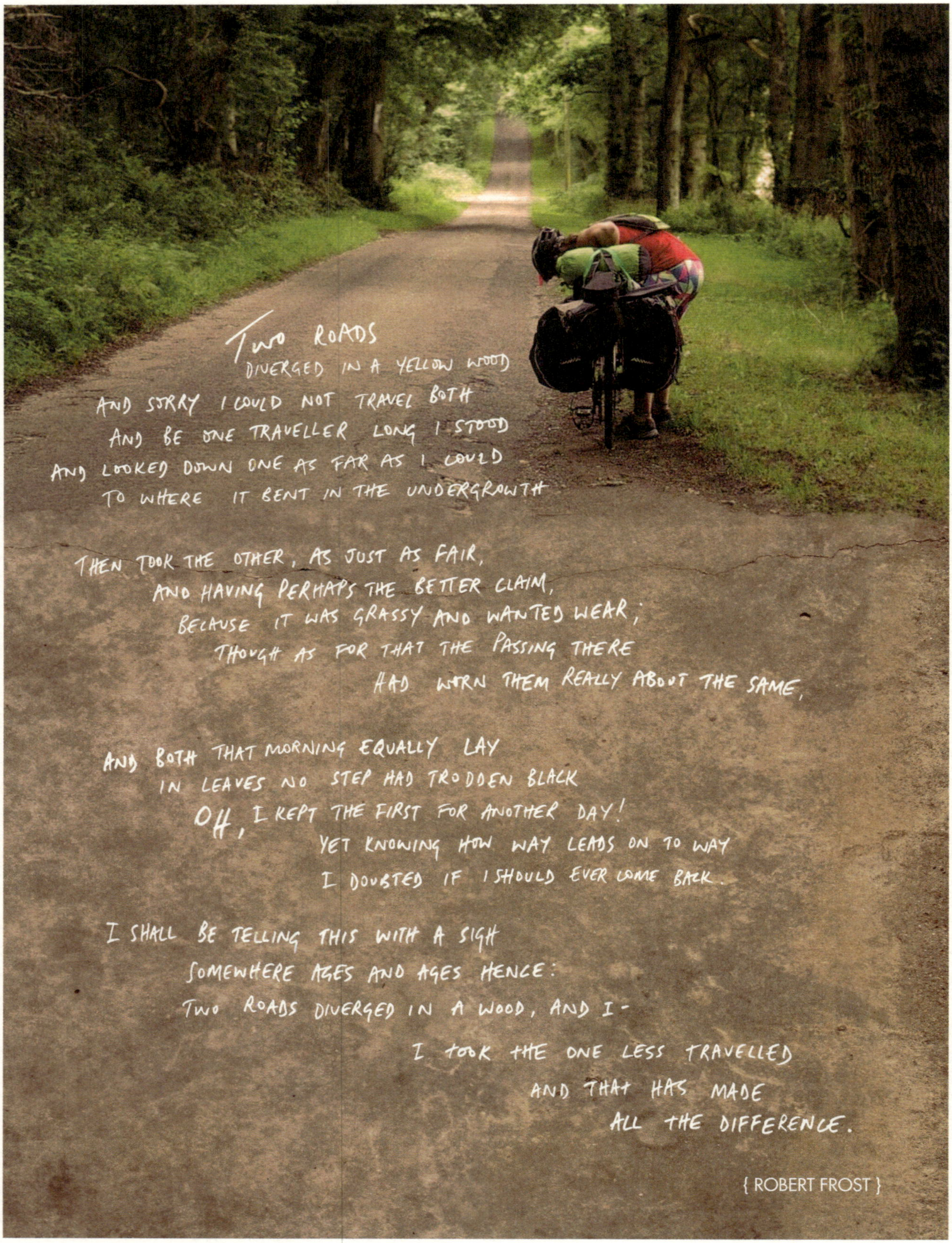
TWO ROADS
DIVERGED IN A YELLOW WOOD
AND SORRY I COULD NOT TRAVEL BOTH
AND BE ONE TRAVELLER LONG I STOOD
AND LOOKED DOWN ONE AS FAR AS I COULD
TO WHERE IT BENT IN THE UNDERGROWTH
THEN TOOK THE OTHER, AS JUST AS FAIR,
AND HAVING PERHAPS THE BETTER CLAIM,
BECAUSE IT WAS GRASSY AND WANTED WEAR;
THOUGH AS FOR THAT THE PASSING THERE
HAD WORN THEM REALLY ABOUT THE SAME,
AND BOTH THAT MORNING EQUALLY LAY
IN LEAVES NO STEP HAD TRODDEN BLACK
OH, I KEPT THE FIRST FOR ANOTHER DAY!
YET KNOWING HOW WAY LEADS ON TO WAY
I DOUBTED IF I SHOULD EVER COME BACK.
I SHALL BE TELLING THIS WITH A SIGH
SOMEWHERE AGES AND AGES HENCE:
TWO ROADS DIVERGED IN A WOOD, AND I -
I TOOK THE ONE LESS TRAVELLED
AND THAT HAS MADE
ALL THE DIFFERENCE.
{ ROBERT FROST }

{ *Abschied vom Yew Tree Pub* }

FRISCH GEWAGT IST HALB GEWONNEN

Wir hatten uns auf unserer waghalsigen transkontinentalen Odyssee gerade 200 Meter vom Pub entfernt, als uns der erste telefonische Alarmruf erreichte. »Leute, ihr habt eine Packtasche stehenlassen ... kommt noch mal zurück, ihr braucht sie wahrscheinlich noch.« Nach fünf Kilometern hatten wir uns das erste Mal verfahren. Ich hatte Matt gegenüber behauptet, ich könnte mich auch ohne Landkarte bestens orientieren, aber da hatte die Hoffnung aus mir gesprochen, nicht die Fähigkeit. Nach zehn Kilometern riss zum ersten Mal eine Fahrradkette. Und da zeigte sich dann, dass wir blutige Anfänger waren. Wir hatten keine Ahnung, was zu tun war. Eine halbe Ewigkeit hockten wir am Straßenrand – zwei Idioten, die keinen Schimmer von Mechanik hatten. Wir lasen die Reparaturanleitung durch, die wir ganz tief in eine der Gepäcktaschen gestopft hatten. Das Buch war älter als wir, und wir hatten es nur gekauft, weil es so billig gewesen war. Wenn man vom Beginn einer Entdeckungsreise auf das Ende schließen kann, dann führte diese ins Land des Chaos.

★ ★ ★ ★ ★

Zwei Stunden vorher hatten wir unsere Fahrräder zum allerersten Mal beladen. Und da erst fiel Matt auf, dass die bestellten Schrauben für seine Gepäckträger nicht angekommen waren. Er musste im Baumarkt diverse Schlauchklemmen besorgen, bevor sein Fahrrad »Joseph« – so benannt, weil es so bunt war, wie der Mantel des biblischen Joseph – voll funktionstüchtig war. Mein Fahrrad hieß »Winston« – weil es einen großen Namen tragen sollte – und sah etwas besser aus. Die falschen Reifen, die falschen Bremsen und den falschen Sattel, die ursprünglich montiert waren, hatte ich gegen passendere Teile ausgetauscht. Wir luden also Packtaschen, Zelt, Kochausrüstung und rosa Gitarre auf und eierten zum Pub. Endlich war es so weit. Wir hatten die Abreise schon um einen Tag verschoben, aber jetzt mussten wir die gebuchte Fähre erreichen. Nach Tränen und Umarmungen, Umarmungen und Tränen radelten wir in Richtung Süden.

Wir hatten einen einfachen Plan – und von der einen oder anderen Katastrophe abgesehen, funktionierte er prächtig: Lass dir was einfallen, es ist egal, wie groß oder ehrgeizig die Sache ist, Hauptsache, sie spornt dich an. Dann denk dir eine Methode und Wege aus, um dein Ziel zu erreichen. Sei dir deiner eigenen Stärken und Grenzen sehr bewusst. Sei wach. Sei selbstkritisch. Nimm's nicht zu ernst. Umgib dich mit Leuten, die bedingungslos an dich glauben und dich unterstützen, und konzentrier dich voll auf dein Ziel. Und dann leg los. Leg einfach los. Sei flexibel, denk daran, dass Probleme wie von selbst auftauchen und sich der Weg zum Ziel ändern kann. Sei lernfähig. Glaub fest daran, dass die Menschen gut sind, und verlier nie die Perspektive aus den Augen.

Nichts hätte uns auf das vorbereiten können, was uns auf dieser Reise widerfuhr.
Und so begann unser Leben auf der Straße ...

TIMS SCHWEINEBAUCHBRATEN

– mit Kartoffelbrei & sahniger Apfel-Karamell-Sauce }

Ich bin natürlich schamlos voreingenommen, aber es gibt einfach kein schöneres und idyllischer gelegenes Dorf als den winzigen Flecken Wield. Ich lebe da, so lange ich denken kann. Dort zählen traditionelle Werte und die Dorfgemeinschaft noch viel. Dort lebt man sie, und das ist so fantastisch wie beruhigend. Dort ist die mit vielen Preisen ausgezeichnete Wein- und Sektkellerei Hattingley Valley zu Hause, die beste in ganz England. Dort öffnet zwei Mal im Jahr der auch in allen umliegenden Dörfern hochgeschätzte Nightclub Horny Bison seine Tore. Und dort gibt es die tollste und gastfreundlichste Kneipe überhaupt, den wunderbaren Yew-Tree-Pub.

Der Yew Tree ist das Herzstück dieser ziemlich außergewöhnlichen Dorfgemeinschaft, und sein »Antriebsmuskel« ist der immer energiegeladene, immer flachsende, immer lächelnde, immer großzügige Mr. Tim. Sie könnten lange suchen und fänden doch keinen Wirt, der seinen Gästen eine so große Hilfe ist, der so hart arbeitet und so viele Dinge auf einmal erledigt wie er. Es ist kein Wunder, dass er schon viele der höchsten Auszeichnungen, die ein Gastwirt bekommen kann, eingeheimst hat und die Leute meilenweit fahren, um bei ihm zu essen. Tim kocht leidenschaftlich gerne und hat sich alles selbst beigebracht, seinen Erfolg hat er ganz allein seiner Leistung zu verdanken – was ich sehr bewundere. Weil sein Pub der symbolische Ausgangspunkt unserer Reise war, soll eines seiner Gerichte am Anfang dieses Buches stehen.

{Für 6 Personen}

- 1,5 kg SCHWEINEBAUCH {vom Metzger entbeint, Knochen extra dazu}
- 1 ZWIEBEL {grob gehackt}
- 4 KNOBLAUCHZEHEN {geschält & fein gehackt}
- 2 SELLERIESTANGEN {grob gehackt}
- 550 ml APFEL-CIDRE {Apfelwein}
- 1 Handvoll SALBEI {grob gehackt}
- 1 l HÜHNERBRÜHE
- 6 große KARTOFFELN {geschält & halbiert}
- 2 große KOCHÄPFEL {Kerngehäuse entfernt & in ½ cm große Würfel geschnitten}
- 1 EL BUTTER
- 100 g HELLBRAUNER ROHRZUCKER
- 175 g GOLDEN SYRUP {heller Zuckerrohrsirup}
- 125 g CRÈME DOUBLE
- ½ TL VANILLEEXTRAKT
- 1 kleine Handvoll PETERSILIE {fein gehackt}
- OLIVENÖL
- SALZ & FRISCH GEMAHLENER SCHWARZER PFEFFER

Lassen Sie sich die Knochen des Schweinebauchs beim Metzger für den Saucenfond auslösen, und nehmen Sie sie mit nach Hause. Den Schweinebauch auf ein tiefes Backblech legen, die Haut in regelmäßigen Abständen bis auf das Fleisch einschneiden und mit kochendem Wasser übergießen. Das Wasser nach einigen Minuten abgießen, das Fleisch mit Küchenpapier trocken tupfen und die Haut mit reichlich Salz einreiben (das Salz auch in die Einschnitte geben). Das Fleisch in eine Schüssel geben, mit Frischhaltefolie abdecken und mindestens drei Stunden ziehen lassen. Die Knochen mit Zwiebel, Knoblauch, Sellerie, der Hälfte des Cidre und des Salbeis sowie der Hühnerbrühe in einen hohen Suppentopf geben und bei mittlerer Hitze aufkochen. Die Temperatur reduzieren und alles langsam zu einem Fond reduzieren lassen.

Den Ofen auf 200 °C (Umluft 180 °C) vorheizen und den Grill zuschalten. Den marinierten Schweinebauch acht bis zehn Minuten unter den Grill schieben, um die Haut knusprig zu braten. Die Kruste ist fertig, wenn sie anfängt, Blasen zu werfen, und schön goldbraun ist. Den Grill ausschalten und den Schweinebauch im Ofen etwa 40 Minuten braten.

Die Kartoffeln mit einer Prise Salz in einem Topf mit kaltem Wasser bedecken und aufkochen. Die Temperatur reduzieren, die Kartoffeln gar kochen, dann abgießen und beiseitestellen. Den übrigen Cidre und Salbei mit den Äpfeln in einen zweiten kleineren Topf geben, kräftig mit Salz und Pfeffer würzen und aufkochen. Dann ebenfalls bei geringer Hitze köcheln, bis die Äpfel weich sind.

Für die Karamellsauce die Butter in einem dritten Topf bei geringer Hitze zerlassen. Zucker, Sirup, Crème double und Vanilleextrakt einrühren. Den Topf vom Herd nehmen und beiseitestellen. Wenn der Knochen-Gemüse-Fond auf etwa die Hälfte reduziert ist, die Flüssigkeit durch ein feines Küchensieb in eine Schüssel abseihen. Knochen und Gemüse entsorgen, sodass nur der klare Fond übrig bleibt. Nun die einzelnen flüssigen Mischungen zu einer Sauce kombinieren – dazu gehört etwas Fingerspitzengefühl. Abwechselnd eine Kelle Fond und einen Löffel Karamellsauce unter die gedünsteten Äpfel ziehen, bis die Sauce eine leicht süße Note erhält. Alles aufkochen und dann bei reduzierter Temperatur eindicken lassen.

Nach 40 Minuten prüfen, ob der Schweinebauch gar ist. Er ist fertig, wenn beim Einstechen mit einem Metallspieß der austretende Fleischsaft klar und das Fleisch schön zart ist. Falls nötig, die Ofenzeit verlängern. Das Fleisch aus dem Ofen nehmen, mit Aluminiumfolie abdecken und acht bis zehn Minuten ruhen lassen. Dann den Braten in zwei Zentimeter dicke Scheiben aufschneiden und nochmals zehn Minuten in den Ofen geben, um die Kruste aufzubacken. Falls nötig, die Kartoffeln zum Erwärmen mit kochendem Wasser übergießen und gründlich abgießen. Dann die Kartoffeln in einem großen Topf mit einem Schuss Olivenöl und einer Prise Salz zu einem glatten Brei zerstampfen. Zum Servieren eine großzügige Portion Kartoffelbrei in die Mitte jedes Tellers setzen und mit der wunderbaren Apfel-Karamell-Sauce übergießen. Einige Scheiben Schweinebauchbraten daraufsetzen, mit etwas Petersilie und reichlich Pfeffer bestreuen. Ein meisterhaftes Gericht vom besten Wirt des ganzen Landes!

IN BIER GESCHMORTE LAMMSCHENKEL

– mit Süßkartoffel-Kürbis-Püree, frischer Minzesauce & Quitten-Bratensauce }

{ *Für 4 Personen* }

- 4 LAMMSCHENKEL
- OLIVENÖL
- 1 mittelgroße ZWIEBEL {grob gehackt}
- 2 große KAROTTEN {grob gehackt}
- 2 SELLERIESTANGEN {grob gehackt}
- 4 Zweige ROSMARIN {Nadeln abgezupft & grob gehackt}
- 1 kleine Handvoll THYMIAN {Blätter abgezupft & grob gehackt}
- 2 LORBEERBLÄTTER
- 6 KNOBLAUCHZEHEN {geschält, 3 fein gehackt, 3 ganz}
- 500 ml SCHWARZBIER {z. B. Stout}
- 500 ml RINDERBRÜHE
- 4 TL QUITTENGELEE, zzgl. etwas zum Süßen
- 1 große Handvoll MINZE {grob gehackt}
- 1 TL ZUCKER
- 4 TL WEISSWEINESSIG
- 1 großer BUTTERNUSSKÜRBIS {geschält & in 2 cm große Würfel geschnitten}
- 4 mittelgroße SÜSSKARTOFFELN {geschält & in 2 cm große Würfel geschnitten}
- MAISSTÄRKE zum Andicken
- SALZ & FRISCH GEMAHLENER SCHWARZER PFEFFER

Wenn es ein Gericht gibt, das mich immer daran erinnert, wie fantastisch meine Mutter kocht, dann ist es dieses. Lammkeule serviert sie immer nur zu besonderen Gelegenheiten – also auch als großes Abschiedsessen für ihren Sohn. Cathy P. hat lange als Köchin in Restaurants gearbeitet und war an meiner Liebe zum Kulinarischen nicht ganz unbeteiligt. Ihre enorme Hilfsbereitschaft und ihr Zuspruch waren für unsere Reise sehr wichtig. Eine tolle Köchin. Ein toller Fels in der Brandung. Eine tolle Mutter. Hab dich sehr lieb.

Etwas Öl in einer großen Kasserolle mit schwerem Deckel bei mittlerer Temperatur erhitzen und die Lammschenkel darin etwa zehn Minuten rundum goldbraun anbraten. Aus dem Topf nehmen und beiseitestellen. Im gleichen Topf die Zwiebel, die Karotten und den Sellerie glasig andünsten. Nach etwa fünf Minuten Rosmarin, Thymian, Lorbeerblätter und gehackten Knoblauch unterrühren und alles noch einige Minuten weiterdünsten.

Die Lammschenkel zurück in den Topf geben und mit Bier und Brühe aufgießen, sodass sie fast bedeckt sind. Aufkochen und die Temperatur reduzieren, bis der Bratensud nur noch simmert. Das Quittengelee einrühren, den Deckel aufsetzen und das Fleisch zweieinhalb Stunden köcheln, bis es fast von den Knochen fällt.

Die Minze mit einer Prise Salz, dem Zucker und vier Teelöffeln kochendem Wasser in einer Schüssel verrühren, bis der Zucker aufgelöst ist. Abkühlen lassen, den Essig unterrühren und die Sauce mit Salz und Pfeffer abschmecken.

Den Ofen auf 200 °C (Umluft 180 °C) vorheizen. Etwa 30 Minuten bevor die Lammschenkel gar sind, die Kürbis- und Süßkartoffelwürfel mit den ganzen Knoblauchzehen auf einem Backblech verteilen. Mit Olivenöl beträufeln, mit Salz und Pfeffer würzen und etwa 30 Minuten im Ofen rösten. Aus dem Ofen nehmen, in eine große Schüssel umfüllen und mit einer Gabel zu Püree verarbeiten. Das Püree sollte jedoch nicht zu fein sein. Nach Geschmack mit Salz und Pfeffer würzen.

Die Lammschenkel aus der Kasserolle nehmen und in Alufolie gewickelt ruhen lassen. Für die Quitten-Bratensauce den Bratensatz durch ein feines Sieb streichen, Zwiebel und Kräuter entfernen, dann die Sauce zurück in die Kasserolle geben. Die Sauce einkochen, bis sie dickflüssig ist. Eventuell noch mit etwas Maisstärke andicken oder noch mehr Quittengelee einrühren, um sie zu süßen.

Jeweils einen Lammschenkel auf einen Teller geben, mit der Quitten-Bratensauce übergossen und mit reichlich Püree servieren. Alles mit einigen Löffeln Minzesauce beträufeln.

Eine Riesenumarmung von meiner Mutter – etwas Besseres gibt es einfach nicht.

FRANCE COUNTRY. 2

– Willkommen in –

FRANKREICH

Wenn es ein Land gibt, das einem hilft, sich perfekt auf eine ziemlich lange kulinarische Fahrradtour einzustellen, dann ist es wohl Frankreich. In kaum einem anderen Land haben sowohl das Radfahren als auch das Essen einen so hohen kulturellen Stellenwert. Die Liebe zum Zweirad wird jährlich mit der Tour de France gefeiert. Die Gastronomie genießt weltweit den besten Ruf und gilt als eine der klassischen modernen Küchen – sie ist das kreative Feld der Kochtechniken, Aromen, Innovationen und ausgezeichneten Restaurants. Diesen stolzen Teil der kulinarischen Kultur hatten wir aber gar nicht auf dem Schirm. Um jedes etwaige Sterne-Restaurant machten wir erfolgreich einen großen Bogen. Uns interessierten die regionalen Delikatessen und Kochkünstler, die lokalen Märkte und die kleinen Weingüter in Familienbesitz. Wir wollten probieren, was regional zu erschwinglichen Preisen aufgetischt wird.

★ ★ ★ ★ ★

Von den sanften Hügeln der Normandie mit ihren wogenden goldenen Kornfeldern, über das satte Grün der endlosen Weinberge im Loiretal, bis zu den zahllosen malerischen Städtchen und Dörfern entlang des Wegs bietet Frankreich dem hungrigen Radwanderer wirklich alles. Wir fanden unseren Rhythmus und fühlten uns auf der Straße bald wie zu Hause. Wir entwickelten Routine und eine Tagesstruktur. Auf einem Feld, einer Wiese oder in einem Wald aufwachen. Auf Nahrungssuche gehen. Baguette, Pain au chocolat, Obst. Kaffee trinken. Radfahren. Wasser. Radfahren. Baguette. Käse. Viel Käse. Noch mehr Käse. Obst. Wasser trinken. Rasten. Lesen. Schlafen. Radfahren. Wasser trinken. Radfahren. Glühen. Ermüden. Suchen. Feld. Wiese. Wald. Camp. Feuer. Kochen. Cidre trinken. Lesen. Gitarre. Schlafen. Tag für Tag.

Bald liebten wir diese Routine. Es war Sommer, wir waren gut drauf und immer noch am Beginn unserer Reise. Die erste Aufgabe des Tages: zu vermeiden, dass der Bauer oder Landbesitzer uns dabei erwischte, wie wir unseren Schlafplatz verließen. Unbefugtes Betreten und so. Dann die nächste Boulangerie finden und ein großes, frisch gebackenes Baguette kaufen. Das wurde hinten aufs Fahrrad geschnallt und im Lauf des Tages aufgegessen, mit regional hergestellten Marmeladen, Konfitüren, Käse, Räucherschinken, frischem Obst, Kirschen, Aprikosen, Äpfeln und Birnen. Wenn man so weite Strecken durch Frankreich fährt, kann man erleben, wie stolz die Leute auf ihre regionalen und saisonalen Produkte sind – und das ist toll. »Regional« und »saisonal« sind die wichtigsten Begriffe für die Grundsätze und Traditionen der französischen Küche. Die Echtheit und Güte der regionalen Produkte wird streng geprüft und durch strikte Gesetze geregelt. Ein auf eine bestimmte Art an einem bestimmten Ort hergestellter Käse oder Wein oder Kuchen wird nur dann als echt klassifiziert, wenn eine Reihe wesentlicher Voraussetzungen erfüllt werden. Die Ursprungs- und Qualitätsbezeichnungen sind also geschützt und absolut verlässlich. Wenn es um Lebensmittel geht, verstehen die Franzosen keinen Spaß.

POCHIERTE CIDRE-BIRNEN

– mit warmem Salat aus Blattspinat, Spargel, Walnuss, Roter Bete & Ziegenfrischkäse }

Während wir so durch Frankreich radelten, gönnten wir uns den kleinen Luxus, kurz bevor wir einen geeigneten Platz für unser Nachtlager suchten, noch eine Flasche billigen Alkohol zu kaufen. Manchmal prassten wir auch und nahmen den zweitbilligsten. Zu den großen Annehmlichkeiten Frankreichs gehört, dass selbst der billige Alkohol fantastisch schmeckt. Genau das Richtige für uns. Eines Abends entdeckten wir ganz hinten in einem kleinen Dorfladen ein paar besonders preiswerte Flaschen. Die Aufschrift auf dem schlicht weißen Etikett sagte zum Inhalt nur: Cidre de poire – und wir dachten, wir probieren ihn mal.

{ Für 4 Personen }

- 4 BIRNEN {geschält, halbiert & Kerngehäuse entfernt}
- 550 ml BIRNEN-CIDRE {Birnenwein}
- 50 g FEINSTZUCKER
- 1 unbehandelte ZITRONE {abgeriebene Schale}
- 1 unbehandelte ORANGE {abgeriebene Schale & Saft}
- 4 LORBEERBLÄTTER
- 1 ZIMTSTANGE
- 3 NELKEN
- 1 TL VANILLEEXTRAKT
- 2 große Handvoll SPARGEL {holzige Enden abgeschnitten}
- OLIVENÖL
- 2 große Handvoll BLATTSPINAT
- 250 g ZIEGENFRISCHKÄSE {zerkrümelt}
- 125 g WALNUSSKERNE {grob gehackt}
- 2 ROTE-BETE-KNOLLEN {gekocht & in 1 cm große Würfel geschnitten}

Für das Dressing:

- 3 EL OLIVENÖL
- 1 EL BALSAMICOESSIG
- 4 EL REDUZIERTER CIDRE-SUD {aus der Pochierflüssigkeit}
- SALZ & FRISCH GEMAHLENER SCHWARZER PFEFFER

Er schmeckte unglaublich gut. Vielleicht weil wir einen wahnsinnig langen, anstrengenden Tag hinter uns hatten. Vielleicht weil wir uns wie ausgedörrt fühlten. Vielleicht weil wir ihn in einem Feld tranken. Vielleicht verkläre ich das Ganze auch. Wahrscheinlich. Wie auch immer, dieses Gericht ist eine Verbeugung vor dieser umwerfenden Flasche. Ich würde Ihnen zu gerne sagen, welche Marke es war, aber ich weiß es einfach nicht mehr.

Die Birnen mit Cidre, Zucker, Zitronen- und Orangenschale, Orangensaft, Lorbeerblättern, Zimtstange, Nelken und Vanilleextrakt in einen großen Topf geben und bei mittlerer Hitze sanft zum Köcheln bringen. Die Birnen im Sud etwa 20 Minuten garen, bis sie weich sind. Dann aus dem Topf heben und abkühlen lassen. Den Sud weiterköcheln und dabei reduzieren lassen, bis das Dressing zubereitet wird.

Die Spargelstangen mit etwas Olivenöl in einer Grillpfanne bei mittlerer Hitze einige Minuten braten, bis sie leicht gebräunt sind, aber noch Biss haben. Für das Dressing Olivenöl und Balsamicoessig in einem Mixbecher oder einem leeren Marmeladenglas vermischen. Den Birnen-Sud löffelweise dazugeben und alles mit Salz und Pfeffer würzen.

Zum Servieren jeweils eine Handvoll Blattspinat auf einen Teller geben und mit je einem Viertel Ziegenkäse, Walnusskernen und Rote-Bete-Würfeln bestreuen. Darauf die pochierten Birnen und den Spargel anrichten. Den Salat mit dem noch warmen Cidre-Dressing übergießen – und schon kann es losgehen!

HERZHAFTE
WILDPILZ-PFANNKUCHEN
– mit gedünstetem Blattspinat, Rucola,
frischen Kräutern und & Comté }

{ *Für 4 Personen* }

Für die Pfannkuchen:

- 250 g WEIZENMEHL Type 405 & ½ Päckchen BACKPULVER {gesiebt}
- 2 EIER
- OLIVENÖL
- 500 ml MILCH
- 2 EL BUTTER

Für die Pilzfüllung:

- 4 große Handvoll GEMISCHTE SPEISEPILZE {z. B. Shiitake, Austernpilze, Portobello, Pfifferlinge, braune oder weiße Champignons; geputzt & grob gehackt}
- 1 Handvoll THYMIAN {Blätter abgezupft}
- 1 Handvoll ESTRAGON {fein gehackt}
- 1 Handvoll PETERSILIE {fein gehackt}
- 2 KNOBLAUCHZEHEN {geschält & fein gehackt}
- 2 große Handvoll BLATTSPINAT
- 1 große Handvoll RUCOLA
- 150 g COMTÉ-KÄSE {ersatzweise ein anderer würziger Hartkäse; gerieben}
- SALZ & FRISCH GEMAHLENER SCHWARZER PFEFFER

Eine Pfanne mit gedünsteten gemischten Pilzen ist schwer zu toppen. Auf jedem Markt in Frankreich hat man die Qual der Wahl. Die Pilzvielfalt ist einfach unglaublich, die Pilze sehen wunderschön aus und haben teilweise sehr schräge Namen. Am besten nimmt man von jeder Sorte ein paar. Mit viel Knoblauch, Kräutern und Butter sind sie so französisch, wie man es sich nur wünschen kann. Wir haben diese Pfannkuchen oft mit Wasser anstelle der Milch angerührt. Mein Rat: Machen Sie's nicht nach. Sie schmecken nicht halb so gut. Aber wir haben wirklich keine guten Erfahrungen mit aufs Fahrrad geschnallten Milchprodukten im Hochsommer gemacht. In aufgeheizten Gepäcktaschen ausgelaufene Milch kann einen zum Heulen bringen ...

Für den Teig Mehl, Backpulver und eine Prise Salz in einer großen Rührschüssel vermengen. Eine Mulde in die Mitte drücken und zuerst die Eier hineinschlagen, dann die Hälfte der Milch und einen Teelöffel Olivenöl dazugießen. Mit einem Schneebesen die Zutaten von der Mitte her verrühren. Das Mehl unterarbeiten, bis ein geschmeidiger, dicker Teig entsteht. Langsam die restliche Milch angießen, bis der Teig so flüssig wie Sahne ist. Beiseitestellen.

In einer großen Pfanne bei mittlerer Temperatur einen halben Teelöffel Butter und einen Schuss Olivenöl erhitzen. Die Pilze zugeben und in einigen Minuten gar dünsten. Eventuell portionsweise arbeiten, damit die Pfanne nicht zu voll wird. Dann die gegarten Pilze zurück in die Pfanne geben. Kräuter (einige zum Garnieren beiseitelegen) und Knoblauch unterrühren und alles mit Salz und Pfeffer würzen. Den Blattspinat zum Pfanneninhalt geben und erhitzen, bis er zusammenfällt. Die Pfanne vom Herd nehmen.

In einer flachen Pfanne etwas Butter zerlassen und den Pfannenboden gleichmäßig damit bedecken. Eine Kelle Teig hineingeben und die Pfanne kippen, um den Teig dünn und gleichmäßig zu verteilen. Nach etwa 45 Sekunden sollte er auf der Unterseite fest werden. Den Pfannkuchen wenden und auf der anderen Seite ebenfalls goldgelb backen. Auf einen vorgewärmten Teller gleiten lassen und die restlichen Pfannkuchen ebenso backen. Die fertigen Pfannkuchen mit etwas Rucola belegen, die Pilz-Blattspinat-Mischung darauf verteilen und mit den übrigen Kräutern sowie reichlich Comté bestreuen.

SWITZERLAND
COUNTRY 3

– Willkommen in der –

SCHWEIZ

Es hatte tagelang auf uns gelauert – dieses unheimliche, bedrohliche Monstrum in weiter Ferne. Das uns immer näher sog und die Ferne verschlang. Wir hatten die Stadt Brig erreicht, die letzte Station im herrlich flachen Rhônetal. Eine von hohen Bergwänden bedrängte Straße stellt an einem Punkt unweigerlich fest, dass sie sich nicht mehr winden kann, und beginnt gerade anzusteigen. Diesen so beklemmenden wie unvermeidbaren Punkt hatten wir erreicht. Vor uns lagen der mächtige Simplonpass und der Weg über die Alpen. 31 Kilometer bergauf, zwischen grandiosen schneebedeckten Gipfeln, über weit gespannte Brücken, durch matt erleuchtete Tunnel, immer hinter dem Heck eines Autos. Die Belohnung: eine traumhafte Landschaft und die Verheißung einer 37 Kilometer langen Abfahrt zu den oberitalienischen Seen.

★ ★ ★ ★ ★

Die Woche davor hatten wir geradezu ideale Fahrbedingungen gehabt. Wir waren am herrlichen Genfer See aufgebrochen: Steile, terrassierte Weinberge flankierten das Schweizer Nordufer, am französischem Südufer ragten die Berge auf. Die Fahrradstrecke war idyllisch – so ruhig, so malerisch, so verdammt gut ausgeschildert. Außerdem hatten wir einen zusätzlichen Ansporn. Die Schweiz ist nichts für Leute mit schmalem Geldbeutel. Für diejenigen, die dem Hilf-dir-selbst-Hamstern und wilden Campen nicht abgeneigt sind, hat sie allerdings einiges zu bieten. Landwirtschaft, wo man auch hinschaut, vor allem im Rhônetal. Obstwiesen, Felder, Weinberge, Äpfel, Birnen, Pflaumen, Weintrauben, Kiwis, Erdbeeren, Brombeeren. Kaum denkt man an eine Frucht, schon radelt man an einem Feld vorbei, auf dem sie wächst. Die Bäume und Sträucher hingen voller Früchte. Übervoll, dachten wir oft, und machten uns daran, sie zu entlasten. Wenn vier Äpfel fünf Euro kosten – wie könnte man da der Versuchung, selbst zu ernten, widerstehen?

Wenn man an die Schweizer Küche denkt, schwirren einem sofort Bilder von riesigen Käserädern und hauchzarten Schokoladeblättchen im Kopf herum. Und die Schweizer verstehen sich wirklich auf beides meisterlich. Die Liste der weltberühmten Käsesorten spricht für sich selbst: Raclette-Käse, Schweizer Brie, Comté, Gruyère, Emmentaler, Vacherin und Appenzeller. Man isst sie als Fondue, gegrillt oder zu Räucherfleisch und herzhaftem braunem Brot, und sie sind so landestypisch wie lecker. Aber die Schweizer Küche hat sehr viel mehr zu bieten. Sprachlich und kulturell ist der Einfluss der größeren Nachbarn – Frankreich, Deutschland und Italien – unglaublich groß. Viele international beliebte Gerichte haben stark ausgeprägte regionale Wurzeln. Rösti und Landjäger (diese flachen geräucherten Würste) munden sehr deutsch, in Broten und Süßgebäck schmeckt man den französischen Einfluss, Pizzoccheri, Polenta und Safranrisotto haben ihren Ursprung eindeutig im südlichen Nachbarland Italien. Das Ergebnis ist eine kulinarische Kultur der feinen geographischen Variationen und der genüsslichen Grenzüberschreitungen – wir sind diesem Phänomen auf unserer Reise nach Süden sehr oft begegnet.

KARTOFFEL-RÖSTI AUS DER PFANNE

– mit Räucherspeck, Pilzen, pochiertem Ei & Sauce hollandaise }

Rösti ist für die Schweiz, was Baguette für Frankreich und Pizza für Italien ist – ein kulturelles Symbol. Es ist zwar im ganzen Land allgegenwärtig, ursprünglich aber eine deutsch-schweizerische Spezialität. Ihre Bedeutung ist so groß, dass die kulturelle Trennungslinie zwischen den deutsch- und den französischsprachigen Regionen oft als »Röstigraben« bezeichnet wird. Wenn man die Alpen zu überqueren hat, ist Rösti ein fantastisches, Energie spendendes Frühstück.

{Für 2 Personen}

- 2 große FESTKOCHENDE KARTOFFELN {halbiert & ungeschält}
- ½ ROTE ZWIEBEL {in feine Ringe geschnitten}
- 1 kleine Handvoll ESTRAGON {fein gehackt}
- OLIVENÖL
- 8 Scheiben BACON {geräucherter Bauchspeck} oder GERÄUCHERTER SCHINKEN
- 1 große Handvoll GEMISCHTE SPEISE-PILZE {geputzt & grob gehackt}
- 125 g BUTTER
- 2 große EIER
- 1 kleine Handvoll GEMISCHTER SALAT
- 1 Handvoll SCHNITTLAUCH {fein gehackt}

Für die Sauce hollandaise:

- 125 g BUTTER
- 2 große EIGELB
- 1 TL WEISSWEINESSIG
- ½ ZITRONE {Saft}
- SALZ & FRISCH GEMAHLENER SCHWARZER PFEFFER

Die Kartoffeln in einem Topf mit Salzwasser kochen, bis sie gar, aber nicht zu weich sind. Abgießen und vollständig auskühlen lassen, dann grob in eine Schüssel raspeln. Zwiebel und Estragon unterheben und kräftig mit Salz und Pfeffer würzen. Einen Schuss Öl in einer Pfanne bei mittlerer Temperatur erhitzen und den Speck darin knusprig braten. Aus der Pfanne heben, beiseitestellen und dabei warm halten. Die Pilze in dem Speckfett dünsten und ebenfalls warm stellen.

Für die Hollandaise in einem Topf 125 Gramm Butter zerlassen. Den Schaum abschöpfen und die Butter warm halten. Die zwei Eigelbe mit einem halben Teelöffel Essig, einer Prise Salz und vier Esslöffeln kaltem Wasser in einen Schlagkessel geben. Die Mischung eine Minute mit dem Schneebesen aufschlagen. Den Kessel in einen Topf mit sanft köchelndem Wasser hängen und die Eimischung etwa vier Minuten steif und hellgelb schlagen. Aus dem Wasserbad nehmen und langsam die zerlassene Butter unterschlagen, bis eine dickcremige Sauce entsteht. Den Zitronensaft einrühren, mit Salz und Pfeffer abschmecken und warm halten.

Zurück zur Pfanne: Die Hälfte der übrigen Butter darin bei mittlerer Hitze zerlassen. Die Hälfte der Kartoffelraspeln zugeben. Einige Minuten anbraten und dann in der Pfanne zu einem flachen Pattie zusammendrücken. Die Kartoffelstärke bindet die Masse, das Pattie darf in der Pfanne jedoch nicht zu sehr bewegt werden. Nach fünf Minuten sollte die Unterseite eine schöne goldgelbe Kruste haben. Dann die Rösti vorsichtig wenden und weiterbacken, bis auch die andere Seite goldgelb ist. Auf einen vorgewärmten Teller geben und die zweite Rösti ebenso backen.

Einen weiteren Topf mit Wasser füllen und zum Kochen bringen. Eine Prise Salz und den zweiten halben Teelöffel Weißweinessig zugeben. Speck, Pilze und beide Rösti mit Salatblättern auf zwei Tellern anrichten. Jetzt schnell weiterarbeiten: Das kochende Wasser kräftig mit einer Gabel rühren. Die zwei Eier hineinschlagen, die Temperatur reduzieren und die Eier drei Minuten köcheln, aber nicht hart kochen. Die fertigen Eier vorsichtig mit einem Schaumlöffel aus dem Wasser heben, abtropfen lassen und auf die Pilzmischung setzen. Die Sauce hollandaise gleichmäßig darüberverteilen, mit Schnittlauch bestreuen und servieren.

– Willkommen in –

ITALIEN

Nachdem wir uns den Simplonpass hinaufgekämpft hatten und dann hinunter ins norditalienische Seenland gerollt waren, verbrachten wir ein paar entspannte Wochen an den reichen und sagenhaften Ufern des Lago Maggiore, Lago di Varese, des Comer, Endine-, Iseo- und Gardasees. Für unsere Nachtlager suchten wir uns wie gehabt einen Strand, eine Lichtung oder ein grünes Privatgrundstück. Wir verbrachten Zeit mit einer einheimischen Familie – in einem Haushalt, in dem mehrere Generationen lebten –, wir aßen und tranken zusammen, fuhren Rad und radebrechten. Wir waren »Lost in Translation« in Oberitalien. Das Frühstück wurde von der großartigen Großmutter aufgetischt: starker schwarzer Kaffee, frische Eier mit unglaublich orangefarbenen Dottern und frisch gebackenes Brot.

★ ★ ★ ★ ★

Nach dem Frühstück ging es an die Arbeit. Der alterslose Großvater, ein ehemaliger Bergsteiger, der mit Begeisterung die Sense schwang, zeigte mir, wie man auf die gute altmodische Art Heu macht. Wir arbeiteten bis zum Mittagessen, einer Mahlzeit, die die gesamte Familie liebte. Gleich nach dem Frühstück machte sich die Großmutter daran, das Mittagessen vorzubereiten, und was für ein Essen: frische Pasta mit einer einfachen Tomatensauce, gegrilltes Gemüse aus dem eigenen Garten – Auberginen, Zucchini, Artischocken –, Polenta, Ochsenzunge, Bresaola, Risotto, regionaler Ziegenkäse, mehr frisches Brot, Oliven, Mozzarella, Parmesan und reichlich Rotwein, um die Strapazen der morgendlichen Arbeit zu lindern. Die genussvolle Bewahrung der Traditionen und uralten Bräuche, die Zeit, die man sich für eine gemeinsame Mahlzeit nimmt, das sind die eigentlichen Grundzutaten der italienischen Küche. Wir begriffen, dass dieses Land von der Leidenschaft für das Essen, die Familie und die Liebe geprägt ist.

VERDICCHIO

In Italien sind die Menschen sehr stolz auf ihre Heimatregion und ganz besonders stolz auf den jeweiligen Ort, aus dem sie kommen. In keinem Land, durch das wir kamen, gibt es so ausgeprägte Unterschiede zwischen den Speisen benachbarter Regionen wie in Italien. Von Norden nach Süden, von Westen nach Osten, von den Küstenstreifen bis zu den Berggegenden überwiegen die regionalen Eigenarten der italienischen Küche – durchaus verständlich, denn bis zur späten Einigung bestand Italien aus vielen nur locker verbundenen Stadtstaaten. Konsequenterweise werden Zutaten, Zubereitungstechniken und Spezialitäten von ihren Fans hoch geschätzt und streitbar verteidigt, gerade weil sie aus einer bestimmten Stadt oder einem bestimmten Dorf kommen, wo man sie besser zubereitet als sonst irgendwo. Produkte aus der heimatlichen Gegend, die von Bäckern und Köchen der Region wirklich sensationell verarbeitet werden, sind hier Gold wert.

★ ★ ★ ★ ★

Von den Seen aus folgten wir dem gewundenen Fahrradweg entlang des Po-Ufers und machten Stippvisiten in Städten und Dörfern an der Strecke, bis wir die Adriaküste und das phänomenale Venedig erreichten. In eine Stadt, deren Anblick so ikonenhaft und dabei so vertraut scheint, setzt man große Erwartungen und Hoffnungen. Die Wirklichkeit übertraf all unsere Vorstellungen. Schon der erste Blick hat uns umgeworfen. Diese Stadt scheint an jeder Ecke Geschichte, Kultur und Kultiviertheit zu verströmen. Natürlich– und glücklicherweise – verliefen wir uns. Wir wanderten durch ungeniert müde wirkende Straßen mit verblassenden Graffiti aus Spraydosen. Wir bogen um scharfe Häuserecken und unter versteckten Torbögen in schummrige Wohngassen ein. Wo wir gingen und standen, sahen wir Brücken und Gondeln. Auf jedem freien Fleck Kunst, Kunsthandwerk und Restauranttische.

Schließlich bogen wir wieder um die Ecke und landeten auf dem jährlichen Open-Air-Konzert der Italienischen Kommunistischen Partei. Der ganze fantastische Platz war ein Meer von Fahnen mit Hammer und Sichel. Auf einer großen Bühne an einer Stirnseite machten ein paar Jazzmusiker gerade ihren Soundcheck. Auf der anderen hatte man über die gesamte Platzbreite ein Küchenzelt errichtet, in dem ein Schwarm italienischer *mammas* Berge von Essen für die sozialistischen Massen zubereitete: große Bottiche mit Pasta, die in Olivenölpfützen schwammen, gegrillten Fisch, gegrilltes Fleisch, gefülltes Gemüse, kalte Suppen, warme Suppen, gebratene knusprige Polenta mit reichlich Rosmarin, Schinken, Räucherfleisch und einfache Antipasti. Natürlich gab es auch einen Pizzaofen, der glühende Hitzewolken und dünne knusprige Fladen ausspuckte. Es war so echt italienisch. So voller Gemeinschaftssinn und Respekt, so reich an kulturellen Traditionen und Eigenarten. Einfach perfekt.

RISOTTO BIANCO

– der ehrlichste Risotto überhaupt }

Risottos werden in Italien unglaublich einfach ohne viele Extras zubereitet und schmecken unschlagbar gut. Wie in der ganzen italienischen Küche kommt es auch hierbei auf die Qualität der Zutaten an. Wenn man die grundlegenden Dinge richtig macht, braucht man nicht viel mehr. Dieser Risotto bianco ist eine Grundlage für kreative Spielereien mit weiteren Zutaten. Sparen Sie bei diesem Risotto also nicht an der Qualität: Kaufen Sie gute Bio-Brühe – selbst gemachte ist noch besser –, guten Käse und gutes Olivenöl. Beim Risotto gilt auf jeden Fall: Gute Zutaten ergeben einen guten Geschmack. Es ist wirklich so einfach.

- 1 l BRÜHE {Hühner-, Fisch- oder Gemüsebrühe; nach Geschmack}
- OLIVENÖL
- 1 große ZWIEBEL {fein gehackt}
- 2 EL BUTTER
- 3 KNOBLAUCHZEHEN {geschält & fein gehackt}
- 400 g RISOTTOREIS
- 250 ml TROCKENER WEISSWEIN {ersatzweise Wermut}
- 120 g PARMESAN {gerieben}
- ½ ZITRONE {nach Geschmack}
- SALZ & FRISCH GEMAHLENER SCHWARZER PFEFFER

{ Für 4 Personen }

Die Brühe in einem großen Topf bis kurz unter den Siedepunkt erhitzen. Einen Schuss Olivenöl in einem zweiten Topf bei geringer Temperatur erhitzen und die Zwiebel darin langsam glasig dünsten – diesen Schritt bezeichnet man als Soffritto. Wenn die Zwiebel weich ist, die Temperatur etwas erhöhen, einen Esslöffel Butter, den Knoblauch und den Reis zugeben und alles gut vermengen. Die Reiskörner sollen dabei leicht anschwitzen – das ist die Tostatura-Phase. Die Reiskörner werden jetzt am Rand durchsichtig, sollten aber nicht bräunen. Nach etwa einer Minute den Wein angießen. Alles kochen, bis der Alkohol verkocht ist (das dauert etwa eine Minute).

Dann die Brühe kellenweise dazugeben. Zwischendurch den Reis mit Pfeffer würzen, aber noch nicht salzen. Der Topfinhalt sollte dabei nie zu trocken, werden und der Reis muss ständig gerührt werden. Ziel ist es, die Reisstärke zu lösen, die dem Risotto erst die cremige Konsistenz gibt. So lange Brühe zugeben und einkochen lassen, bis die Reiskörner nicht mehr zusammenkleben und *al dente* gegart sind. Vom Herd nehmen und vor dem nächsten wichtigen Schritt eine Minute ruhen lassen. Den Risotto nach Geschmack mit Pfeffer würzen und vorsichtig salzen (er wird im nächsten Schritt durch den Parmesan noch salziger).

Nun die übrige Butter und die Hälfte des Parmesans unterschlagen – diese Phase bezeichnet man als Mantecatura. Dadurch wird der Risotto noch cremiger. Traditionell sollte ein Risotto relativ flüssig sein – *al onda*, »in Wellen fließend«. Nochmals eine Minute ruhen lassen, dann nach Geschmack mit dem übrigen Parmesan bestreut und mit Zitronensaft oder Olivenöl beträufelt servieren.

REGENBOGEN-RISOTTO

– mit ofengeröstetem Paprika, Butternusskürbis, Knoblauch, Roter Bete & Basilikumpesto }

HÄHNCHEN-RISOTTO

– mit Zucchini, Rucola & gegrillten braunen Pilzen }

MISCHPILZE-RISOTTO

– mit grünen Erbsen & frischen Kräutern }

Als Grundlage für all diese Risottos nehmen Sie den Risotto bianco (siehe Seite 43) und geben aromatische Extras dazu. Folgen Sie also allen Schritten des Risotto-bianco-Rezepts, und wandeln Sie es ganz nach Geschmack ab.

– *Regenbogen-Risotto* }

- 2 mittelgroße ROTE PAPRIKASCHOTEN
- ½ großer BUTTERNUSSKÜRBIS {in 1 cm große Würfel geschnitten}
- 4 KNOBLAUCHZEHEN {mit Schale}
- 2 ROTE-BETE-KNOLLEN {gekocht}
- OLIVENÖL
- PARMESAN {gerieben}
- 1 kleine Handvoll PETERSILIE {grob gehackt}
- 4 TL BASILIKUM-MINZE-MANDEL-PESTO {siehe Seite 22}
- SALZ & FRISCH GEMAHLENER SCHWARZER PFEFFER

Den Ofen auf 200 °C (Umluft 180 °C) vorheizen. Vor der Soffrito-Zubereitung Paprikaschoten, Kürbis und Rote Beten auf ein Backblech legen, mit Öl beträufeln und kräftig mit Salz und Pfeffer würzen. Dann 30 Minuten im Ofen rösten. Dabei das Gemüse öfters wenden und inzwischen den Risotto bianco zubereiten.

Die Paprika in einem Sieb abtropfen lassen, häuten, aufschneiden, die Samen und Scheidewände entfernen und das Fruchtfleisch in grobe Stücke schneiden. Wenn noch etwas gebräunte Haut dabei ist, ist das kein Problem – sie erhöht das Farbspektrum des fertigen Risottos. Die Roten Beten in ein Zentimeter große Würfel schneiden. Das Knoblauchfleisch aus den Schalen drücken und fein hacken oder zerdrücken. Kurz bevor der Reis vom Herd genommen wird, das Gemüse unterheben. Den Risotto auf Teller verteilen und jeweils mit Parmesan, Petersilie und einem Teelöffel Basilikum-Minze-Mandel-Pesto servieren. Ein fantastischer bunter Risotto!

– *Hähnchen-Risotto* }

- 4 mittelgroße HÄHNCHENBRÜSTE {Fett entfernt}
- 2 mittelgroße ZUCCHINI {in 1 cm dicke Scheiben geschnitten}
- 4 große BRAUNE CHAMPIGNONS {ersatzweise andere braune Pilze; Stiele entfernt & geputzt}
- 2 KNOBLAUCHZEHEN {fein gehackt}
- PARMESAN {gehobelt}
- 1 unbehandelte ZITRONE {abgeriebene Schale & Saft}
- OLIVENÖL
- 1 große Handvoll RUCOLA
- SALZ & FRISCH GEMAHLENER SCHWARZER PFEFFER

Während des Soffritto-Stadiums die Hähnchenbrüste in die simmernde Brühe legen und etwa 15 bis 20 Minuten pochieren. Dann das Fleisch aus der Brühe heben und beiseitestellen. Den Ofengrill bei mittlerer Temperatur vorheizen. Fünf Minuten nach Zugabe der ersten Kelle Brühe die Zucchini unter den Risotto heben. Jeden Pilzhut mit einer halben gehackten Knoblauchzehe, reichlich Parmesan und Zitronenschale füllen, mit Olivenöl beträufeln und mit Salz und Pfeffer würzen. Sieben Minuten unter den Grill schieben, bis der Parmesan eine goldgelbe Kruste gebildet hat.

Die Hähnchenbrüste in mundgerechte Stücke schneiden und unter den Risotto heben, bevor er vom Herd genommen wird. Den Risotto mit einigen Rucolablättern garniert und etwas Zitronensaft beträufelt auf Tellern anrichten und die Pilze daraufsetzen.

– *Pilz-Risotto* }

- 2 große Handvoll GEMISCHTE SPEISEPILZE {z. B. Shiitake, Austernpilze, Portobellos, Pfifferlinge oder Champignons; geputzt & grob gehackt}
- OLIVENÖL
- 150 g GRÜNE ERBSEN {gepalt}
- 1 kleine Handvoll THYMIAN {Blätter abgezupft & grob gehackt}
- 1 kleine Handvoll PETERSILIE {grob gehackt}
- PARMESAN {gehobelt}
- SALZ & FRISCH GEMAHLENER SCHWARZER PFEFFER

Etwas Olivenöl bei mittlerer Temperatur in einer Pfanne erhitzen und die Pilze darin einige Minuten dünsten. Sie sollten aber noch Biss haben. Mit Salz und Pfeffer würzen.

In einem Topf Wasser mit einer Prise Salz aufkochen und die Erbsen darin in wenigen Minuten garen. Das Wasser abgießen und die Erbsen beiseitestellen. Sobald der Risotto für die Fertigstellung vom Herd genommen wird, Pilze, Erbsen, Thymian und Petersilie unterheben und alles gut vermengen. Den Risotto auf Tellern anrichten und mit Parmesanspänen bestreut servieren.

{ *Winston* }

– TOMS FAHRRAD –

{ *Joseph* }

– MATTS FAHRRAD –

POLLO ALLA CACCIATORA

– Schmorhuhn nach Jägerart mit Oliven, Kapern und weißen Bohnen }

Kaum ein Gericht ist so wohltuend und behaglich wie ein guter herzhafter Eintopf. Aus irgendeinem Grund beschwört dieses Rezept für mich das rundum romantische Bild einer unvergänglichen italienischen Landschaft herauf. Eine alte Frau gibt in ihrer dunklen, verrauchten Küche all diese unglaublichen Aromen und Zutaten in einen Topf und lässt sie leise vor sich hin köcheln, bis das Hühnchen zart ist und ihr »Jäger«-Ehemann mit seiner täglichen Beute vom Feld zurückkehrt.

Um das Beste aus diesem Rezept herauszuholen, sollten Sie das Fleisch mit vielen Kräutern und Wein marinieren und über Nacht im Kühlschrank ziehen lassen. Danach ist es leuchtend violett – und genau so soll es sein. Es ist zwar ein Bruch der strengen Tradition, aber Kapern und Butterbohnen machen dieses uralte Gericht noch besser. Servieren Sie es mit schlichtem Reis oder knusprigem Bauernbrot.

{ Für 4 Personen }

- 8 gemischte HÄHNCHENTEILE
- 2 Zweige ROSMARIN {Nadeln abgezupft & grob gehackt}
- 2 TL GETROCKNETER THYMIAN
- 2 TL GETROCKNETER OREGANO
- 1 unbehandelte ZITRONE {abgeriebene Schale}
- 375 ml ROTWEIN {½ Flasche}
- 3 KNOBLAUCHZEHEN {geschält & fein gehackt}
- WEIZENMEHL, Type 405, zum Bestäuben
- OLIVENÖL
- ½ ROTE ZWIEBEL {grob gehackt}
- 2 TL TOMATENMARK
- 2 Dosen STÜCKIGE TOMATEN {à 400 g}
- 150 g gemischte OLIVEN {entsteint & grob gehackt}
- 1 große Handvoll BASILIKUM
- 1 Dose LIMABOHNEN {400 g, abgetropft}
- 40 g EINGELEGTE KAPERN {abgetropft}
- SALZ & FRISCH GEMAHLENER SCHWARZER PFEFFER

Die Hähnchenteile mit Rosmarin, Thymian, Oregano, Zitronenschale, Wein, der Hälfte des Knoblauchs sowie einer Prise Pfeffer und einer kleinen Prise Salz (nicht zu viel, denn später kommen weitere salzige Zutaten hinzu) in eine große Schüssel geben. Alles gut vermengen, sodass die Fleischteile rundum mit den Gewürzen überzogen sind. Im Kühlschrank mindestens einige Stunden, aber am besten über Nacht marinieren lassen.

Den Ofen auf 180 °C (Umluft 160 °C) vorheizen. Die Hähnchenteile aus dem Kühlschrank holen und aus der Marinade nehmen. Mit Küchenpapier trocken tupfen, dann leicht mit Mehl bestäuben. Einen guten Schuss Olivenöl in einer tiefen Pfanne stark erhitzen und das Fleisch darin anbraten, bis die Haut schön knusprig ist. Die Hähnchenteile in eine große Kasserolle geben.

Die Zwiebel in der gleichen Pfanne glasig dünsten. Den übrigen Knoblauch und das Tomatenmark unterrühren und eine Minute weiterdünsten. Dann die Dosentomaten und die Wein-Marinade dazugeben. Den Pfanneninhalt zum Kochen bringen, reduzieren lassen und vom Herd nehmen. Das dauert etwa fünf Minuten.

Die Tomaten-Wein-Mischung über die Hähnchenteile gießen. Die Oliven darüber verteilen und mit der Hälfte des Basilikums bestreuen. Die Kasserolle mit Aluminiumfolie verschließen und in den Ofen schieben. Nach 45 Minuten vorsichtig die Bohnen und die Kapern unterheben und alles weitere 45 Minuten im Ofen garen.

Das fertige Gericht aus dem Ofen nehmen und mit Salz und Pfeffer abschmecken. Mit dem übrigen Basilikum bestreuen. Mit Reis und knusprigem Bauernbrot oder mit grob zerstampftem Kürbis-Süßkartoffel-Püree (siehe Seite 27) servieren.

RINDER-CARPACCIO

– mit Salat aus frischen Feigen, Parmesan, gehobeltem Fenchel, Roter Bete, Kapern, Brunnenkresse & Thymian }

{ *Für 4 Personen* }

- 400 g RINDERFILET
- OLIVENÖL
- 1 FENCHELKNOLLE {in feine Scheiben geschnitten}
- 1 unbehandelte ZITRONE {abgeriebene Schale & Saft}
- 2 mittelgroße ROTE-BETE-KNOLLEN {gekocht & in 1 cm große Würfel geschnitten}
- BALSAMICOESSIG
- 2 FEIGEN
- 1 großes Stück PARMESAN
- 80 g EINGELEGTE KAPERN {abgetropft}
- 1 kleine Handvoll THYMIAN {Blätter abgezupft}
- 1 Handvoll RUCOLA
- 1 Handvoll KLEINBLÄTTRIGE BRUNNENKRESSE
- SALZ & FRISCH GEMAHLENER SCHWARZER PFEFFER

Rinder-Carpaccio ist ein echter venezianischer Klassiker. Es gibt wirklich kein schnelleres und eindrucksvoller aussehendes Gericht. Wenn Sie mit einem scharfen Messer umgehen und bis 60 zählen können, dann können Sie auch diese wunderbare Vorspeise zubereiten. Erfunden hat sie Giuseppe Cipriani, der Besitzer von Harry's Bar, die nicht nur in Venedig legendär ist. Seinen Namen verdankt das Gericht dem berühmten venezianischen Renaissancemaler Vittore Carpaccio, der für die leuchtenden Rot- und Weißtöne seiner Bilder bekannt war. Heute wird der Begriff »Carpaccio« auch für hauchdünn geschnittenen rohen Fisch, rohes Gemüse oder Obst verwendet – für das authentische Gericht muss es aber ein schönes Rinderfilet sein. Auch hierbei kommt es auf die Qualität der Zutaten an. Kaufen Sie also die besten, die Sie sich leisten können. Dann bekommen Sie ein herrlich einfaches und klassisches Gericht.

Das Filet mit Küchenpapier trocken tupfen und rundum großzügig mit Salz und Pfeffer einreiben. Mit etwas Olivenöl beträufeln und dann in der Hälfte der Thymianblätter wälzen. Einen Schuss Olivenöl in einer Pfanne stark erhitzen und das Filet darin rundum anbraten. Das sollte nicht länger als eine Minute dauern. Dann die Pfanne vom Herd nehmen.

Den Fenchel in feine Scheiben schneiden oder hobeln. In einer Schüssel mit etwas Olivenöl und der Hälfte von Zitronensaft und -schale vermengen und mit Salz und Pfeffer würzen. Die Roten Beten in einer zweiten Schüssel ebenfalls mit Olivenöl sowie einem Spritzer Balsamicoessig beträufeln und nach Geschmack mit Salz und Pfeffer würzen. Die Feigen achteln und mit einem Sparschäler lange Späne vom Parmesan hobeln.

Mit einem sehr scharfen Messer das Filet in dünne, etwa zwei Millimeter breite Scheiben aufschneiden. Jede Scheibe einzeln auf ein Schneidebrett legen und mit der flachen Messerklinge platt, aber nicht zu dünn drücken. Das Carpaccio auf Teller verteilen und die Feigen mit Fenchel, Roten Beten, Parmesanspänen, Kapern, Brunnenkresse und dem übrigen Thymian darauf anrichten. Mit Pfeffer bestreuen und mit Olivenöl, Balsamicoessig und dem übrigen Zitronensaft beträufeln. Falls nötig, noch nachsalzen.

ÖSTERREICH
UNGARN
SLOWENIEN
Ljubljana
Zagreb
KROATIEN
Plitvicer
Seen
SE
BOSNIEN &
HERZEGOWINA
ADRIA
Split
ITALIEN
MONTENEGRO
Dubrovnik
Podgorica
DIE INSELN
VIS & BISEVO
BUCHT
VON
KOTOR
Shkodra
Tirana
ALBAN
TYRRHENISCHES
MEER
IONISCHES
MEER

The Balkans
RUMÄNIEN
BULGARIEN
SCHWARZES MEER
TÜRKEI
ÄGÄIS
Thessaloniki
Bitola
Skopje
AZEDONIEN
RIECHEN-
LAND

– *Willkommen in* –

SLOWENIEN

Fahren Sie nach Ljubljana. Die Stadt ist unglaublich, ein unterschätztes Kleinod unter den europäischen Hauptstädten. Besichtigen Sie die mittelalterliche Burg, schlendern Sie durch die alten kopfsteingepflasterten Straßen mit den Graffiti an den Hauswänden. Bestaunen Sie die alten Prachtbauten und die Hochhäuser aus der sozialistischen Ära, genießen Sie die merkwürdig harmonierenden Architekturstile. Vor allem aber sollten Sie sich Metelkova Mesto ansehen, eine autonome Kommune von Kreativen auf dem Gelände einer ehemals österreichisch-ungarischen Kaserne. Hier legt der schlechteste und deshalb auch unterhaltsamste DJ der Welt auf. Er ist knapp 80, trägt einen langen Zottelbart, weiße Socken in Plastiksandalen, hat einen alten Kassettenrekorder, zwei Hörgeräte und eine ausgesprochen schwache Blase. Wir zwei Blödmänner und seine Frau waren die Einzigen auf der Tanzfläche. Solange seine Musik spielte, war sie fantastisch, Elektro-Balkan-Jazz-Swing. Aber immer wenn er sich einen Drink an der Bar holte oder wieder mal aufs Klo musste, hörte sie abrupt auf. Der wahre Musiker spielt eben nur für sich selbst. Es war etwas bizarr, aber auch genial – und der Beginn unseres Balkanabenteuers.

★★★★★

Als wir an der Grenze zu Slowenien ankamen, hatten wir das Gefühl, zum ersten Mal auf dieser Reise einen Meilenstein erreicht zu haben. Unsere tägliche Routine änderte sich grundlegend, wir machten Erfahrungen, die so ganz anders waren als alles, was wir bisher erlebt hatten. In Slowenien treffen vier grandiose geographische Großräume Europas aufeinander: die Alpen, das Dinarische Gebirge, die Pannonische Tiefebene und das Mittelmeer. Die Landschaft ist atemberaubend schön – dichte Wälder, kristallklare Flüsse, schroffe, schneebedeckte Berge, stille Seen, malerische Städte und Dörfer. Es ist eine Region mit einer langen Geschichte, die von Eroberung, Besatzung und dem oft gewaltsamen Kampf um Selbstbestimmung geprägt ist. Erst fielen die Mongolenstämme ein, danach kamen die Slawen, das Land gehörte zum Römischen und zum Franken-Reich, irgendwann fiel es an die österreichischen Habsburger, und später dann wurde es Teil der Sozialistischen Föderativen Republik Jugoslawien. In dem heute souveränen Staat Slowenien lief schon immer alles zusammen: Reiche, Kulturen, uralte Handelswege, politische Ideologien, gesellschaftliche Bräuche und Esskulturen. Im Norden ist der österreichische Einfluss stark zu spüren, aus dem Osten und Süden kommen slawische Bräuche, aus dem Westen stammt die mediterrane Lebensart.

Herausgekommen sind dabei eine gegenseitige Befruchtung der Kulturen und ein Land, das stolz seine regionalen Delikatessen hütet und schützt. Einzelne Städte, selbst winzige Dörfer, reklamieren bestimmte Gerichte, Zubereitungsarten oder Zutaten für sich. Egal, ob Tolminc-Käse, Flitscher Käse (Bovški sir) oder Quark, luftgetrockneter Schinken, Nudelgerichte, Klößchen, Fisch, Wild, gefüllter Schweinebauch, Wein oder Gulasch – immer gibt es einen Ort, von dem es heißt, dort gäbe es das beste dieser Gerichte. Und deshalb rühmt sich das Land ganzer 24 kulinarischer Regionen, die dem hungrigen Feinschmecker immer neue Spezialitäten bieten. Diese Regionen werden von der geographischen Lage und Vielfalt bestimmt, Klima, Bodenverhältnisse und natürliche Lebensräume sind ganz verschieden, und auch die Einflüsse aus den jeweiligen Nachbargegenden unterscheiden sich natürlich. Eine Zutat scheint allgegenwärtig zu sein: die bescheidene Kartoffel. Einmal im Jahr findet sogar ein Kartoffelfestival zu Ehren der Bratkartoffel statt. Und offenbar beherrscht man in allen 24 Regionen die Kunst des Kartoffelröstens – sie scheint ein echtes kulinarisches »Binde-Mittel« zu sein.

IDRIJA ŽLIKROFI & BAKALCA

– *Teigtäschchen mit Kartoffel-Speck-Kräuter-Füllung im Kaninchenragout* }

{ *Für 4 Personen* }

Für die Bakalca:

- 1 ganzes KANINCHEN {küchenfertig ausgenommen & in 4 Stücke zerteilt}
- OLIVENÖL
- 1 große ZWIEBEL {grob gehackt}
- 2 mittelgroße KAROTTEN {in 1 cm dicke Scheiben geschnitten}
- 2 mittelgroße SELLERIESTANGEN {in 1 cm dicke Scheiben geschnitten}
- 225 g PANCETTA {Schweinebauchspeck; gewürfelt}
- 8 KNOBLAUCHZEHEN {geschält & grob gehackt}
- 1 Handvoll GETROCKNETE STEINPILZE {grob gehackt}
- 3 LORBEERBLÄTTER
- 1 Handvoll THYMIAN {Blätter abgezupft & grob gehackt}
- 3 Zweige ROSMARIN {Nadeln abgezupft & grob gehackt}
- 2 TL GETROCKNETER OREGANO
- 1 EL TOMATENPASSATA
- 500 ml HÜHNERBRÜHE
- 250 ml ROTWEIN
- 1 Handvoll PETERSILIE {grob gehackt}

Für den Teig:

- 325 g WEIZENMEHL, Type 00, zzgl. etwas zum Arbeiten
- 5 EIER {3 ganze Eier, 2 Eigelb; verquirlt}
- 2 TL Olivenöl

Für die Füllung:

- 2 große MEHLIGKOCHENDE KARTOFFELN {geschält & geviertelt}
- OLIVENÖL
- 2 FRÜHLINGSZWIEBELN {in Scheiben geschnitten}
- 1 Handvoll SCHNITTLAUCH {in Ringe geschnitten}
- 2 TL GETROCKNETER MAJORAN
- SALZ & FRISCH GEMAHLENER SCHWARZER PFEFFER

Dieses Gericht ist Sloweniens Antwort auf die italienischen Ravioli con Ragù. Die Stadt Idrija im Westen Sloweniens ist für drei Dinge berühmt: Žlikrofi (slowenische Teigtaschen), Klöppelspitze und Quecksilber. Die Frauen von Idrija haben in der Vergangenheit die ersten beiden Besonderheiten perfektioniert, während die Männer in den Berg geschickt wurden, um die dritte abzubauen. Das Bergwerk machte die Stadt im Mittelalter zu einer der reichsten Europas. Kein Wunder, dass diese Teigtäschchen so gut schmecken, wenn die Frauen schon seit damals üben.

Einen Schuss Olivenöl in einer großen Kasserolle bei mittlerer Temperatur erhitzen. Die Kaninchenteile darin rundum anbraten. Aus der Kasserolle nehmen und beiseitestellen. Die Zwiebel mit Karotten, Sellerie und der Hälfte des Specks ebenfalls in der Kasserolle andünsten, bis das Gemüse weich und das Speckfett ausgelassen ist. Knoblauch, Pilze, Lorbeerblätter, Thymian, Rosmarin, Oregano und Passata unterrühren und die Kaninchenteile auf die Mischung geben. Nochmals eine Minute garen und dann Brühe und Wein angießen.

Das Fleisch sollte fünf bis sechs Stunden in dieser wunderbaren Sauce garen. Dabei ist es wichtig, dass genug Flüssigkeit vorhanden ist. Die Mischung mit Salz und Pfeffer würzen, den Deckel aufsetzen und die Temperatur stark reduzieren. Etwa alle 30 Minuten umrühren.

Kurz bevor das Fleisch gar ist, das Mehl mit einer Prise Salz in eine Rührschüssel geben und eine Mulde in die Mitte drücken. Die Eier, die Eigelbe und das Olivenöl zugeben und das Mehl von innen nach außen unterarbeiten. Die Mischung zu einem glatten Teig verarbeiten und bis zu vier Esslöffel Wasser unterrühren. Falls nötig, noch weiteres Mehl dazugeben. Den Teig aus der Schüssel nehmen und auf einer Arbeitsfläche geschmeidig kneten. Mit dem Finger eindrücken – schließt sich der Abdruck wieder, ist der Teig geschmeidig genug. Zur Kugel geformt in Frischhaltefolie wickeln, beiseitestellen.

Die Kartoffeln in einem Topf mit Wasser und einer Prise Salz zum Kochen bringen und relativ weich kochen. Abgießen und vollständig auskühlen lassen. In einer Pfanne etwas Olivenöl bei mittlerer Temperatur erhitzen und den übrigen Speck darin knusprig braten. Die Kartoffeln in einer Schüssel grob zerstampfen, mit Speck, Frühlingszwiebeln, Schnittlauch, Majoran und einem Schuss Olivenöl verkneten und kräftig mit Salz und Pfeffer würzen.

Die Arbeitsfläche mit etwas Mehl bestäuben. Die Teigkugel halbieren und eine Hälfte wieder in Frischhaltefolie wickeln. Die zweite Hälfte zwei Millimeter dick und zu einem etwa 20 × 40 Zentimeter großen Rechteck ausrollen. Falls nötig, die Teigplatte dabei leicht bemehlen. Alternativ eine Nudelmaschine verwenden.

Mit einem runden Plätzchenausstecher (zehn Zentimeter Durchmesser) acht Kreise aus der Teigplatte stechen. Je einen gehäuften Teelöffel Kartoffelfüllung in die Mitte setzen. Die Ränder rundum mit dem Finger mit etwas Wasser bestreichen und den Teig über der Füllung fest zusammendrücken. Mit den Zinken einer Gabel die Ränder der so entstandenen Ravioli bördeln und mit dem Daumen eine kleine Delle in die Mitte drücken, sodass sie wie kleine Piratenhüte aussehen. Die fertigen Ravioli auf ein leicht bemehltes Tablett setzen und mit einem feuchten Tuch abdecken. Den übrigen Teig und die übrige Füllung ebenso verarbeiten.

Wenn sich das Kaninchenfleisch leicht von den Knochen lösen lässt, ist die Bakalca fertig. Die Fleischstücke aus der Sauce nehmen, in mundgerechte Stücke schneiden und wieder in die Sauce geben. Abschmecken und, falls nötig, nachwürzen. In einem Topf gesalzenes Wasser zum Kochen bringen und eine Portion Ravioli etwa vier Minuten darin ziehen lassen, bis die Teigtaschen al dente sind. Mit einem Schaumlöffel aus dem Wasser in ein Sieb geben. Die Bakalca auf Teller verteilen und die Ravioli daraufgeben. Mit Petersilie bestreut servieren.

GEBACKENER KRAŠKI PRŠUT & APFEL-SAUERKRAUT

– Serbischer Schinken mit Wacholder, Kümmel & Kartoffel-Käse-Kruste }

{ Für 4 Personen }

- je 1 TL WACHOLDERBEEREN und KÜMMELSAMEN, zzgl. etwas zum Bestreuen
- 120 g GERÄUCHERTER PANCETTA {Schweinebauchspeck; gewürfelt}
- OLIVENÖL
- 500 g SAUERKRAUT {abgetropft}
- 1 ROTER APFEL {Kerngehäuse entfernt & gerieben}
- 125 ml APFEL-CIDRE {Apfelwein}
- 2 mittelgroße FESTKOCHENDE KARTOFFELN {geschält & halbiert}
- 8 Scheiben KRAŠKI PRŠUT {slowenischer luftgetrockneter Schinken; ersatzweise Parmaschinken oder ein anderer luftgetrockneter Schinken}
- 12 Scheiben KULEN {serbisch-kroatische Rohsalami; ersatzweise eine andere scharfwürzige Salami}
- 60 g PARMESAN {ersatzweise ein anderer Hartkäse}
- SALZ & FRISCH GEMAHLENER SCHWARZER PFEFFER

Die Slowenen wissen, wie man guten Schinken macht. Verdammt guten Schinken. Die Vielfalt und die Qualität sind wirklich unglaublich. Die Tradition, Schweinefleisch zu pökeln und dann zu trocknen, ist jahrhundertealt. Manche Regionen Sloweniens sind für ihre Schinkenarten berühmt geworden. In den Karstgebieten zum Beispiel wird Kraški pršut hergestellt, ein luftgetrockneter Schinken, dem italienischen Prosciutto durchaus ähnlich.

Der Karst ist eine Region im Südwesten des Landes, und der kulinarische Kunstgriff ist der geographischen Lage zu verdanken. Über das Hochplateau weht die Bora, ein Fallwind, der aus Norden von den kalten Julischen Alpen fegt und auf die wärmere Mittelmeerluft von Süden her trifft. Diesem Wind hat der luftgetrocknete Schinken seine wunderbaren charakteristischen Eigenschaften zu verdanken. Die Schweinekeulen werden gesäubert, gesalzen und wenigstens zwölf Monate zum Lufttrocknen aufgehängt. Mehr muss man nicht tun. Den Rest erledigt Mutter Natur – und zwar himmlisch.

Den Ofengrill bei mittlerer Temperatur vorheizen. Wacholderbeeren und Kümmelsamen bei mittlerer Hitze in einer Pfanne trocken rösten, bis sie anfangen zu duften. Aus der Pfanne nehmen und beiseitestellen. In der gleichen Pfanne den Speck in etwas Öl anbraten. Die Temperatur etwas erhöhen und braten, bis das Fett goldgelb ausgelassen ist. Sauerkraut, Apfel und geröstete Gewürze zugeben und mit Salz und Pfeffer abschmecken. Die Mischung einige Minuten dünsten. Dann den Cidre angießen und alles etwa zehn bis zwölf Minuten köcheln lassen.

Die Kartoffeln in einem Topf mit Wasser und einer Prise Salz zum Kochen bringen und garen, bis sie noch einen festen Kern haben. Abgießen und etwas abkühlen lassen, dann in fünf Millimeter dicke Scheiben schneiden. Den Boden einer flachen Auflaufform mit der Hälfte der Kartoffelscheiben auslegen. Darauf eine Schicht der Sauerkrautmischung geben, dann die Hälfte des Schinkens und der Salami darüber verteilen.

Dann wieder eine Schicht Sauerkrautmischung daraufgeben und mit dem übrigen Schinken und der übrigen Salami bedecken. Die übrigen Kartoffelscheiben darüber verteilen und mit Parmesan bestreuen. Weitere Wacholderbeeren und Kümmelsamen darübergeben. Unter dem Grill etwa zehn bis zwölf Minuten überbacken, bis der Käse eine goldgelbe Kruste hat. Sofort servieren!

– Willkommen in –

KROATIEN

CROATIA
COUNTRY 6

Kroatien ist voller Wunder – von der glitzernden Adriaküste bis zu den zerklüfteten Bergen im Landesinneren, vom Naturphänomen der Plitvicer Seen bis zu den unglaublich malerischen Städten Split und Dubrovnik. In Kroatien entdeckt man hinter jeder Kurve etwas Schönes. Von der Hauptstadt Zagreb aus starteten wir Richtung Südwesten. Die Küste mit ihren Inseln lag lockend vor uns, aber zunächst wollten wir den Teil des Landes kennenlernen, der einen nicht von der Titelseite jeder Tourismusbroschüre anlacht. Wir entdeckten ein Land voller Kontraste und Rätsel, ein Land der unverbrauchten Attraktionen, das aber von einer turbulenten und gewalttätigen Vergangenheit gezeichnet ist.

★ ★ ★ ★ ★

Dieser Abschnitt unserer Tour bescherte uns anstrengende Tage unter teilweise sehr schlechten Bedingungen. Manchmal fühlten wir uns wie zerschlagen. Wir forderten und schindeten unsere Körper auf eine Art und Weise, die bald zur Norm wurde. Außerdem kündigte sich der Wechsel der Jahreszeiten an. An einem Tag hatten wir herrlich blauen Himmel, am nächsten Tag tobten dramatische Gewitter. An Tagen, an denen wir eigentlich entspannt dem Auf und Ab der Straße hätten folgen können, kämpften wir bis zur Erschöpfung gegen das ständig wechselnde Wetter an. Nach einem besonders zermürbenden Tag im Landesinneren kamen wir in einer Kneipe mit ein paar einheimischen Jungs ins Gespräch. Wir feierten gemeinsam das Ergebnis eines Fußballspiels, das im Fernsehen gezeigt wurde, und danach lud Pedrag, der Älteste aus der Gruppe, uns auf eine warme Mahlzeit und ein warmes Bett zu sich nach Hause ein. In der Kneipe war Pedrag ziemlich still und zurückhaltend gewesen, aber kaum saßen wir vor unseren Tellern bei ihm am Küchentisch, legte er los und hörte gar nicht mehr auf zu reden. Er erzählte von seiner Familie, seiner Kultur und seiner Liebe zum kroatischen Fußball und Essen. Wir löcherten ihn mit Fragen. Und waren von seinen Antworten und seiner tiefen Demut überwältigt. Es war das erste Mal, dass wir uns ein Bild von uns fremden Werten machen konnten und von einem Elend hörten, das unsere Kämpfe auf der Straße winzig erscheinen ließ.

Wir lernten auch einiges über Kroatiens Geographie und Geschichte und wie beide die vielfältigen kulinarischen Bräuche des Landes bestimmen. Manche Gerichte gibt es zwar überall, doch die Küche der dalmatinischen Adriaküste unterscheidet sich sehr von der im Landesinneren, in der die mitteleuropäischen Geschmacksrichtungen viel stärker vertreten sind als am Meer. Die Geschichte der Küstenregionen wurde in der Vergangenheit von Griechen, Römern, Illyrern und Venezianern geprägt, auch heute noch sind die Einflüsse der modernen Mittelmeerstaaten spürbar. Die Küche macht das Beste aus dem Angebot des Meeres und dem warmen Klima, das ideal für den Anbau von Wein, Oliven, Feigen, Spargel, Artischocken und Kräutern wie Salbei, Rosmarin, Basilikum und Lorbeer ist. Besonders gut und gern auf dem Speisezettel gesehen sind frischer Fisch und Meeresfrüchte – Austern, Kalmare, Kraken, Muscheln, Scampi und Krebse. Viele Restaurants haben eigene Fischerboote, die weit vor Sonnenaufgang auslaufen und dafür sorgen, dass nur die frischesten Produkte serviert werden. Je weiter man ins Landesinnere kommt, desto deutlicher werden die slawischen und österreichisch-ungarischen Einflüsse. Dann gibt es herrliche Käsesorten, diverse Stücke vom Rind oder Kalb, in geräucherten Schinken gewickelt, Gulasch, gefüllten Kohl, Wild, Suppen, Schmalz, Salami und verschiedene Wurzelgemüse. Viele Gerichte und Zutaten isst man, wie in Slowenien, in allen Landesteilen, doch meistens werden regionale Spezialitäten aufgetischt. Wenn ein Land Aussicht auf den Botschafterposten für die Slow-Food-Bewegung hätte, dann Kroatien.

RUDIS »KINDERLEICHTE« OVRATA VOM GRILL

– Goldbrasse und Tomaten vom Holzkohlengrill mit Petersilie, Knoblauch & Zitrone }

Wir suchten das Inselglück und fanden es auch. In Split nahmen wir die Fähre nach Vis – einer echten Perle im äußeren »Ring« der mehr als 1000 vulkanischen Inseln und Inselchen entlang der kroatischen Küste. Reich an Kurven, üppigen Weinfeldern und dichten Olivenhainen. Es war warm, die Straße war gut und wenig befahren. Wir wollten unbedingt ein paar Spezialitäten – so stellten wir uns das jedenfalls vor – zu moderaten Preisen probieren. Aber da hatten wir uns verrechnet. Trotz des vielen Wassers – auf einer Insel nicht weiter verwunderlich – waren die Inselpreise sehr wohl von Angebot und Nachfrage diktiert. Mit der reichen Ernte aus dem Meer, die in allen Reiseführern über die »Insel der Fischer« so gerne angepriesen wird, war es offenbar nicht so weit her. Wir strichen in Gedanken den Fisch von unserer täglichen Speisekarte – halsabschneiderische Preise konnten wir uns nicht leisten. Ziemlich ernüchtert, eierten wir einen staubigen Weg hinunter und suchten nach einer Stätte, die unsere hungrigen Mägen füllen, unseren schmalen Geldbeutel aber nicht leeren würde.

★ ★ ★ ★ ★

Wir sprachen auf unserer Tour oft darüber, wie gut das Leben im Augenblick ist. Dass man das Beste aus der Schutzlosigkeit machen muss, die so ein Leben automatisch mit sich bringt, wenn man auf dem Fahrrad unterwegs ist; dass man die kleinen Dinge schätzen muss, die Stimmungen und Erfahrungen gewaltig beeinflussen. Und hier kam dann so ein Augenblick, der die Laune schlagartig verbesserte. Wir stolperten mal wieder über den glücklichen Zufall und trafen Rudi und Jelena und ihren Sohn Marco. Ein tolles italienisch-serbisches Paar mit einem fantastischen Restaurant. Es steht direkt am Rand der Felsen mit Blick auf kleine Inseln und die weite Adria, die Wellen schlagen gegen seine Grundmauern. Rudi und Jelena empfingen uns mit offenen Armen. Sie schenkten uns Wärme und schöne Erinnerungen. Die Sommersaison ging zu Ende, die Touristenströme versickerten, und wir wurden zum Mittagessen am nächsten Tag eingeladen.

Wir sahen Rudi bei der Zubereitung genau auf die Finger. Er arbeitete an einem selbst gebauten Herd über glühenden Kohlen. Es gab wunderbaren weißfleischigen Fisch ohne viel Drumherum. Tomaten, Petersilie, Knoblauch, frisches Brot, großzügige Mengen Olivenöl, Salz, schwarzer Pfeffer und Zitrone. Das einfachste, fantastischste Fischgericht, das man sich vorstellen kann. Alles, was zählte, war, das Angebot des Tages in wirklich jedem Sinn zu nutzen. Ein echt mediterranes Mittagessen, das sich bis lange in den Nachmittag hineinzog, von reichlich Wein der Insel begleitet und einer Flasche sehr anständigen MacNair's-Whiskeys abgerundet. Zufrieden – ganz und gar zufrieden – saßen wir am Tisch, redeten und versanken in berauschtem Glück. Schöner kann das Inselleben nicht sein.

{ *Für 4 Personen* }

- 4 ganze OVRATA {Goldbrassen/Doraden, ersatzweise ein anderer weißfleischiger Fisch; küchenfertig geschuppt & ausgenommen}
- 6 KNOBLAUCHZEHEN {4 in feine Scheiben geschnitten, 2 grob gehackt}
- OLIVENÖL
- 8 große PFLAUMENTOMATEN {längs halbiert}
- 1 große Handvoll PETERSILIE {grob gehackt}
- 2 ZITRONEN {halbiert}
- SALZ & FRISCH GEMAHLENER SCHWARZER PFEFFER

Die Haut der Fische auf jeder Seite drei- bis viermal einschneiden. Pro Fisch eine Zehe Knoblauch in die Schlitze stecken. Die Fische mit Olivenöl beträufeln und mit Salz und Pfeffer würzen. Über einem nicht zu heißen Holzkohlenfeuer etwa fünf Minuten pro Seite grillen, bis die Haut knusprig goldgelb und das Fleisch zart und durchgegart ist.

Die Tomaten mit Olivenöl bestreichen, den gehackten Knoblauch darauf verteilen und mit etwas Petersilie und reichlich Salz und Pfeffer bestreuen. Ebenfalls direkt über dem Feuer grillen, bis das Fruchtfleisch weich wird und die Haut leicht gebräunt ist.

Fisch und Tomaten auf einer Servierplatte anrichten und die beiden Zitronen darüber ausdrücken, die Petersilie darüberstreuen und mit Salz und Pfeffer nach Geschmack würzen. Rudis strikte Anweisungen: Damit ist das Gericht servierfertig! Es braucht nicht mehr – genießen Sie es so ursprünglich wie möglich.

– Willkommen auf Biševo –

EIN INSELPARADIES

Nach unserer Zeit mit Rudi und Jelena auf Vis wollten wir die noch weiter abgelegene Insel Biševo erkunden. Sie hat sieben feste Einwohner, und man kann wohl sagen, dass dort die Traditionen und das ehrliche einfache Leben hochgehalten werden. Wir fanden ein Boot, das uns zu diesem winzigen Adria-Idyll übersetzte, auf der die Zeit stehengeblieben ist. Danach überließen wir alles dem Zufall. Wir brauchten nicht mehr als ein kleines Fleckchen Erde, um unsere Häupter darauf zu betten. Wir landeten in einer der einsamen Buchten und radelten zum einzigen Hafen der Insel. Man hatte uns gesagt, dass wir dort eine einfache Mahlzeit und, wenn Fortuna uns lachte, eine ebene Fläche zum Schlafen finden könnten.

★ ★ ★ ★ ★

Wir kamen durch ausgestorbene Nester mit kaputten Häusern, streunenden Straßenkötern und verwilderten Katzen. An den Skeletten längst in Vergessenheit geratener Fahrzeuge rankte Wein, der die ganze Insel zu bedecken schien. Auf den Straßenschildern standen keine Entfernungen, sondern Wegzeiten. Der Verfall wirkte ganz natürlich und unterstrich die wilde Schönheit der Insel nur. Hier folgte alles einem eigenen, von der sonnigen Abgeschiedenheit bestimmten Rhythmus.

Und schließlich fanden wir genau das, was wir gesucht hatten. Schillernde Persönlichkeiten vor einer Kulisse, die alle Erwartungen übertraf. Mit einheimischen Fischern und ein paar glücklich auf der Insel Gestrandeten hockten wir in Hochstimmung am Rand des Hafens in einer wackligen selbst gezimmerten Bar – samt offener Feuerstelle –, aßen und tranken und ließen die fabelhafte Abendvorstellung auf uns wirken.

Stepi, der Besitzer dieses geheiligten Etablissements, flößte uns Unmengen von atemberaubend grässlichem Inselwein ein, den er aus schmutzigen Kanistern in einen angeschlagenen Trichter schüttete. Motorräder umkreisten die Bar, große Äxte schwangen harmlos gegen die Holzbalken, ein bärtiger Universitätsprofessor vom Festland legte einen improvisierten Striptease hin, kroatische Fußballhymnen summten aus der knisternden Stereoanlage, und die Hippies erzählten wirre Geschichten.

Der Star des Abends aber war eine göttliche Rinder-Pasticada – liebevoll auf dem offenen Feuer mit Zutaten von der Insel zubereitet. Es war ein uriges Gemeinschaftsessen und -trinken. Fischer kamen und gingen und legten stolz ihren abendlichen Fang auf dem Tisch aus, der dann – der Tisch wohlgemerkt – kurzerhand ins Hafenwasser geworfen wurde. Beispiellose Großzügigkeit und Gastfreundschaft – und so alkoholisiert. Wir schliefen auf klapprigen Liegestühlen und wachten mit brennendem Durst in der brennenden Sonne auf.

EINFACH TRAUMHAFT. GENAU DAS HATTEN WIR GEBRAUCHT!

PORAT 0,30h
Rt GATULA 0,50h
SALBUNARA 0,50h

RINDER-PASTICADA BIŠEVO

– dalmatinischer Rinderschmorbraten mit Backpflaumen, Trockenfeigen & Gnocchi }

{ Für 4 Personen }

- 1 kg RINDERBRATEN {aus der Oberschale}
- 12 Scheiben GERÄUCHERTER PANCETTA {Schweinebauchspeck}
- 6 KNOBLAUCHZEHEN {geschält & halbiert}
- 2 Zweige ROSMARIN {Nadeln abgezupft}
- 1 kleine Handvoll THYMIAN {Blätter abgezupft}
- OLIVENÖL
- 1 l APFELWEINESSIG
- 1 große ZWIEBEL
- 1 große KAROTTE
- 1 große SELLERIESTANGE
- 2 TL TOMATENPÜREE
- 3 NELKEN
- 2 LORBEERBLÄTTER
- 250 ml PROŠEK {dalmatinischer Dessertwein}
- 500 ml RINDERBRÜHE, zzgl. 250 ml {nach Bedarf}
- 80 g GETROCKNETE PFLAUMEN
- 80 g GETROCKNETE FEIGEN

Für die Gnocchi:

- 5 große MEHLIGKOCHENDE KARTOFFELN {geschält & geviertelt}
- OLIVENÖL
- 3 große EIER {verquirlt}
- 250 g WEIZENMEHL, Type 405, zzgl. etwas zum Arbeiten
- SALZ & FRISCH GEMAHLENER SCHWARZER PFEFFER

Dieses Nationalgericht muss man zelebrieren. Es verlangt ein wenig Geduld und ein wenig Liebe. Wenn man sich daran hält, bekommt man ein wahres Festessen – unvorstellbar zartes Fleisch und eine fantastische, rauchige, mit getrockneten Früchten und Dessertwein gesüßte Bratensoße. Die Pasticada ist sozusagen die kroatische Variante des guten alten Schmorbratens. Eine dalmatinische Hausfrau, die in der Küche etwas auf sich hält, muss diese Bewährungsprobe bestanden haben. Alles hängt von der Zubereitung ab. Für uns war dieses Gericht – äußerst passend mit Gnocchi aufgetischt – die Krönung einer außerordentlichen kulinarischen Erfahrung.

Das Rindfleisch rundum etwa zwölf Mal zwei Zentimeter tief einschneiden. Die Speckscheiben einzeln aufrollen, mit je einer halben Knoblauchzehe und einigen Thymianblättern und Rosmarinnadeln in die Einschnitte stecken. Das Fleisch großzügig mit Pfeffer würzen und in einen verschließbaren Behälter legen. Mit Olivenöl beträufeln und mit Apfelweinessig übergießen. Den Behälter verschließen und über Nacht in den Kühlschrank stellen.

Am nächsten Tag das Fleisch aus der Marinade nehmen und mit Küchenpapier gut trocken tupfen. Etwas Öl in einer Kasserolle mit Deckel bei mittlerer Temperatur erhitzen. Das Fleisch darin rundum anbraten. Aus dem Topf heben und beiseitestellen. Die Temperatur reduzieren und Zwiebel, Karotte und Sellerie in der Kasserolle weich dünsten. Das Tomatenpüree, die Nelken und die Lorbeerblätter unterrühren und alles köcheln lassen. Nach einer Minute Wein und Brühe zugießen. Den Braten zurück in die Kasserolle geben und rundum mit der Sauce bestreichen. Den Deckel aufsetzen und das Fleisch zwei Stunden schmoren. Dabei den Braten mehrmals mit der Sauce bestreichen und nach einer Stunde wenden. Nach zwei Stunden die Sauce mit Salz und Pfeffer abschmecken. Falls nötig, noch bis zu 250 ml Brühe angießen. Das getrocknete Obst und die übrigen Kräuter zugeben. Alles eine weitere Stunde schmoren.

Für die Gnocchi die Kartoffeln in einem Topf mit Dämpfeinsatz 15 Minuten zugedeckt dämpfen, bis sie weich sind. Mit Salz und Pfeffer würzen und mit etwas Olivenöl beträufeln. Die Eier dazugeben und unterkneten. Die Hälfte des Mehls einarbeiten und die Masse zu einem groben Teig verkneten. Wenn der Teig zu weich oder klebrig ist, nach und nach noch mehr Mehl unterkneten. Den Teig auf eine Arbeitsfläche geben und geschmeidig kneten. In vier gleich große Portionen teilen und daraus Teigwürste mit zwei Zentimetern Durchmesser und etwa 30 Zentimetern Länge rollen. Die Würste in zwei Zentimeter dicke Stücke schneiden.

Mit leicht bemehlten Händen jedes Teigstück zur Kugel rollen. Um den Gnocchi das typische Rillenmuster zu geben (an dem die Sauce gut haften bleibt) jede Kugel mit dem Daumen über die Zinken einer bemehlten Gabel rollen. Die fertigen Gnocchi auf ein geöltes Backblech legen. Ein Drittel der Gnocchi in einen Topf mit kochendem Salzwasser gleiten lassen. Es dürfen nicht zu viele sein, damit sie beim Kochen nicht zusammenkleben. Die Gnocchi etwa zwei Minuten kochen, bis sie an die Oberfläche steigen. Mit einem Schaumlöffel aus dem Wasser heben und in ein Sieb geben. Alle Gnocchi auf diese Weise kochen.

Dann den Rinderbraten aus der Kasserolle heben und in ein Zentimeter dicke Scheiben aufschneiden. Die Scheiben zurück in die Sauce legen. Mit den Gnocchi und reichlich köstlichem Inselwein servieren!

– Willkommen in –

MONTENEGRO

Wir kamen von Norden her nach Montenegro, und es war landschaftlich eine der schönsten Grenzüberquerungen auf unserer Tour. Hinter der majestätischen alten Stadt Dubrovnik geht es erst einmal steil bergauf zur Höhenstraße, die sich eng an die sagenhaften schroffen dunklen Berge entlang der montenegrinischen Küste presst. Die Schönheit wurde von einem ziemlich üblen Unfall ein paar Kilometer hinter der Grenze nur unwesentlich verdorben. Es ist mir ein Rätsel, warum nichts brach, weder Fahrrad noch Knochen. Bei 40 Kilometern die Stunde auf abschüssiger Straße von einem Auto geschnitten zu werden ist kein Spaß. Nur die Gepäcktaschen haben mich vor Schlimmerem bewahrt. Der Fahrer rauschte einfach weiter. Ich war so wütend, dass ich ihm meinen Helm hinterherschleuderte. Und nicht traf. Aus Wut wurde Frustration. Mistkerl! Die erste wirklich gefährliche Situation – und ich war noch mal glücklich davongekommen.

Außer Puste und Fassung fuhren wir immer bergab zur Bucht von Kotor, einem der malerischsten natürlichen Häfen in ganz Europa. Wir brauchten Zucker und Nervennahrung und klapperten die Läden an der Straße ab. In einem entdeckten wir eine Broschüre über die anstehende Volkszählung und sahen sie uns genauer an. Einer der ersten Punkte drehte sich um die Frage, wie man sich selbst definiert. Man konnte zwischen »montenegrinisch-albanischer Muslim« oder »muslimisch-serbischer Montenegriner« oder »kroatisch-montenegrinischer Katholik« oder »christlich-mazedonischer Montenegriner« oder dem schlichten »montenegrinischer Atheist« wählen. Man konnte jede nur denkbare Kombination von Konfessions- und Volkszugehörigkeit ankreuzen. Um keinen Zweifel aufkommen zu lassen, sollte man das Signalwort, das einen am besten definierte, an erster Stelle setzen. Die Liste mit den Optionen war so exzessiv wie entlarvend. Sie sprach Bände über die Bevölkerungszusammensetzung und Dynamik dieses jungen Staates, des drittjüngsten der Welt. Die turbulente Vergangenheit der gesamten Großregion spiegelt sich im mazedonischen Patchwork wider.

Das wirkt sich auch auf die Esskultur aus. Die Einflüsse kommen aus nah und fern und sind von den vielen verschiedenen Ethnien Montenegros geprägt. An der spektakulären Küste ist die Küche traditionell mediterran, es gibt ein reichhaltiges Angebot aus dem Meer, das mit viel Olivenöl, Zitrone, frischen Kräutern, einfachen Salaten, Gemüse der Saison und frisch gebackenem Brot gegessen wird. Je weiter man in die dunklen Berge, Täler und Wälder im Landesinneren vordringt, desto slawischer, aber auch türkischer wird das Essen: gefüllte Paprika, Kacămak – eine Art Maismehl-Polenta – und Frischkäse, in Milch gegartes Wild- und Lammfleisch, Popeci – eine Art Kalbsroulade –, Raštan – ein Gericht aus Kohl und Kartoffeln –, oder Güveç – ein Rindfleisch-Gemüseeintopf –, Oliven, Auberginen, Essig, Kräuter und Gewürze.

Gibt es also eine authentisch montenegrinische Küche? Schwer zu beurteilen. Vielleicht ist der Staat einfach noch zu jung. Sagen wir es so: Die montenegrinische Esskultur ist eine Summe ihrer individuellen Komponenten.

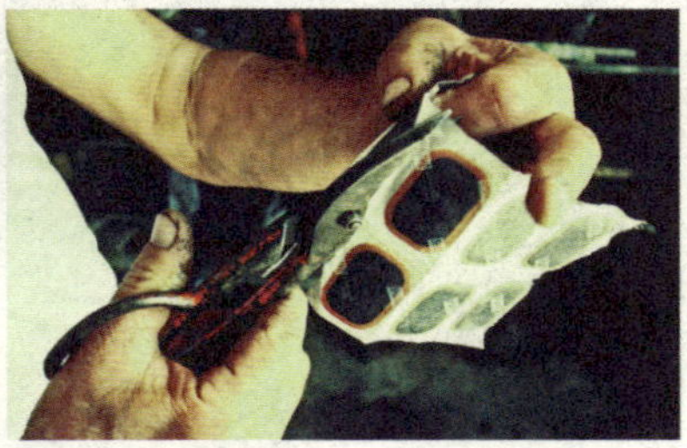

FRISCH-WÜRZIGE FISCHFRIKADELLEN

– mit Tapenade aus schwarzen Oliven, sonnengetrockneten Tomaten, Kapern & frischen Kräutern }

{ Für 2 Personen }

- 300 g MEHLIGKOCHENDE KARTOFFELN {geschält & in 1 cm große Würfel geschnitten}
- OLIVENÖL
- 300 g WEISS- UND FESTFLEISCHIGER MEERESFISCH {z. B. Wolfsbarsch, Red Snapper oder Seelachs}
- 1 ROTE CHILISCHOTE {in feine Ringe geschnitten}
- 1 unbehandelte ZITRONE {abgeriebene Schale}
- 1 Handvoll SCHNITTLAUCH {in feine Ringe geschnitten}
- 1 große Handvoll DILL {fein gehackt}
- 1 EI {verquirlt}

Für die Tapenade:

- 80 g SONNENGETROCKNETE TOMATEN {grob gehackt}
- 80 g SCHWARZE OLIVEN {entsteint & grob gehackt}
- 1 Handvoll BASILIKUMBLÄTTER {die Hälfte der Blätter grob zerzupft}
- 2 KNOBLAUCHZEHEN {in feine Scheiben geschnitten}
- 1 ZITRONE {Saft}, zzgl. etwas zum Beträufeln
- 2 TL EINGELEGTE KAPERN {abgetropft}
- SALZ & FRISCH GEMAHLENER SCHWARZER PFEFFER

Für dieses Rezept kann man jeden weißfleischigen Schuppenfisch verwenden. Und weil sich die Geschmacksrichtung einfach variieren lässt, eignen sich auch Krebsfleisch, Thunfisch oder Lachs. Man kann sogar noch weiter gehen und frischen mit geräuchertem Fisch kombinieren. Das ist das Wunderbare an diesen Fischfrikadellen – man kann nichts falsch machen. In manchen Rezepten werden Mehl oder Paniermehl angegeben, wir verzichten darauf. Wir wollen alles so frisch und unverdorben wie möglich belassen. Mit einem Löffel Kräuter-Tapenade schmeckt dieses Gericht nach montenegrinischem Mittelmeer.

Die Kartoffeln in einem Topf mit Wasser und einer Prise Salz zum Kochen bringen und bei geringer Hitze gar kochen. Abgießen und in eine große Schüssel füllen. Mit etwas Olivenöl beträufeln und mit einer Gabel grob zerdrücken. Die Masse sollte nicht zu fein sein und noch Struktur haben.

Den Fisch in einem Topf mit Wasser bedecken und zum Köcheln bringen. Drei bis fünf Minuten garen, bis das Fleisch zerfällt und sich die Haut (falls vorhanden) leicht abziehen lässt. Den Kochsud abgießen und den Fisch mit Küchenpapier trocken tupfen. Mit Chili, Zitronenschale, Schnittlauch und der Hälfte des Dills zu den Stampfkartoffeln in die Schüssel geben. Alles gründlich vermengen und mit Salz und Pfeffer abschmecken. Dann das Ei unterarbeiten. Mit feuchten Händen aus der Masse möglichst kleine, etwa zwei Zentimeter dicke Küchlein formen. Die fertigen Frikadellen auf einem geölten Backblech bis zu eine Stunde in den Kühlschrank stellen, damit sie noch fester werden.

In einer zweiten Schüssel die sonnengetrockneten Tomaten mit Oliven, zerzupften Basilikumblättern, dem übrigen Dill, Knoblauch, Zitronensaft und einem Schuss Olivenöl zu einer stückigen Tapenade verrühren. Mit Salz und Pfeffer abschmecken. Eine Pfanne mit reichlich Olivenöl bei mittlerer Temperatur erhitzen und die Frikadellen darin portionsweise braten. Sie sollten dabei nicht zu viel bewegt werden. Nach fünf Minuten die Frikadellen wenden. Sie sollten dann eine schöne goldgelbe Kruste haben. Auf der anderen Seite ebenfalls fünf Minuten braten. Die Frikadellen auf Teller anrichten, reichlich Tapenade darüber verteilen, mit Pfeffer bestreuen, mit etwas Zitronensaft beträufeln und mit den übrigen Basilikumblättern und den Kapern bestreut servieren.

– Willkommen in –

Zu unserer Schande muss ich gestehen, dass wir Albanien ursprünglich nicht in unsere Tour eingeplant hatten. Wir dachten, dass es nach einem halben Jahrhundert stalinistischer Diktatur ein politisch isoliertes, gesetzloses, von der Blutrache beherrschtes Land sein müsste. Das Armenhaus an der Adria. Wir befürchteten wirklich, dort nicht sicher reisen zu können, und frönten der scheußlichen Sitte zu glauben, wir wüssten, wie das Land funktionierte, bevor wir überhaupt dort gewesen waren. Wir hatten nicht die geringste Ahnung von der Realität. Albanien war nicht so, wie wir es uns vorgestellt hatten – welch ein Glück, das zu erleben. Albanien ist eine andere, eine eigene Welt. Jedes Land, durch das wir vorher gekommen waren, hatte seine eigene Mentalität, seine besondere Geschichte und Kultur(en), aber auch etwas, das es im Inneren zusammenhielt. Etwas, das seine Entwicklung vorantrieb – eine Art gemeinsamen Nenner. Kaum waren wir in Albanien, merkten wir, dass alles anders war, nämlich absolut grandios.

Albanien war weder düster noch gefährlich. Albanien zauberte uns ein breites Grinsen ins Gesicht. Wo man auch hinkommt, trifft man auf ein fantastisches, unkonventionelles Gewirr aus Sehenswürdigkeiten, Geräuschen und Gerüchen. Das Land steckt voller lebhafter und ansteckender Energie. Die einzige Anarchie, die hier herrscht, ist die grenzenlose Freundlichkeit. Von jeder Ecke, jedem Ackerstreifen und jeder Bar am Straßenrand – und die gibt es im Überfluss – tönte uns ein Schwall von Hallos, Ciaos und Lachen entgegen. Überall wurden wir angesprochen. Die Städte sind aus Chaos errichtet. Chaos ist ihr Fundament, größeres Chaos ihr Gerüst. Auf dem Land fühlt man sich in die Vergangenheit zurückversetzt. Es ist unglaublich ländlich-sittlich und unglaublich schön. Wie das meiste in Albanien ist auch der Straßenzustand völlig unvorhersehbar. Manchmal war er schlicht unschlagbar. Dann zog sich frischer glatter Asphalt über die steilen Berge und Abhänge. Sonst ging es über holprige marode Landstraßen. Verdreckter Straßenbelag versackte in tiefen Schlaglöchern oder ging ohne jede Vorwarnung in losen Schotter über. Wir fuhren ständig Schlangenlinien, entweder um den Schlaglöchern auszuweichen oder um nicht mit irgendeinem Tier von einem Bauernhof zusammenzustoßen. Alle möglichen Viecher wanderten mit unerschütterlicher Lässigkeit über die schorfigen Chausseen. Wenn sich hier zwei treffen, hat eindeutig das Tier vor dem Menschen das Wegerecht, man sollte also allzeit ausweichbereit sein.

★ ★ ★ ★ ★

In Albanien aßen wir ausgesprochen gutes Gemüse. Oft überholten wir müde Esel, die große Karren mit frischen Produkten zogen, oder kamen an einem trubeligen Marktstand am Straßenrand vorbei. Dann hielten wir an und füllten unseren Proviant mit saftigen Tomaten, Auberginen, Zucchini, Bohnen und frischen Kräutern auf. Oder wir legten eine kurze Rast ein und kauften gegrillte Maiskolben bei einem unternehmerisch denkenden jungen Kerl, der sich eine kleine Feuerstelle gebaut und etwas Mais zum Weiterverkauf eingehandelt hatte. Den Mais isst man nur mit etwas Salz und Chili – sehr lecker.

Die geographische Lage, das Klima und die fruchtbaren Böden bieten ideale Bedingungen für den Ackerbau, im ganzen Land können die unterschiedlichsten Nutzpflanzen kultiviert werden. Im warmen mediterranen Klima wachsen Oliven, Feigen und Zitrusfrüchte in Hülle und Fülle und liefern wichtige Zutaten für die regionale Küche. Das Lamm- oder, genauer gesagt, Schaffleisch ist hervorragend und wird auf verschiedene Arten zubereitet: gebraten, gegrillt, im Eintopf oder als Rollbraten. Hirn, Leber, Darm, Magen, Keulen – es kommt alles auf den Herd. Was uns überrascht hat, war, dass in Albanien seit Urzeiten Wein angebaut wird. Man hat Bottiche ausgegraben, die beweisen, dass die Weinkultur bis in die Antike zurückreicht. Wenn die Trauben nicht zu Wein verarbeitet werden, dann zu Raki, dem albanischen Nationalgetränk. Viele Familien besitzen einen eigenen kleinen Weinberg und brennen dieses teuflische Gesöff selbst. Es wird vor dem Essen und während des Essens oder bis in die tiefe Nacht hinein getrunken – kein Wunder, dass wir so viele lachende und fröhliche Menschen gesehen haben.

DR-4709 E

»JUNGS, HEUTE ABEND TRINKEN WIR DAS GUTE ZEUG« { *Gestatten, Noah* }

Als die Sonne an unserem ersten Tag in Albanien unterging, hockten wir uns in ein einladendes, kleines, familiengeführtes Café, um uns ein oder zwei wohlverdiente alkoholische Getränke zu genehmigen. Bald schon saßen wir im Mittelpunkt des dörflichen Interesses. Da wurden Landkarten entfaltet und Routen in einem gebrochenen Kauderwelsch diskutiert. Da kamen Schulkinder, Automechaniker und grinsende Cowboys bei uns vorbei.

Dann war es stockfinster, und wir hatten keinen Plan, also führten wir Noah, dem Cafébesitzer und achtfachen Vater, unsere übliche Wo-können-wir-hier-einen-Rastplatz-finden-Nummer vor. Er sagte so etwas wie: »Aber nein, ihr übernachtet auf gar keinen Fall im Freien, wir sind schließlich in Albanien. Ihr seid meine Gäste und schlaft in meinem Haus« – und führte uns hinein. Wie überall in diesem Teil der Welt verlangt die Theorie, zu geben und gastfreundlich zu sein. In der Praxis gibt man dann sogar noch mehr …

★ ★ ★ ★ ★

Es war inzwischen fast Mitternacht, doch für Noah war der Tag noch jung. Seine unermüdliche Tochter musste uns ein Bœuf Stroganoff als Nachtmahl zubereiten. Dazu gab es einen nie versiegenden Strom von scharfem selbst gebranntem Raki. Weil der Raki ein echter Rachenputzer war, fasste ich den etwas unklugen Entschluss, das Glas schnell zu leeren, damit ich es hinter mir hatte. Das nahm man als Zeichen, dass ich diesem Getränk sehr zugeneigt war und uns beiden regelmäßig nachgeschenkt werden musste. Es wurde eine sehr lange Nacht.

Meine scheinbare Schnapsliebe zeigte sich auch am nächsten Morgen. Noah drückte mir etwas in die Hand, das wie eine Flasche Wasser aussah, und deshalb füllte ich meinen ganzen Kanister mit diesem Gift. Noah strahlte übers ganze Gesicht. Ich nicht. Ich kann nur jedem davon abraten, es mir nachzumachen – lauwarmes, mit Raki versetztes Wasser ist auf einer Radtour alles andere als erfrischend.

Der Morgen brachte noch eine einzigartige Erfahrung mit sich. Matt, dem ich erst kürzlich anvertraut hatte, dass ich pure Milch eklig fand, guckte angemessen amüsiert, als man jedem von uns stolz ein dampfendes Glas mit dem frisch gemolkenen guten Stoff reichte. Während ich vorsichtig schluckte, starrte ich in die Augen der freigebigen Kuh, die sich gerade in Bauernhofaromen wälzte. Das erklärte wohl den pikanten Geschmack.

NOAHS MITTERNACHTS-BŒUF STROGANOFF

– mit Raki, Wildpilzen, & Gewürzgürkchen }

{ *Für 4 Personen* }

- 1 ZWIEBEL {grob gehackt}
- OLIVENÖL
- 500 g RINDFLEISCH ZUM SCHMOREN {z. B. aus der Oberschale, zart geklopft & in dünne Streifen geschnitten}
- 2 TL GERÄUCHERTES PAPRIKAPULVER
- 1 TL CHILIFLOCKEN
- 1 unbehandelte ZITRONE {abgeriebene Schale & Saft}
- 3 KNOBLAUCHZEHEN {geschält & fein gehackt}
- 1 kleine Handvoll THYMIAN {Blätter abgezupft & grob gehackt}
- 1 EL BUTTER
- 2 große Handvoll GEMISCHTE WILDPILZE {z. B. Shiitake, Austernpilze, Portobellos, Pfifferlinge, braune oder weiße Champignons; grob gehackt}
- 125 ml GRAPPA
- 125 ml RINDERBRÜHE
- 2 mittelgroße ZUCCHINI {in dünne Streifen geschnitten}
- 250 g SAUERRAHM
- 100 g GEWÜRZGÜRKCHEN {Cornichons; in dünne Streifen geschnitten}
- 1 kleine Handvoll PETERSILIE {grob gehackt}
- SALZ & FRISCH GEMAHLENER SCHWARZER PFEFFER

In einer Kasserolle die Zwiebel in etwas Öl bei mittlerer Temperatur erhitzen und glasig dünsten. Dann das Fleisch zugeben und anbraten. Die Temperatur dazu etwas erhöhen. Wenn das Fleisch zu bräunen beginnt, Paprikapulver, Chiliflocken, Zitronenschale, Knoblauch und Thymian unter das Fleisch und die Zwiebeln mischen. Nach einer Minute Butter und Pilze zugeben und weiterbraten, bis die Pilze weich werden. Dann den Grappa angießen – der Duft, der dabei ensteht, ist einfach köstlich.

Etwa eine Minute köcheln, bis der Alkohol verkocht ist. Die Brühe angießen und die Zucchini zugeben. Etwa sieben Minuten garen und zwischendurch testen, ob sie bereits weich genug sind. Vom Herd nehmen und den Sauerrahm einrühren. Die Gürkchen zugeben und alles mit Salz und Pfeffer abschmecken. Den Zitronensaft darüberträufeln und mit reichlich Petersilie bestreuen. Mit gekochtem Reis, Krustenbrot oder Pasta servieren.

Am besten schmeckt das Bœuf Stroganoff mitten in der Nacht, in Gesellschaft eines sturzbetrunkenen, albanischen Mannes mittleren Alters – mit der beste, freundlichste Mensch, den man treffen kann.

MACEDONIA
COUNTRY
9

– Willkommen in –

MAZEDONIEN

Unsere erste Nacht in Mazedonien verbrachten wir in feiner Gesellschaft – der des selbst ernannten Königs von Mazedonien, Bardula. Wir haben selten einen schrägeren Vogel auf unserer Reise getroffen. Wir hatten gerade die Grenze überquert. Es wurde dunkel, und wie immer waren wir auf der Suche nach einem Nachtlager. Bardula stand vor seinem Haus und goss eine einsame, ausgesprochen traurig aussehende Topfpflanze. Wir gingen zu ihm, begannen zu plaudern und sahen, dass hinter ihm ein schmuddeliger Frachtcontainer auf einer sandigen Fläche stand. Wie für uns gemacht, dachten wir. Bardula hörte sich unsere kläglichen Bitten und Erklärungen an und verstand offenbar kaum ein Wort. Aber das machte nichts. Er gluckste vor sich hin, führte uns durchs Haus und zeigte uns ein ungepflegtes Rasenstück, auf dem Streuäpfel herumlagen, und erklärte, dort könnten wir unser Zelt aufstellen.

★ ★ ★ ★ ★

Bardula verschwand kurz und kam dann mit einer undefinierbaren Flüssigkeit in einer Plastikflasche, einer Kühltasche und einem breiten Grinsen zurück. Er winkte uns zum Frachtcontainer. Ein Schloss wurde geöffnet, dann das zweite und schließlich die schwere Metalltür. Das Innenleben war kurios: eine Kombination aus Werkstatt und Unterschlupf, in die sich Bardula vor dem Zorn seiner offenbar leidgeprüften Ehefrau flüchtete. Vollgestopft mit Erinnerungsstücken und Gerümpel: Gewehren, Jagdmessern, uralten Ferngläsern, Kinkerlitzchen und Schwarzweißfotos. Inzwischen war auch der Türsteher des örtlichen Nachtclubs eingetroffen. Wir hockten auf Plastikstühlen im Kreis und wurden von Bardula genötigt, seinen starken selbst gebrannten Mastika zu trinken. Und dann erzählte er uns seine Lebensgeschichte und wie sehr er alles Deutsche liebte. Einfach alles. Ob er die Wahrheit sagte, war uns egal. Eine gute Geschichte ist eine wahre Geschichte.

Und dann bereitete Bardula eine der schlechtesten Mahlzeiten unserer gesamten 501 Reisetage zu. Seine kleine Kühltasche gab leuchtend rosafarbene Wiener Würstchen her – mehr nicht. Er heizte den kleinen Gasofen an, stellte eine rostige Pfanne darauf, vergaß das Öl und verkohlte die armen Schweinchen. Und wir durften keinen Bissen übrig lassen, Bardula beobachtete uns gespannt, während er genüsslich seine eigene Portion verschlang.

Glücklicherweise sah es an der kulinarischen Front sehr viel besser aus, sobald wir Bardula Lebewohl gesagt hatten. Wie in anderen Staaten des Balkans schmeckt im Essen auch hier das Erbe des Osmanischen Reiches durch. Auf jeder Speisekarte findet man traditionelle Landesspezialitäten neben Gerichten aus dem südlichen Mittelmeer- und dem Alpenraum. Die Gewürze, die Kaffeekultur und die vielen süßen, klebrigen Desserts brachte der türkische Bevölkerungsteil in die mazedonische Küche ein. Frische Salate mit vielen Kräutern, weicher weißer Käse, Oliven und gegrilltes Fleisch erinnern an die albanische und die griechische Esskultur. Die vielen verschiedenartigen Einflüsse auf die unterschiedlichen Geschmacksrichtungen sind ganz offenkundig.

In den 1980er-Jahren wurden zwei Drittel der damals noch jugoslawischen Weinproduktion in Mazedonien erzeugt. Als der Vielvölkerstaat Anfang der 1990er-Jahre auseinanderbrach, ging die Produktion dramatisch zurück, aber inzwischen werden in den mazedonischen Weinbaugebieten wieder sehr gute Jahrgänge gekeltert. Die Trauben, aus denen kein Wein gemacht wird, werden garantiert zu Mastika gebrannt. Man trinkt das sehr starke Nationalgetränk mit Eis als Aperitif vor dem Essen, und es schmeckt entweder einfach himmlisch oder ganz schauderhaft. Je nachdem, ob es eine Art Bardula-Hausbrand ist oder nicht.

BENJAMINS »ALLERBESTESTER« BÖREK

– Filoteigrolle mit würziger Hackfleisch-, Zwiebel- & Kartoffelfüllung, serviert mit Kefir & Ajvar }

Wir trafen Benjamin, den Sohn eines Börek-Imbiss-Besitzers, als wir die Straßen von Struga nach einem billigen Mittagessen abklapperten. Weil er ein gewiefter Verkäufer war und wir zu einer Mahlzeit einfach nicht nein sagen konnten, hatte er uns gleich am Haken. Die »allerbestesten Böreks in ganz Mazedonien!« wollte er uns bieten. Und tischte uns eine Portion nach der nächsten auf. Als ihm klar wurde, dass unsere noch junge Liebe zu diesem einfachen Gericht für ihn sehr einträglich sein könnte, lud Benjamin uns für ein paar Tage in seine Bude über dem Imbiss ein. Wir blieben noch etwas länger. Von so einer Lokalität trennt man sich nur ungern.

Es scheint, als hätte jedes Land in diesem Teil der Welt seine eigene Börek-Variante. Die gefüllten Pasteten sind eine Erfindung der Osmanen, es ist also kein Wunder, dass man sie überall auf dem Balkan isst. Das Grundrezept variiert kaum, aber die Füllungen und Feinheiten unterscheiden sich von Region zu Region: Rinder- oder Kalbshackfleisch, verschiedene Käsesorten oder Fleisch … Lecker sind sie alle. Bei der Form scheiden sich die Geister, ob rund, eckig oder schneckenförmig die beste ist, bleibt heiß umstritten. Man isst Börek mit brennend scharfem Ajvar und trinkt dazu kalten Kefir – und ist wunschlos glücklich.

{ *Für 4 Personen* }

- 1 große ZWIEBEL {grob gehackt}
- PFLANZENÖL
- 250 g RINDERHACK
- 2 KNOBLAUCHZEHEN {fein gehackt}
- 1 TL GERÄUCHERTES PAPRIKAPULVER
- ½ TL GEMAHLENER ZIMT
- 1 Zweig ROSMARIN {fein gehackt}
- 2 mittelgroße FESTKOCHENDE KARTOFFELN {geschält & in ½ cm große Würfel geschnitten}
- 6 Platten FILOTEIG {tiefgefrorene Teigplatten, 8 Stunden vor Verwendung im Kühlschrank auftauen lassen}
- 2 EIER {verquirlt}
- 1 TL SESAM
- 1 TL MOHNSAMEN
- 60 ml MINERALWASSER MIT KOHLENSÄURE
- AJVAR {siehe Seite 18}
- 2 Gläser KEFIR {dickflüssiges Milchgetränk; ersatzweise Buttermilch}
- SALZ & FRISCH GEMAHLENER SCHWARZER PFEFFER

Die Zwiebel in einer Pfanne bei mittlerer Hitze in etwas Öl glasig anschwitzen. Das Rinderhack zugeben und kräftig anbraten. Knoblauch, Paprikapulver, Zimt und Rosmarin unterrühren. Einige Minuten weitergaren, dann vom Herd nehmen und zum Abkühlen beiseitestellen.

Die Kartoffeln in einen Topf mit Wasser geben. Zum Kochen bringen und die Kartoffeln garen, bis sie weich sind, aber im Inneren noch einen festen Kern haben. Abgießen und abtropfen lassen, dann zur Hackfleischmischung geben. Alle Zutaten gut vermengen und mit Salz und Pfeffer würzen. Die Flüssigkeit in der Pfanne abgießen, damit der Filoteig später nicht durchweicht.

Den Ofen auf 200 °C (Umluft 180 °C) vorheizen. Eine Arbeitsfläche leicht einölen und eine Platte Filoteig in die Mitte legen. Die Ränder der beiden kurzen Seiten leicht mit Öl bestreichen und zwei Platten an den beiden kurzen Enden andrücken, mit etwa zwei Zentimetern Überlappung. Die drei Platten mit etwas Ei bestreichen und drei weitere Platten darauflegen. Diese ebenfalls mit Ei bestreichen.

Auf das untere lange Ende der Filoteigplatten einen schmalen Streifen Hackfleisch-Kartoffel-Mischung geben. Die Masse relativ flach auftragen, damit der Teig sich noch gut aufrollen lässt. Dann den Teig vorsichtig und so fest wie möglich einrollen und zu einer langen, zigarrenförmigen Rolle wickeln. Ein Ende der Rolle festhalten und die Rolle schraubenförmig um sich selbst drehen und dabei zu einem Ring formen.

Den Börek-Ring auf ein leicht geöltes Backblech heben. Mit dem restlichen Ei bestreichen und mit Sesam und Mohn bestreuen. Im Ofen 25 Minuten backen, bis der Teig schön goldgelb gebräunt ist. Den Ring aus dem Ofen nehmen und mit dem Mineralwasser übergießen. Wieder in den Ofen schieben und nochmals einige Minuten backen. Den Ring herausnehmen, mit einem Tuch abgedeckt fünf Minuten ruhen lassen. Mit Ajvar servieren und den Kefir dazu trinken.

POLNETI PIPERKI & TAVČE GRAVČE

– Paprikaschoten, gefüllt mit Kräuter-Feta-Reis & Auberginen, gefüllt mit Bohnen }

{ *Für 4 Personen* }

- 250 g LANGKORNREIS {abgespült}
- 1 große Handvoll CHAMPIGNONS {grob gehackt}
- 150 g FETA {zerkrümelt}
- 1 Handvoll BASILIKUM
  {Blätter abgezupft & grob gehackt}
- 1 Handvoll DILL {grob gehackt}
- 1 Handvoll MINZE {grob gehackt}
- 1 unbehandelte ZITRONE {abgeriebene Schale & Saft}
- OLIVENÖL
- 2 große PAPRIKASCHOTEN {1 rot, 1 gelb,
  Deckel abgeschnitten & beiseitegelegt,
  Samen & Scheidewände entfernt}
- 1 große AUBERGINE {mit Stängel, längs halbiert}
- 1 mittelgroße ZWIEBEL {grob gehackt}
- 2 PFLAUMENTOMATEN {grob gehackt}
- 2 KNOBLAUCHZEHEN {fein gehackt}
- 3 TL GERÄUCHERTES PAPRIKAPULVER
- 2 GETROCKNETE ROTE CHILISCHOTEN {fein gehackt}
- 1 TL GETROCKNETE MINZE
- 1 TL GETROCKNETER MAJORAN
- 1 Dose SORBABOHNEN
  {400 g, abgetropft, ersatzweise Limabohnen}
- 50 g PARMESAN
  {gerieben, ersatzweise anderer Hartkäse}
- SALZ & FRISCH GEMAHLENER
  SCHWARZER PFEFFER

Wenn man in Mazedonien irgendwo eingeladen wird, kommt unter Garantie Tavče Gravče auf den Tisch. Darauf kann man sich wahrscheinlich seit Jahrhunderten verlassen. Als Beilage wird Tavče Gravče zu praktisch allem gegessen. In diesem Rezept habe ich es mit gefüllten Paprika und Auberginen als Hauptgericht abgewandelt.

Weil die meisten Mazedonier orthodoxe Christen sind, gibt es in den traditionellen Haushalten am Freitag kein Fleisch. Bohnen füllen nicht nur den Magen, sondern gelten auch als Symbol für Glück und Wachstum. Bohnen werden als Münzen verwendet und stehen deshalb für Wohlstand. Hätten wir für jede Bohne, die wir in Mazedonien gegessen haben, eine Münze bekommen, wäre unsere Reise nach Süden sehr viel komfortabler gewesen.

Den Ofen auf 200 °C (Umluft 180 °C) vorheizen. Den Reis mit der doppelten Menge Wasser und einer Prise Salz in einem Topf bei mittlerer Hitze zum Kochen bringen. Die Temperatur reduzieren und den Reis *al dente* garen. Die Körner sollten noch Biss haben. Abgießen und in eine Schüssel geben. Die Pilze, drei Viertel des Fetas, des Basilikums, des Dills und der Minze, die Zitronenschale und die Hälfte des Safts sowie einen Schuss Öl zugeben. Kräftig mit Salz und Pfeffer würzen und alle Zutaten gut vermengen.

Die vorbereiteten Paprikaschoten mit möglichst viel Reismischung füllen. Die Deckel aufsetzen und die Außenseiten mit Öl einpinseln. In eine ofenfeste Form setzen. Das weiche Fleisch der halbierten Auberginen einschneiden, ohne dabei die Haut zu verletzen. Rundherum einen drei Millimeter dicken Rand stehen lassen. Die Auberginen ebenfalls mit Öl einpinseln, kräftig würzen und neben die Paprikaschoten in die Form setzen. In den Ofen schieben und rund 25 Minuten rösten.

Die Zwiebel in etwas Öl in einer Pfanne bei mittlerer Hitze anschwitzen. Wenn sie weich ist, Tomaten, Knoblauch, Paprikapulver, Chilis, getrocknete Minze und Majoran unterrühren und einige Minuten mitdünsten. Die Bohnen sowie zwei Teelöffel Öl dazugeben. Dann die Pfanne vom Herd nehmen.

Das Gemüse aus dem Ofen nehmen, die Auberginen aus der Form heben, die Paprikaschoten aber in der Form lassen. Mit einem Löffel das weiche Auberginenfleisch vorsichtig ausschaben, ohne dabei die Haut zu beschädigen. Das Fruchtfleisch grob zerdrücken und in die Pfanne zur Bohnenmischung geben. Den Pfanneninhalt gut mischen und die Auberginenhüllen damit füllen. Die Hälfte des Parmesans darüberstreuen und die Auberginen zurück in die Form setzen. Im Ofen weitere acht bis zehn Minuten backen, bis die Paprikahaut und der Käse schön gebräunt sind. Das Gemüse aus dem Ofen nehmen und fünf Minuten abkühlen lassen. Mit den übrigen frischen Kräutern und dem übrigen Käse bestreuen und die zweite Zitronenhälfte darüber ausdrücken.

BULGARIEN
MAZEDONIEN
Istanbul
Bitola
Thessaloniki
Bursa
TÜ
Athen
GRIECHEN-
LAND
ÄGÄIS
KRETA
EAST
MEDITE

SCHWARZES MEER
Ankara
Cay
ISCHES
LAND
TAURUS-
GEBIRGE
Konya
Karaman
Mut
Silifke
Kyrenia
Limassol
ZYPERN
SYRIEN
LIBANON
LEVANTISCHES
MEER

– *Willkommen in* –

GRIECHENLAND

Griechenland hatte etwas beruhigend Vertrautes an sich. Wir waren vor ein paar Jahren schon um das südliche Ende des Peloponnes geradelt – und hatten auf dieser Fahrt unsere Liebe zum Touren auf zwei Rädern erst richtig entdeckt. Als wir jetzt wieder in dieses wunderbare Land kamen, spürten wir einen Anflug von Nostalgie. Aber diesmal war alles etwas anders. Beim ersten Mal verbrachten wir entspannte Tage in der Sommerhitze auf dem Rad und zelteten abends sorglos an einsamen Stränden oder in Olivenhainen. Jetzt war der Sommer nur noch eine leise Erinnerung, und der Herbst schickte Wind und Regen. Das Wetter, dem man als Fahrradfahrer ja völlig ausgesetzt ist, wurde immer launischer und unfreundlicher. Und das tägliche Übernachtungsglücksspiel ernster.

★ ★ ★ ★ ★

Meistens versuchten wir es mit unserem inzwischen ausgefeilten Trick. Wir gingen in eine kleine Taverne, bestellten zwei Portionen der lokalen Köstlichkeiten, aßen wahnsinnig langsam, bis der Wirt schließen wollte, und gaben uns dann mitleidheischend als Obdachlose zu erkennen. Ein paar Mal verfing das nicht, und wir verbrachten die Nächte frierend im Park oder auf der Schwelle eines Altersheims. Aber meistens hatten wir Erfolg. Und das lief so ab: Wir betraten in unserem üblichen ramponierten Zustand das Lokal und wurden von einem Chor von Fragen und Komplimenten empfangen. Danach gab es einen Ouzo oder einen Retsina, dann wurde der einzige entfernte Verwandte angerufen, der so etwas wie Englisch sprach, dann gab es mehr Alkohol, und dann baten wir kläglich um Schutz vor der Kälte. Manchmal drückte man uns einfach die Schlüssel zur Taverne in die Hand und sagte uns, wir sollten abschließen und es uns gemütlich machen. Dann legten wir Holz im Kamin nach und uns dankbar zwischen Stühlen und Tischen auf den Boden.

In manchen Ländern ist die nationale Identität besonders eng mit dem kulinarischen Erbe verknüpft – in Griechenland jedenfalls gibt es eine Symbiose. Das Land hat nicht nur eine uralte, sondern auch eine dokumentierte lukullische Kultur. Es war der antike griechische Dichter Archestratos, der um 320 v. Chr. das erste Kochbuch verfasste, eine gastronomische Reise durch die griechische Welt. Doch die Liebe zum Essen reicht dort gut 4000 Jahre zurück. Jahrtausendelang bestimmte Griechenland das Leben im Mittelmeerraum, es wurden Kriege geführt, Gebiete erobert, Kolonien gegründet, Niederlagen eingesteckt. Mit jeder Expansion und jeder Niederlage erweiterte sich das kulinarische Repertoire. Diese Zutat wurde durch eine fremde Macht eingeführt, jenes Gericht von einem Expeditionsheer nach Hause mitgebracht.

Man spürt einfach, wie wichtig die heimischen Produkte, die dieses unglaublich fruchtbare Land mit seinem fantastischen Klima bietet, für die Menschen sind. Die Rezepte sind einfach, Frische und Qualität der Zutaten sprechen für sich selbst. Frisches Gemüse ist das A und O.

Kräuter werden getrocknet und frisch verwendet, schmecken einfach irrsinnig gut und kommen variantenreich an so gut wie jedes Gericht: Oregano, Thymian, Basilikum, Minze, Dill oder Fenchel. Oliven – sowieso. Ziegen- und Schafskäse – sagenhaft. Honig – mit der beste auf der Welt. Fisch und Meeresfrüchte – so köstlich, wie man es in einem küstenreichen Land erwarten kann.

KRÄUTERWÜRZIGE HÜHNCHEN-PITA

– mit gemischtem Gemüse vom Grill, Feta & Tzatziki }

Dieses Rezept vereinigt viele der typisch griechischen Zutaten. Man muss nur einmal von der Pita abbeißen, und schon fühlt man sich ins Land der antiken Mythen und Götter zurückversetzt. Die Kombination aus frischen und getrockneten Kräutern, knoblauchsattem, peppigem Tsatsiki, rauchigem gegrillten Gemüse und salzigem Feta ergibt ein erfrischendes und sensationell gutes Gericht. Wenn man das Hähnchenfleisch erst in griechischem Joghurt, reichlich getrockneten Kräutern und Zitronenabrieb mariniert und dann darin kocht, weicht man zwar von der traditionellen Zubereitungsart ab, bekommt aber herrlich zartes Fleisch und eine fantastische cremige Sauce.

{ Für 4 Personen }

- 4 HÄHNCHENBRÜSTE {in 2 cm große Stücke geschnitten}
- 2 TL GETROCKNETER THYMIAN
- 2 TL GETROCKNETE MINZE
- 3 TL GETROCKNETER OREGANO
- 1 unbehandelte ZITRONE {abgeriebene Schale & Saft}
- OLIVENÖL
- 400 ml GRIECHISCHER JOGHURT
- 2 große ROTE PAPRIKASCHOTEN {Samen & Scheidewände entfernt, geviertelt}
- 4 mittelgroße ZUCCHINI {quer in 1 cm dicke Scheiben geschnitten}
- 1 Glas GEGRILLTE ARTISCHOCKEN {300 g, abgetropft & grob gehackt}
- ½ große SALATGURKE {Kerne ausgekratzt & fein gehackt}
- 2 KNOBLAUCHZEHEN {geschält & fein gehackt}
- 1 Handvoll MINZE {Hälfte fein gehackt, Rest grob geschnitten}
- 4 große PITABROTE
- SALZ & FRISCH GEMAHLENER SCHWARZER PFEFFER

Die Hähnchenstücke in eine große Schüssel geben. Mit je einem Teelöffel Thymian, Minze und Oregano, Zitronenschale und je einer großen Prise Salz und Pfeffer sowie einem Schuss Olivenöl und der Hälfte des Joghurts gründlich vermengen, dann 30 Minuten in den Kühlschrank stellen.

Paprikaschoten und Zucchini in einer Grillpfanne bei mittlerer Hitze trocken rösten. Dabei öfters wenden, damit sie gleichmäßig bräunen. Die Zucchini brauchen etwa sieben bis zehn Minuten, bis sie schön goldgelb gebraten sind, die Paprikaschoten etwa 15 Minuten, bis sie weich und gebräunt sind. Dann in eine Servierschüssel geben. Die Artischocken hinzufügen, das Gemüse mit etwas Olivenöl beträufeln und mit Salz und Pfeffer würzen. Mit den übrigen getrockneten Kräutern bestreuen und den Saft einer halben Zitrone darüber ausdrücken.

Für den Tsatsiki den übrigen Joghurt in einer Servierschüssel mit Gurke, Knoblauch, fein gehackter Minze, etwas Olivenöl, mit drei Viertel des übrigen Zitronensafts, einer kleinen Prise Salz und reichlich Pfeffer verrühren.

Die Hähnchenstücke mit der Joghurt-Kräuter-Marinade in einer Bratpfanne bei mittlerer Temperatur erhitzen. Die Mischung sollte nur leicht simmern. Die Hähnchenstücke darin zehn bis zwölf Minuten garen. Um den Garzustand zu prüfen, ein Hähnchenstück durchschneiden.

Zum Anrichten die Pitabrote in einer Grillpfanne leicht toasten. Halbieren und abwechselnd mit Hähnchenfleisch, Grillgemüse und Tsatsiki füllen. Die übrige frische Minze darüberstreuen, mit Olivenöl und etwas Zitronensaft beträufeln. Alternativ alle Zutaten auf die getoasteten Pitabrote geben und das Brot wie eine Zigarre aufrollen. Ein herzhafter Leckerbissen, egal, wie er serviert wird.

MOUSSAKA MIT LAMM & AUBERGINEN

– mit Parmesan-Muskat-Feta-Kruste }

Ein echter griechischer Klassiker! Wie alle mediterranen Gerichte ist auch dieses variantenreich und wirft einige Fragen auf. Soll man Lamm-, Kalb- oder Schweinefleisch nehmen? In wie vielen Lagen soll man die Auberginen schichten? Welche Konsistenz soll die Kruste haben? Es scheint, als ob jede Familie einen geheimen Kniff für dieses traditionelle Gericht hütet, der von Generation zu Generation weitergegeben wird. Und am Rezept einer griechischen Großmutter krittelt man nicht herum!

{ Für 4 Personen }

- 1 ROTE ZWIEBEL {grob gehackt}
- OLIVENÖL
- 500 g LAMMHACK
- 4 KNOBLAUCHZEHEN {geschält & fein gehackt}
- 2 TL TOMATENMARK
- 125 ml ROTWEIN
- 1 kleine Dose STÜCKIGE TOMATEN {200 g}
- 1 TL ZUCKER
- 2 TL GETROCKNETER OREGANO, zzgl. etwas zum Bestreuen
- 2 TL GETROCKNETER THYMIAN
- 1 TL GETROCKNETE MINZE
- 1 TL GEMAHLENER ZIMT
- 1 TL GEMAHLENER KORIANDER
- 1 TL GEMAHLENER KREUZKÜMMEL
- 2 große AUBERGINEN {quer in ½ cm dicke Scheiben geschnitten}

- 500 ml MILCH
- 60 g BUTTER
- 60 g WEIZENMEHL Type 405
- 50 g PARMESAN {gerieben}
- 50 g FETA {zerkrümelt}
- 2 EIER {leicht verquirlt}
- MUSKATNUSS zum Darüberreiben
- SALZ & FRISCH GEMAHLENER SCHWARZER PFEFFER

Ich finde, dass die Moussaka mit Lamm am besten schmeckt. Das saftige Fleisch hat einen etwas strengen Geschmack und lässt sich perfekt mit den kräftigen getrockneten Kräutern, die für die griechische Küche so typisch sind, kombinieren. Worauf es wirklich ankommt, sind die Auberginen, diese durstigen kleinen Schönheiten saugen die Aromen auf und verbinden alle Zutaten miteinander. Wenn man die Auberginenscheiben im Ofen backt und nicht in der Pfanne brät, brauchen sie nicht so viel Öl. Über das Ganze kommt eine Béchamelsauce mit reichlich Feta und Parmesan – und dann ab in den Ofen.

Den Ofen auf 180 °C (Umluft 160 °C) vorheizen. Die Zwiebel in etwas Olivenöl in einer Pfanne bei mittlerer Hitze glasig anschwitzen. Das Lammhack dazugeben und anbräunen. Knoblauch und Tomatenmark unterrühren und die Mischung eine Minute weiterbraten. Den Rotwein angießen und alles eine Minute kochen, bis der Alkohol verkocht ist. Tomaten, Zucker und die Gewürze zugeben und den Pfanneninhalt kräftig mit Salz und Pfeffer würzen. Aufkochen und die Temperatur wieder reduzieren. Alles 30 Minuten köcheln und reduzieren lassen. Die Auberginenscheiben auf eingeölte Backbleche legen und die Oberflächen mit Öl bestreichen. Mit etwas Salz und Pfeffer sowie einer Prise Oregano würzen. Die Auberginen 20 bis 25 Minuten im Ofen backen, bis sie weich und gleichmäßig gebräunt sind.

Für die Béchamelsauce in einem Topf die Milch erhitzen, ohne dass sie kocht. In einem zweiten Topf die Butter bei mittlerer Hitze zerlassen. Das Mehl zur Butter geben und einige Minuten unter Rühren quellen lassen. Dann langsam die warme Milch zugießen und mit einem Schneebesen unterschlagen, bis die Sauce angedickt ist. Die Hälfte von Parmesan und Feta unterschlagen und mit Salz und Pfeffer abschmecken. Umrühren und zum Abkühlen vom Herd nehmen. Dann die Eier unterschlagen – sie dürfen nicht gerinnen – und etwa einen halben Teelöffel Muskat darüberreiben.

Nun die Moussaka aufschichten: Dafür den Boden einer großen Auflaufform leicht einölen und mit den Auberginen auslegen. Darauf eine Schicht Lammhack verteilen und diese wiederum mit Auberginen abdecken. Bis zwei Zentimeter unter den oberen Rand der Form so weiter verfahren. Die Béchamelsauce darübergießen und den restlichen Parmesan und Feta darauf verteilen sowie noch etwas Oregano darüberstreuen. Die Moussaka im Ofen 45 Minuten backen, bis sie gleichmäßig goldbraun ist. Herausnehmen, mit Aluminiumfolie abdecken und etwa zehn Minuten durchziehen und abkühlen lassen. Dadurch verbinden sich die Zutaten noch besser miteinander, und die Aromen werden noch intensiver – das kurze Warten lohnt sich.

SPANAKOPITA

– Kräuter-Filoteig-Pastete mit Blattspinat & Käsetrio }

{ *Für 4 Personen* }

- 1 EL BUTTER
- 400 g JUNGER BLATTSPINAT
- 300 g FETA {zerkrümelt}
- 100 g HÜTTENKÄSE
- 75 g PARMESAN {gerieben}
- 1 kleines Bund FRÜHLINGSZWIEBELN {in feine Scheiben geschnitten}
- 1 kleine Handvoll DILL {fein gehackt}
- 1 kleine Handvoll PETERSILIE {fein gehackt}
- 1 unbehandelte ZITRONE {abgeriebene Schale & Saft}
- 4 EIER {leicht verquirlt}
- 4 Platten FILOTEIG {tiefgefrorene Teigplatten, 8 Stunden vor Verwendung im Kühlschrank auftauen lassen}
- OLIVENÖL
- 1 TL GETROCKNETER OREGANO
- SALZ & FRISCH GEMAHLENER SCHWARZER PFEFFER

Für uns steht dieses Gericht mit all seinen Aromen und Zutaten mehr als jedes andere für unser kulinarisches Griechenland-Erlebnis. Es wird in jeder kleinen Bäckerei, in jedem Delikatessen- und Tante-Emma-Laden angeboten. Wir wurden sofort süchtig danach. Die verschiedenen Käsesorten und die wunderbaren Kräuter – vor allem der Dill – geben ihm seinen typischen Geschmack.

Es kam sogar so weit, dass wir die Spanakopita des einen mit der des vorigen Tages verglichen und Punkte für die schon verspeisten vergaben. Wie großzügig war der Feta-Anteil bemessen? Wie knusprig war der Teig? Wie groß war die Portion? Natürlich waren wir ständig auf der Suche nach dem nächsten Wettbewerbsteilnehmer, dem nächsten perfekten Pausensnack am Straßenrand.

Den Ofen auf 200 °C (Umluft 180 °C) vorheizen. Die Butter in einer großen Pfanne bei mittlerer Hitze zerlassen. Nach und nach den Blattspinat dazugeben und dünsten, bis er zusammenfällt. Den Spinat aus der Pfanne nehmen und zum Abkühlen beiseitestellen. In einer großen Schüssel die drei Käsesorten mit Frühlingszwiebeln, Dill, Petersilie sowie Zitronensaft und -schale vermengen. Die Mischung mit Salz und Pfeffer abschmecken. Da die Käse Salz enthalten, muss nur sparsam gesalzen werden, dafür sollte man mit Pfeffer nicht sparen. Die Eier unterrühren, den abgekühlten Blattspinat ebenfalls in die Schüssel geben und alles gut vermengen.

Einen Bogen Backpapier auf einer Arbeitsfläche ausbreiten und mit etwas Olivenöl einstreichen. Eine Platte Filoteig darauflegen, mit Olivenöl bestreichen, salzen und pfeffern und gleichmäßig mit Oregano bestreuen. Die nächste Schicht Teig darauflegen und damit ebenso verfahren. Auf diese Weise möglichst schnell – damit der Teig nicht austrocknet – eine Teigplatte aus vier Schichten bilden.

Den Teig mit dem Backpapier in eine ofenfeste Auflaufform legen. Die überhängenden Teigenden bilden später den Pastetendeckel. Die Blattspinatmischung bis zum Rand in die Auflaufform füllen und die Teigränder darüber einschlagen, sodass die Füllung ganz bedeckt ist. Den Teigdeckel mit etwas Olivenöl einpinseln und mit etwas Wasser besprenkeln, damit er nicht verbrennt.

Die Auflaufform vor dem Backen noch einige Minuten bei mittlerer Hitze auf die Herdplatte stellen, um dem Pastetenboden einen Backvorsprung zu geben. Dann die Spanakopita in den Ofen schieben und 15 bis 20 Minuten backen, bis die Oberfläche goldbraun und knusprig ist.

BLEIBE

– für eine Nacht –

{WILD CAMPEN} – Verb.

Unkontrolliertes Zelten an unkonventionellen, gebührenfreien Orten – ideal für alle, die es primitiv mögen.

An jedem einzelnen Tag, den wir auf der Straße verbrachten, kam der Moment, an dem es höchste Zeit wurde, uns diese bedeutungsvolle Frage zu stellen:

»WO, ZUM TEUFEL, SCHLAFEN WIR HEUTE NACHT?«

Wir genossen dieses täglich Unbekannte und Ungewisse. Kein Plan, keine Vorschriften, pure Spannung. Wir vertrauten ganz dem glücklichen Zufall und unserem Einfallsreichtum. Wir mussten ständig etwas auftreiben, suchen, aufbauen, uns ständig und überall auf die Freundlichkeit und Großzügigkeit von Fremden einlassen. Jedes Land verlangte von uns eine eigene Methode des täglichen Fahndens nach einer Bleibe. Oft verließen wir eine Stunde vor Sonnenuntergang die Straße und machten uns auf die Suche nach einem nicht allzu weit entfernten Feld, einem Wald oder einem verlassenen Haus, in dem wir übernachten konnten. Wir bauten uns aus allen möglichen herumliegenden Materialien temporäre Unterstände. Wir schliefen in Stadtparks, auf verwaisten Baustellen, in kargen Wüsten, in Polizeirevieren und Armeekasernen, in längst vergessenen Gartenschuppen, in Lehmhütten und an traumhaften einsamen Stränden.

UNTER DEN STERNEN, UNTER ZELTPLANEN, UNTER LÖCHRIGEN DÄCHERN.
IMPROVISATION UND FINDIGKEIT – NUR DAS ZÄHLTE.

In vielen Ländern kamen die Leute einfach auf uns zu. Sie fragten, was wir brauchten, und wollten uns helfen. Wir haben allerdings ein paar Tricks einstudiert, um so eine Einladung zu provozieren. Eine Technik, die oft Wunder wirkte, bestand darin, uns in eine hübsche warme Taverne zu hocken und sitzen zu bleiben, bis der Wirt nach Hause gehen wollte. An diesem Punkt bemühten wir uns dann, entsetzlich traurig und obdachlos zu gucken. Mit der Zeit wurden wir schamloser und sprachen gezielt Leute an. Man kann gar nicht beschreiben, wie großzügig die Menschen waren, denen wir begegneten, wie herzlich sie uns empfingen und wie sehr sie uns verwöhnten. Wir führten ein herrliches Leben auf der Straße.

Strand bei Alexandroupolis
– GRIECHENLAND

Wald bei Orléans
– FRANKREICH

Laderaum eines keuchenden Lkws,
irgendwo auf der Sinai-Halbinsel – ÄGYPTEN

In der Weißen Wüste – ÄGYPTEN

Auf der Insel Vis – KROATIEN

Wüste an der Grenze zum Westjordanland – JORDANIEN

Öffentlicher Park in Kavala – GRIECHENLAND

Lago Maggiore – ITALIEN

Comer See – ITALIEN

Meroe – SUDAN

– Willkommen in der –

TÜRKEI

Wenn wir beide auf unsere Reise zurückblicken, drängen sich bestimmte Länder und bestimmte Erlebnisse, die wir in diesen Ländern hatten, in den Vordergrund. Sie nehmen einen ganz besonderen Platz in unseren Erinnerungen ein. Die Türkei gehört dazu. Während wir gemächlich mitten durch dieses faszinierende Land streiften, lebten wir in einem Zustand permanenten Staunens, anhaltender Müdigkeit und pausenlosen Entdeckens. In dieses Land verliebt man sich einfach sofort.

Ich wette mit Ihnen, dass auch Sie das geschichtsträchtige Istanbul für eine der schönsten Städte unseres Globus halten, sobald Sie nur eine Stunde dort verbracht haben. Die Stadt umschließt den Bosporus – eine der meistbefahrenen Wasserstraßen der Welt und Quelle des reichen Nahrungsangebots aus dem Meer –, und man spürt, wie er als faszinierende transkontinentale Brücke zwischen dem südöstlichen Europa und dem westlichen Asien dient. Dank dieser günstigen geopolitischen Lage war die Stadt Schauplatz von Aufstieg und Niedergang großer Zivilisationen. Sie war das Epizentrum so vieler Ereignisse in der komplexen Geschichte dieser Region. Und deshalb ist sie heute wie eine fantastische multikulturelle Melange aus alten Architekturen, Religionen und vor allem kulinarischen Einflüssen. Diese 15-Millionen-Stadt scheint immer in Bewegung zu sein, scheint sich ständig zu modernisieren und weiterzuentwickeln. Und trotzdem ist sie mächtig stolz auf ihre Vergangenheit und ihre Traditionen. Sie besitzt eine einzigartige, schwer zu ortende und zu beschreibende Energie, die das tägliche Leben mit ungeheurer Daseinsfreude und einem besonderen Zauber durchdringt.

★ ★ ★ ★ ★

Wenn es Abend wird, erwacht die Stadt erst richtig – und dann wird einem klar, wie wichtig das Istanbuler Street Food für den sozialen Zusammenhalt und den Herzschlag der Stadt ist. Es ist ein fester Bestandteil des Lebens. An jeder Straßenecke reihen sich Stände, Klapptische und altersschwache Handkarren, die von einer matten Glühlampe erleuchtet werden. Die cleveren fliegenden Händler preisen den Vorbeigehenden ihre Waren lauthals an. Von jedem Stand steigt ein anderer verlockender Duft auf, ziehen alle möglichen Köstlichkeiten die hungrigen Kunden an. Man kann dort alles finden, und alles wird über glühenden Kohlen zubereitet: Sandwiches mit frischer Makrele, scharfes Kofta-Kebab, gegrillte Maiskolben … An der nächsten Straßenecke stolpert man über einen randvoll mit süßem Gebäck und klebrigen Naschereien beladenen Stand: Baklava, Türkischer Hönig, Tahini-Halva. Und an der übernächsten hängt der unwiderstehliche Duft von gerösteten Kastanien in der Luft, oder man findet frisch gebackenes Simit – ein ringförmiges mit Sesam bestreutes Hefeteiggebäck. Man merkt, dass das kulturelle Band zwischen den Straßen der Stadt und ihrer Esskultur seit Urzeiten besteht.

CURRY
CHILLY

OSMANLI
MACUNU
1.5TL.

Reißt man sich von den Straßenverkäufern los, taumelt man in eine andere sinnliche Orgie, die so berauschend ist wie kaum etwas anderes. Der Große Basar besteht seit 1461 und wird von Generation zu Generation neu belebt. Er rühmt sich, einer der ältesten und größten Hallenmärkte der Welt zu sein. Laden reiht sich an Laden reiht sich an Verkaufsstand ... Man wird von Lebensmitteln und Waren für jeden noch so ausgefallenen Geschmack und jedes Gelüst geradezu bombardiert. Wirklich einzigartig und überwältigend ist der Gewürzbasar, in dem auch Räucherwerk angeboten wird. Die Vielfalt und Auswahl sind einfach riesig, die Duftwolke ist atemberaubend. Stellen Sie sich irgendein Gewürz vor, und Sie werden es hier finden, umgeben von einem halben Dutzend anderer, von denen Sie noch nie gehört haben. Wir haben uns jedenfalls mit allerhand Aromen und interessanten Würzmischungen für den nächsten Abschnitt unserer Reise eingedeckt.

★ ★ ★ ★ ★

Von Istanbul ging es über das Marmarameer und dann mitten durch das Land immer Richtung Südosten. Auf dieser Strecke bewegten wir uns fernab aller Touristenrouten und bekamen einen faszinierenden Eindruck von den abgeschiedenen Orten dieser wunderbaren Gegenden. Die Menschen jeden Alters und jeder Religion, denen wir in Zentralanatolien begegneten, hatten nicht nur eine sehr lockere Haltung zur Zahnheilkunde, sie gehörten auch zu den neugierigsten, aufgeschlossensten und tatkräftigsten Gastgebern und neu gefundenen Freunden, die wir auf unserer gesamten Tour trafen. Wir mussten nichts anderes tun als einfach zu sein, und schon sprach man uns an und hieß uns willkommen.

Das Wetter wurde immer schlechter. Der kalte Atem des Winters wehte uns immer empfindlicher in den Nacken. Die Tage des unbekümmerten Sommer-Campens waren lange vorbei. Zum Glück streckten uns völlig Fremde immer wieder im übertragenen wie im körperlichen Sinn die Arme entgegen. Wir verbrachten zwar immer noch viele Nächte unterm Sternenhimmel und wachten neben eingefrorenen Wasserflaschen mit schmerzenden Gelenken auf, aber die Großzügigkeit, die uns entgegenschlug, war herzerwärmend. In manchen Dörfern bot man uns ein geheiztes Zimmer zum Schlafen an, Tankstellenbesitzer weigerten sich, uns in ihren schäbigen Gaststätten übernachten zu lassen, weil die zu kalt und ungemütlich waren, und boten uns in ihrem Haus eine warme Mahlzeit, eine warme Dusche und gute Gesellschaft an. Wir lernten die Gastfreundschaft in ihrer reinsten und bescheidensten Form kennen.

Das Essen stand im Mittelpunkt dieser Großzügigkeit. Eine geteilte Mahlzeit, ein offen stehendes Haus, ein abgetretenes Bett wurden nicht als ein Geschenk für uns, sondern für den so großzügig Gebenden angesehen. Wo immer wir auch hinkamen, bot man uns einen Platz an, setzte uns einen großen Teller mit fantastischer hausgemachter Meze vor und sagte uns, wir sollten alles aufessen. Es war egal, ob wir nach Mitternacht an einem Haus ankamen oder mitten in eine Totenwache platzten – unser Timing ließ einiges zu wünschen übrig –, wir wurden immer mit uneingeschränkter Herzlichkeit empfangen.

DER EIN-MANN-ZIRKUS

{ Gestatten, Silvan }

Der einmalige, ungeheuer talentierte Silvan hatte das Vagabundieren zu einer Kunstform erhoben. Wir trafen ihn an einem unserer ersten Nachmittage in der Türkei. Ich war gerade über Glassplitter gefahren und hatte meinen Vorderreifen zerfetzt. Zum Glück waren wir bergauf unterwegs und nicht bergab. Ich war damit beschäftigt, meinen überladenen Winston die letzten vier Kilometer zur nächsten Stadt zu zerren, als dieser Fahrende mit Dreadlocks und einem halben Zirkus im Schlepptau auftauchte. Silvan umgab sich mit einem umwerfenden Lächeln und dem Wissen, dass alles vergänglich ist. Er begleitete uns auf dem letzten Stück des Weges nach Istanbul.

EIN MANN DES WALDES. EIN DICHTER. EIN TEILZEITJONGLEUR. EIN VOLLZEITFRANZOSE. EIN LIEBHABER DES ESSENS. EIN WAHRER RADNOMADE.

Silvan hatte es irgendwie geschafft, eine alte Dame, die einen Gewürzladen besaß, so zu bezirzen, dass sie ihm etwas Safran spendierte. Er war mächtig stolz, im Besitz dieser kulinarischen Kostbarkeit zu sein, machte prompt ein Lagerfeuer und brachte uns bei, wie man Safran-Curry zubereitet. Dazu noch eine Flasche Ouzo und ein Open-Air-Auftritt von Ruby – Matts rosa Gitarre. Immer wenn ich an dieses Essen denke, muss ich selig grinsen. Wir verbrachten die Nacht im Wald, schliefen unter einer dreckigen alten Zeltplane und verfluchten die Tatsache, dass der Winter sich an uns heranmachte – aber es war trotzdem eine fantastische Nacht.

Danke Silvan, dass du uns bestätigt hast, wie schön es ist, sich auf das Wesentliche zu besinnen.

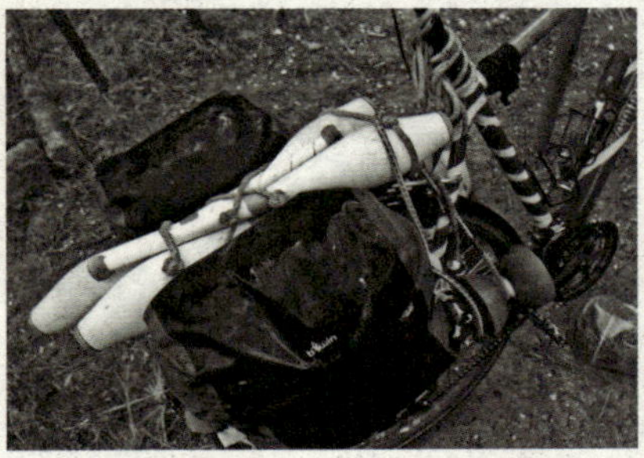

SILVANS SAFRAN-CHILI-HUHN

– mit Zucchini, Aleppo- & Urfa-Chiliflocken }

In der Türkei gibt es so viele kulinarische Köstlichkeiten, dass man sie kaum aufzählen kann, aber den getrockneten Chili liebe ich besonders. Wenn man durch die Städte und Dörfer fährt oder in einem Privathaus zu Gast ist, sieht man höchstwahrscheinlich große Decken oder Zeltplanen in der Sonne ausgebreitet. Man erkennt die Unterlagen vor lauter Farben fast gar nicht. Hunderte fein abgestufter Rottöne in einem Meer aus verschiedenen Chilisorten in unterschiedlichen Trocknungsstadien. Beim Trocknen schrumpeln die knackigen Schoten, dafür intensivieren sich ihre Farben und Aromen. Der Konservierungsprozess ist zweigeteilt. Erst lässt man die Chilis tagsüber in der Sonne dörren, dann wickelt man sie nachts fest ein. Sie sollen über Nacht schwitzen, damit die restliche Flüssigkeit die Schoten feucht hält, so verstärken sich die Aromen, und die Chilis trocknen nicht völlig aus.

Urfa- und Aleppo-Chilis sind einfach nach der Region benannt, aus der sie kommen. Beide haben wunderbar leuchtende Farben – dunkel purpurn beziehungsweise burgunderrot. Beide verleihen jedem Gericht ungeheure Intensität und eine subtile Schärfe. Pul biber – türkisch für Blättchen-Chili – kann verschiedene Schärfegrade haben, je nachdem, wie viele Samen mit geschrotet werden. Die Türkei ist ein echt scharfes Land!

{ Für 4 Personen }

- 1 großzügige Prise SAFRAN
- 2 ZWIEBELN {grob gehackt}
- 2 GRÜNE PAPRIKASCHOTEN {in 1 cm dicke Streifen geschnitten}
- PFLANZENÖL
- 1 TL URFA-CHILIFLOCKEN
- 1 TL ALEPPO-CHILIFLOCKEN
- 2 TL GEMAHLENE KURKUMA
- 1 TL GEMAHLENER KORIANDER
- 1 TL GARAM MASALA
- 1 TL GETROCKNETE BOCKSHORNKLEE-SAMEN
- 4 filetierte HÄHNCHENSCHENKEL {in 2 cm große Würfel geschnitten}
- 1 cm FRISCHER INGWER {geraspelt}
- 3 KNOBLAUCHZEHEN {geschält & fein gehackt}
- 500 ml HÜHNERBRÜHE
- 2 große ZUCCHINI {quer in 1 cm dicke Scheiben geschnitten}
- 125 g NATURJOGHURT
- 1 große Handvoll KORIANDERKRAUT {grob gehackt}
- ½ ZITRONE
- SALZ & FRISCH GEMAHLENER SCHWARZER PFEFFER

Den Safran mit etwa vier Esslöffeln warmem Wasser in einer Schüssel einweichen und beiseitestellen. Zwiebel und grüne Paprika in einem großen Topf in etwas Öl bei mittlerer Hitze dünsten. Wenn die Zwiebel etwas gebräunt ist, die trockenen Gewürze zugeben und eine Minute mitdünsten. Dann das Hähnchenfleisch zugeben und alles vermengen. Einige Minuten weitergaren, bis das Hähnchenfleisch weiß wird. Nun Ingwer und Knoblauch unterrühren.

Alles eine weitere Minute dünsten. Die Hühnerbrühe angießen und die Zucchini unterheben. Zehn bis zwölf Minuten köcheln, bis die Zucchini weich sind und das Hähnchenfleisch durchgegart ist. Vom Herd nehmen und den Safran mit Einweichflüssigkeit sowie den Joghurt zugießen. Alles gut verrühren und mit Salz und Pfeffer abschmecken. Mit Korianderkraut bestreuen und die halbe Zitrone darüber ausdrücken. Mit Reis servieren.

WÜRZIGE RINDERHACK-LAHMACUN

– Türkische Pide mit Rinderhackfleisch & gemischtem Tomaten-Rotkraut-Rucola-Salat }

Unsere ersten Lahmacun probierten wir nach einer besonders anstrengenden Morgentour durch die Außenbezirke von Istanbul. Wenn man von Westen in die Stadt fährt, muss man sich durch endlose Staus fädeln, genauso endlose Baustellen umfahren, ständig ausweichen, um Unfälle zu vermeiden, und dabei die ganze Zeit steile Hügel rauf- und runterstrampeln. Ein echter Radfahrer-Alptraum. Und das bei starkem Gegenwind!

Gegen Mittag entdeckten wir in einer der wenigen ruhigen Nebenstraßen ein kleines Lokal und flüchteten uns hinein. Die Hausspezialität war Lahmacun – die geniale türkische Variante der Pizza. Nur kommen hier nicht Tomaten und Basilikum auf den Teig, sondern Hackfleisch mit sehr vielen Gewürzen. Die frisch gebackenen Fladen mit säuerlichem frischem Salat darauf trösteten uns über alle Qualen hinweg.

{ Für 4 Personen }

Für die Pide:

- 2 TL TROCKENHEFE
- 375 g WEIZENMEHL, Type 405, zzgl. etwas zum Arbeiten
- ½ TL ZUCKER
- 125 g NATURJOGHURT
- 1 TL SESAMSAMEN
- 1 TL SCHWARZKÜMMELSAMEN
- OLIVENÖL
- 1 mittelgroße ROTE ZWIEBEL {in feine Scheiben geschnitten}
- 1 GRÜNE PAPRIKASCHOTE {Samen & Scheidewände entfernt, grob gehackt}
- 500 g RINDERHACK
- 1 TL GEMAHLENER KREUZKÜMMEL
- 1 TL SUMACH
- 1 TL GETROCKNETER OREGANO
- 1 TL URFA-CHILIFLOCKEN
- 2 TL TOMATENPÜREE
- 2 KNOBLAUCHZEHEN {geschält & fein gehackt}
- 1 EI {verquirlt}

Für den Salat:

- 2 PFLAUMENTOMATEN {grob gehackt}
- 1 große Handvoll ROTKOHL {in feine Streifen geschnitten}
- 1 große Handvoll RUCOLA {grob zerzupft}
- 1 Handvoll RADIESCHEN {in feine Scheiben geschnitten}
- ½ ZITRONE
- 1 TL URFA-CHILIFLOCKEN
- SALZ & FRISCH GEMAHLENER SCHWARZER PFEFFER

Den Ofen auf höchster Stufe vorheizen. Von 250 Milliliter warmem Wasser zwei Teelöffel abnehmen und darin die Hefe in einer großen Schüssel auflösen. Beiseitestellen und abgedeckt etwa zehn Minuten gehen lassen, bis die Hefe zu schäumen beginnt. Dann das Mehl mit dem restlichen Wasser, Zucker, Joghurt, Sesam und Schwarzkümmel sowie einer Prise Salz und einem Schuss Olivenöl zugeben und zu einem Teig verrühren.

Den Teig aus der Schüssel nehmen und auf einer bemehlten Arbeitsfläche etwa zehn Minuten kneten, bis er glatt und geschmeidig ist. Den Teig zurück in die Schüssel geben und mit Öl beträufeln. Mit einem Tuch abdecken und zum Gehen etwa eine Stunde beiseitestellen. Eine Pfanne mit etwas Öl bei mittlerer Temperatur erhitzen, die Zwiebel und die Paprika darin dünsten, bis beides leicht gebräunt ist. Das Hackfleisch unterrühren und anbraten. Nach wenigen Minuten die trockenen Gewürze zugeben und gut mit dem Pfanneninhalt vermengen. Alles etwa eine Minute braten, dann das Tomatenpüree und den Knoblauch unterrühren. Mit Salz und Pfeffer abschmecken.

Alle Zutaten für den Salat in eine zweite Schüssel füllen. Etwas Olivenöl und den Saft einer halben Zitrone darübergeben, mit den Urfa-Chiliflocken bestreuen und kräftig mit Salz und Pfeffer abschmecken, dann beiseitestellen. Den gegangenen Teig auf eine bemehlte Arbeitsfläche geben und nochmals einige Minuten kneten. Dann die Teigkugel in faustgroße Portionen teilen und die Stücke jeweils maximal zwei Millimeter dick und oval ausrollen. Pide sind traditionellerweise eher länglich und schmal. Der nicht benötigte Teig kann, in Frischhaltefolie gewickelt, sehr gut eingefroren werden. Die Teigböden einzeln auf geölte Backbleche legen, mit Ei bestreichen und nochmals zehn Minuten gehen lassen.

Auf jeden Teigboden eine großzügige Portion Rinderhackmischung geben und bis zum Rand hin verstreichen. In den Ofen schieben und etwa zehn bis zwölf Minuten goldgelb backen. Die Pide aus dem Ofen nehmen und den Salat daraufgeben. Aufschneiden und genießen!

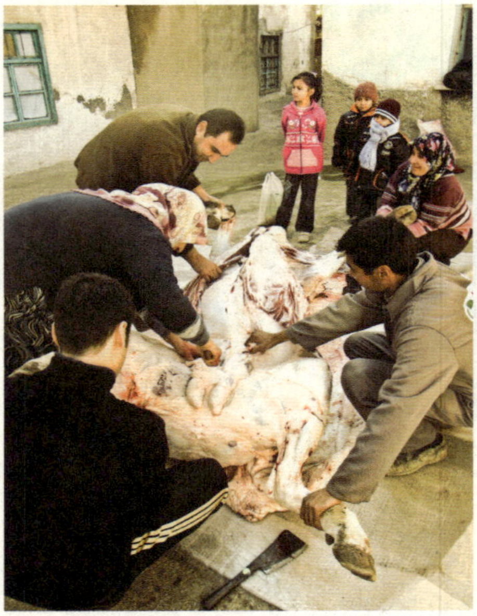

10

DAS OPFERFEST

– KURBAN BAYRAMI –

Wieder einmal hatten wir ein kulinarisches Erlebnis der Kombination aus glücklichem Zufall und tadellosem Timing zu verdanken. Ich lag mit Bauchkrämpfen mehr oder weniger bewegungsunfähig im billigsten aller türkischen Hotelzimmer: die Knie an die Brust gezogen und leise vor mich hin fluchend. Der reichliche Konsum von schwarzem Tee und starken türkischen Zigaretten am Tag zuvor erwies sich als nicht magenfreundlich. Irgendwann kam Matt von seiner Einkaufstour auf dem Markt zurück. Er grinste von einem Ohr zum anderen.

»STEH AUF, KUMPEL, WIR HABEN GERADE EINE EINLADUNG BEKOMMEN, DAS WIRD DIR GEFALLEN ...«

Wir sollten Ehrengäste beim Kurban Bayramı sein, dem Opferfest, dem höchsten Feiertag im islamischen Kalender. An diesem Tag feiert man Abrahams Bereitschaft, seinen erstgeborenen Sohn Ismael Allah zu opfern. Der kleine Glückspilz Ismael wurde aber in letzter Sekunde verschont, weil Allah Abrahams Glauben und Gottvertrauen erkannte und ihm ein Lamm gab, das Abraham anstelle des Sohnes schlachten sollte.

★ ★ ★ ★ ★

Vor dem Kurban Bayramı gilt es sicherzustellen, dass niemand – sei er arm, obdachlos oder auf andere Art Not leidend – auf die Festfreuden und das Opfermahl verzichten muss. Ramazan, unser neu entdeckter Gastgeber, sah all diese Voraussetzungen wohl in uns verkörpert. Wir trotteten also zu Ramazans Haus, um dieses Spektakel mitzuerleben. Was könnte es Schöneres geben, wenn man vor Übelkeit ganz grün im Gesicht ist, als der Anblick eines gerade geköpften und gehäuteten Stiers mitten im Hof ... Er lag, alle viere ausgestreckt, auf dem Rücken, um ihn herum hatte sich eine aufgeregte Schar blutbespritzter Amateur-Schlachter mit Messern und Äxten versammelt.

Das folgende hektische Treiben war eines der eindrucksvollsten und effizientesten Beispiele für Teamwork, die ich je gesehen habe. Unter Anleitung einer strammen alten Bauersfrau, die so viel Erfahrung wie Blut auf der Kleidung hatte, wurde der Stier aufgeschnitten, zerhackt und mit unbarmherziger Präzision zerteilt. Dampfende Innereien, eimerweise Fett und perfekte Steaks gab der Leib her, diese Leute hatten wirklich Ahnung von Anatomie.

Erstaunlicherweise bekamen Anblick, Geräusche und Gerüche meiner Unpässlichkeit nicht besonders gut. Eine Stunde später waren alle Spuren des Schlachtfests beseitigt. Nur die schlammbedeckte und ordentlich zusammengefaltete Tierhaut lag noch da. Die sollte mit einem Hilfskonvoi in den Osten des Landes gehen, in die Stadt Van, in der Tausende Familien nach einem verheerenden Erdbeben ohne ein Dach über dem Kopf waren.

Dann wurde ein spätes Frühstück zubereitet. Wir saßen mit den drei ältesten männlichen Familienmitgliedern um einen Tisch auf dem Boden und sahen zu. Zuerst gab es heiße Çorba – Suppe –, danach gebratene grüne Paprika und Stierlungeneintopf und anschließend frisch gemachtes Kirschkompott. Zuzusehen, wie ein großes Tier getötet und säuberlich zerteilt wird, und es dann innerhalb einer Stunde auf dem Teller zu haben ist eine irre kulinarische Erfahrung. So einfach. So bodenständig. Wir aßen und aßen, bis unsere Bäuche protestierten. Wir genossen es, dass hier so viele Generationen unter einem Dach lebten und wir diese feierlichen Stunden mit ihnen teilen durften.

WAS ZEIGT, DASS EINE MAHLZEIT EBEN VIEL MEHR IST ALS DIE SUMME IHRER ZUTATEN AUF DEM TELLER.

KÖNIG KADIRS LAMMKOFTA-SPIESSE

– mit Salsa aus gerösteter Paprika, scharfem Rotkohlsalat & Joghurt }

{ *Für 4 Personen* }

- 500 g LAMMHACK
- 2 TL GETROCKNETER THYMIAN
- 2 TL GETROCKNETE MINZE
- 1 TL GETROCKNETE CHILISCHOTEN
- 1 TL GERÄUCHERTES PAPRIKAPULVER
- 1 TL GEMAHLENER KORIANDER
- 2 TL SUMACH, zzgl. etwas zum Bestäuben
- 1 TL KREUZKÜMMELSAMEN {leicht geröstet}
- 1 cm FRISCHER INGWER {geraspelt}
- 2 KNOBLAUCHZEHEN {geschält & fein gehackt}
- 2 unbehandelte ZITRONEN {abgeriebene Schale von 1, Saft von 2 Zitronen}
- 3 gemischte PAPRIKASCHOTEN
- OLIVENÖL
- ½ ROTE ZWIEBEL {in feine Scheiben geschnitten}
- ½ Kopf ROTKOHL {in Streifen aufgeschnitten}
- 1 große Handvoll KORIANDERKRAUT {grob gehackt}
- 1 große Handvoll MINZE {grob gehackt}
- 4 große FLADENBROTE {ersatzweise Tortillafladen}
- NATURJOGHURT zum Servieren
- SALZ & FRISCH GEMAHLENER SCHWARZER PFEFFER
- 6 SCHASCHLIKSPIESSE {aus Holz oder Metall}

Ein Türkei-Trip ohne den reichlichen Verzehr von Kebabs wäre unvollkommen – das redeten wir uns zumindest ein und strebten nach Perfektion. Am besten schmecken sie, wenn sie über glühenden Kohlen zubereitet werden, aber man kann auch im Backofen den Grill auf die höchste Stufe heizen und sie darunterlegen.

Ein ordentliches Kebab – mit Gewürzen, getrockneten und frischen Kräutern gemacht, mit knackigem, zitronigem Salat und kaltem Minz-Joghurt auf geröstetem Fladenbrot serviert – ist kaum zu toppen. Das beste, das wir je gegessen haben? Diese Auszeichnung geht an den einzigartigen Kadir. Kadir versicherte, den Kebab-Studiengang der Universität Oxford mit dem Master abgeschlossen zu haben, und ging mit vollendeter Professionalität an die Zubereitung heran. Danach war es mit der Professionalität aber auch vorbei – in der übrigen Zeit, die wir mit Kadir verbrachten, gab er den Spaßvogel. Er war irrsinnig witzig, immer optimistisch, ein echter komischer Held.

Das Lammhack mit den getrockneten Kräutern und Gewürzen, Ingwer, Knoblauch, Zitronensaft und -schale und einer guten Prise Salz und Pfeffer in einer großen Schüssel verkneten. Die Mischung in sechs Portionen teilen. Mit feuchten Händen jede Portion auf einen Spieß stecken und zu länglichen Kebab-Würsten formen. Sie sollten maximal zweieinhalb Zentimeter dick sein, damit sie die Form besser behalten und gleichmäßig garen. Sechs Spieße fertigstellen und die übrige Koftamasse für die spätere Verwendung einfrieren. Die Spieße auf einem Tablett im Kühlschrank 20 Minuten ziehen lassen.

Den Ofengrill auf höchster Stufe vorheizen. Die Paprika auf ein Backblech geben, mit etwas Olivenöl einpinseln und zehn bis zwölf Minuten im Ofen rösten. Dabei oft wenden, damit die Haut gleichmäßig bräunt. Die Paprika in einem Sieb abkühlen lassen.

Die Spieße unter dem Grill (bei größter Hitze) oder über dem Holzkohlenfeuer acht bis zehn Minuten rundum goldbraun grillen.

Die abgekühlten Paprika aufschneiden und entkernen und die am stärksten gebräunten Hautstellen abziehen (etwas davon übrig lassen, sie geben ein großartiges Aroma). Das Fruchtfleisch in ein Zentimeter breite Streifen schneiden. Mit etwas Olivenöl beträufeln und mit einer kleinen Prise Salz und Pfeffer würzen. In einer Servierschüssel Zwiebel, Kohl mit der Hälfte von Korianderkraut und Minze, etwas Zitronensaft, Olivenöl und einer Prise Sumach vermengen und mit Salz und Pfeffer abschmecken.

Die Fladenbrote 30 Sekunden unter dem Ofen- oder auf dem Holzkohlengrill aufbacken. Zum Servieren ein paar Stücke Paprika auf den Broten verteilen, dann die Lammkofta vom Spieß schieben und ganz oder in Stücke zerteilt daraufgeben. Darüber eine großzügige Portion des scharfen Kohlsalats geben. Mit der übrigen Minze und dem restlichen Korianderkraut bestreuen, etwas Naturjoghurt darüberverteilen, reichlich Zitronensaft darüberträufeln und alles leicht mit Sumach bestäuben.

– FRÜHSTÜCK MIT EMIR –

WHISKEY & ZIGARETTEN

– mit warmem Bier, Chips & Melone }

{ Für 3 Personen }

- 1 große Flasche WHISKEY
- 1 Stange SEHR STARKE ZIGARETTEN, Marke Teer
- 3 PLASTIKBECHER
- 1 FÄHRE
  {mit Verspätung wegen zu starken Seegangs}
- 1 FRÜHER MORGEN
- 1 großzügige Prise ÜBERREDUNGSKUNST
- KEIN SCHLAF
- 1 kleine INSEL
- 1 BAUSTELLENKELLER

Wir hatten in der Nacht kaum geschlafen. Von wegen kaum, wir hatten überhaupt nicht geschlafen. Die verspätete Überfahrt auf der Fähre, die tagelang wegen der stürmischen See nicht ausgelaufen war, entpuppte sich als ziemlich rau. Das aufgewühlte Meer war aber nichts im Verhältnis zu dem, was folgte, als wir aufs Deck hinaufkletterten. Wir hatten auf etwas frühmorgendliche Frischluft gehofft, stattdessen stolperten wir über Emir.

Wir hatten schnell begriffen, dass es absolut sinnlos war, in diesem Teil der Welt zu versuchen, eine wie auch immer geartete Form der Gastfreundschaft oder Großzügigkeit abzulehnen – egal, wie höflich man diese Ablehnung formulierte. Ein NEIN kommt hier einfach nicht infrage. Also gewöhnten wir uns an, JA zu sagen.

– DARF ICH EUCH AN MEINEN TISCH EINLADEN … JA.
– DARF ICH EUCH EINE ZIGARETTE ANBIETEN … JA.
– MÖCHTET IHR EIN PAAR BIERE UND EINE GANZE FLASCHE WHISKEY … JA.

Wollt ihr das alles um acht Uhr morgens, nach einer schlaflosen Nacht, auf nüchternen Magen, auf einer Fähre, die wie ein Korken im Wasser tanzt, wollt ihr danach mit dem Fahrrad erst einen Gebirgszug und dann die ganze Insel Zypern überqueren? – Die Antwort blieb dieselbe.

Also schenkte Emir großzügig aus und hörte erst damit auf, als wir drei alles ausgetrunken hatten. Sobald die Flasche geleert war, schleuderte unser Gastgeber sie feierlich ins Meer. Danach drängte er uns die Zigaretten schachtelweise auf. Schließlich tauchten die festen Umrisse von Zypern auf. Wir schwankten zu unseren Fahrrädern. Kaum hatten wir das Fährterminal hinter uns gelassen, ging es steil bergan. Der Whiskey schwappte ganz oben in unseren Kehlen.

★ ★ ★ ★ ★

Die nächsten vier Stunden waren erschreckend unangenehm, unser Kater buckelte und kratzte auf jedem Meter. Und dann kam die Dunkelheit und mit ihr die üblichen Aktivitäten und logistischen Herausforderungen während unserer Suche nach einer Bleibe für die Nacht. Wir gaben unser Bestes, aber an diesem Abend erreichten wir mit unseren aufdringlichen Suggestivfragen bei völlig Fremden überhaupt nichts. Der Tag auf dem Rad hatte nicht gerade gut begonnen, jetzt tat uns jeder Knochen weh, und wir hatten einen fürchterlichen Brummschädel, also suchten wir uns einen Keller auf einer brachliegenden Baustelle. Die eine Hälfte des Bodens stand unter Wasser, auf der anderen lagen Nägel herum. Wir steuerten eine relativ freie Fläche an und legten uns auf den kalten Zement. Das Abendessen bestand aus einer Tüte Chips und ein paar Orangen.

Wir hatten einen neuen Tiefpunkt erreicht.

DIE UHR ZEIGTE HALB SIEBEN AN – WIR FIELEN VÖLLIG ERSCHÖPFT IN DEN TIEFSCHLAF.

COUNTRY.12 CYPRUS

– Willkommen in –

ZYPERN

Es hat keinen Sinn, darum herumzureden – unser Zypernaufenthalt war von Chaos und Katerstimmung geprägt. Der Whiskey-Morgen mit Emir hatte uns eine sehr schlechte Verfassung beschert, und das billige Mittagessen, das wir am nächsten Tag in irgendeiner Seitenstraße auftaten, trieb Matt in tiefes Selbstmitleid. Wir hatten wenig Zeit und noch weniger Energie. Aber von einer Sache sind wir überzeugt: Obwohl wir uns bei der Entdeckung der zypriotischen Hochgenüsse nicht gerade hervortaten, gibt es auf der Insel eine lebendige und fantastische Esskultur.

★ ★ ★ ★ ★

Die Geschichte Zyperns hat eine von Gewalt, zerrissenen Dorfgemeinschaften, Umsiedlung, Teilung und internationaler Ächtung gezeichnete Seite. Der türkische Norden und der griechische Süden liegen in ständigem Streit, beide beanspruchen die gesamte Insel für sich. Beide wollen ihre jeweils eigenen kulturellen Normen und Traditionen durchsetzen. Wenn man also über eine authentische zypriotische Küche reden will, muss man sich dieser Trennung bewusst sein. Im Norden wie im Süden ist die Esskultur vom Festland, also von der Türkei beziehungsweise Griechenland, bestimmt. Auf der ganzen Insel serviert man gegrilltes Fleisch, getrocknete Kräuter, Meze, saisonales Gemüse, frischen Fisch, Tomaten- und Gurkensalate, Oliven und süße Nachspeisen. Doch auch die Unterschiede erkennt man rasch, und auf diese ist man in beiden Teilen stolz.

Wenn es etwas gibt, worüber sich der Norden und der Süden uneingeschränkt einig sind, dann wohl darüber, dass auf Zypern der beste Halloumi-Käse der Welt hergestellt wird. Schon während der byzantinischen Herrschaft im Mittelalter, vor mehr als 1000 Jahren, wurde der nicht pasteurisierte, gesalzene Käse aus einer Mischung aus Schafs- und Ziegenmilch auf der Insel gemacht, er ist sozusagen zypriotisches Kulturgut. Man brät oder grillt ihn, bis er eine goldgelbe Kruste hat, und serviert ihn in Salaten oder mit Falafel und Salat im Fladenbrot. Er ist salzig, angenehm fest und schmeckt einfach gut. So gut, dass ich glatt noch eine Fährfahrt mit Emir auf mich nähme, um eine frische Scheibe dieser Köstlichkeit essen zu können.

FRISCHE FEIGEN & HALLOUMI-SALAT MIT ZATAR-KRUSTE

– mit Pekannusskernen, Granatapfel, Minze & Zuckerschoten }

Es gibt kaum ein so intensives Geruchserlebnis wie den Duft frischer Feigen, der auf einem Insel-Markt von einem übervollen Stand herüberzieht. Dieser Duft ist mir aus unserer chaotischen Zeit auf Zypern in der Nase geblieben, und dieser sinnlichen Erinnerung ist der Salat gewidmet. Feigen, kombiniert mit salzigem Halloumi, überzogen mit Zatar, dem Klassiker unter den nahöstlichen Gewürzmischungen, und mit der leichten Süße des Honig-Sumach-Dressings – das schmeckt einfach umwerfend.

{ Für 3 Personen }

- 100 g ZUCKERSCHOTEN
- OLIVENÖL
- 100 g HALLOUMI {halbfester zyprischer Weißkäse}
- 2 TL ZATAR {siehe Seite 16}
- 1 kleines Bund RUCOLA
- 2 FEIGEN {geviertelt}
- 75 g PEKANNUSSKERNE {grob gehackt}
- 1 Handvoll MINZE {grob gehackt}
- 80 g GRANATAPFELKERNE

Für das Dressing:

- 6 TL OLIVENÖL
- 3 TL ZITRONENSAFT
- 2 TL BALSAMICOESSIG
- 2 TL FLÜSSIGER HONIG
- 1 TL SUMACH
- SALZ & FRISCH GEMAHLENER SCHWARZER PFEFFER

Von den Zuckerschoten Spitze und Stielansatz abschneiden. In einem Topf mit Salzwasser etwa drei Minuten kochen, bis die Schoten gegart, aber noch knackig sind. Abgießen, mit kaltem Wasser abschrecken und halbieren. In einer Schüssel mit etwas Olivenöl beträufeln und mit je einer kleinen Prise Salz und Pfeffer bestreuen.

Den Halloumi in ein Zentimeter breite Streifen schneiden. Das Zatar auf einen Teller streuen, etwas Olivenöl dazugeben und die Käsestreifen darin wenden. Sie sollen möglichst gleichmäßig mit Zatar bedeckt sein.

Den Halloumi in einer Grillpfanne bei mittlerer Hitze auf beiden Seiten goldgelb braten. Aus der Pfanne nehmen und auf Küchenpapier entfetten. Die Zutaten für das Dressing in einer Schüssel verrühren und beiseitestellen.

Nun den Salat fertigstellen: Dazu eine große Servierschüssel mit einer Schicht Rucola auslegen. Die Feigen, die Halloumistreifen und die Zuckerschoten darauf anrichten. Die Pekannusskerne sowie die Minze und die Granatapfelkerne darüberstreuen. Sowohl die Minze als auch der Granatapfel geben dem Salat eine wunderbar frische Note.

Zum Schluss das Dressing über den Salat gießen. Auf einzelne Teller verteilt oder direkt aus der Schüssel genießen!

Middle East & Northern Africa
KRETA
MITTELME
LYBIEN
WESTLICHE WÜSTE
Bahari
Knie-verletzung
Farafra-Oase
WEISSE WÜSTE
ÄGYPTEN
TSCHAD
SUDAN

PERN
Limassol
LIBANON
SYRIEN
IRAK
Jerusalem
ISRAEL
Amman
TOTES
MEER
JORDANIEN
Suez
Petra
Wadi Rum
SINAI
Nuweiba
NIL
Luxor
TAL
DER
KÖNIGE
Luxor
ROTES
MEER
SAUDI-ARABIEN
ERSEE
i Halfa

– Willkommen in –

JORDANIEN

Unsere Ankunft in der Hauptstadt Amman – einer ungeheuer lebendigen, aufregenden Stadt – markierte einen Wendepunkt unserer Tour. Zu der Zeit war eine Reise durch Syrien verwaltungstechnisch komplex geworden und rein sicherheitstechnisch bedenklich. Weil der Sommer zu Ende war, der Arabische Frühling aber noch in vollem Gang, fuhr kein einziges Schiff von der südlichen Türkei in den Nahen Osten und nach Nordafrika. Zum ersten Mal waren unsere Optionen begrenzt, wurde uns die Reiseroute diktiert. Nachdem wir uns endlich zu einem Entschluss durchgerungen hatten, nahmen wir ein Flugzeug und kamen auf inzwischen ungewohntem und schnellem Weg nach Jordanien, unserem Tor zum Nahen Osten und dem riesigen dahinterliegenden afrikanischen Kontinent.

★ ★ ★ ★ ★

Jordanien überwältigte uns vom ersten Moment an. Unsere Zeit in Amman, unsere Zeit in der Wüste und unsere Erlebnisse im Rest dieses grandiosen Landes bestimmten den Charakter und die Dynamik unserer Reise neu. In dieser Zeit gingen Sachen schief, in dieser Zeit gingen sie glatt, in dieser Zeit gingen Sachen kaputt, in dieser Zeit wurden sie repariert und gingen dann wieder kaputt. In dieser Zeit begannen mein Fahrrad und mein Körper die riesigen Anstrengungen und Anforderungen eines transkontinentalen, rein von Muskelkraft angetriebenen Abenteuers zu spüren. In Jordanien wurde eine Ereigniskette in Bewegung gesetzt, die alles verändern sollte.

Hier begannen sich für uns ganz neue Möglichkeiten zu eröffnen – neue Herausforderungen und eine wunderbare neue Welt voller exotischer Speisen, Aromen und Märkte. Wir tauchten ein in die arabische Welt mit ihren vielfältigen Kulturen und in eine Region mit faszinierender und wechselvoller Geschichte. Eine unstete, sich wandelnde Region, so ganz anders als alle, durch die wir bisher gekommen waren. Vom antiken und fast unergründlichen menschengemachten Wunder von Petra über die überwältigende Rauheit des Wadi Rum und die atemberaubend schöne Schlucht des Wadi Mujib bis zum surreal wirkenden Toten Meer – Jordanien ist ein fesselndes, geradezu mystisches, fantastisch schönes Land.

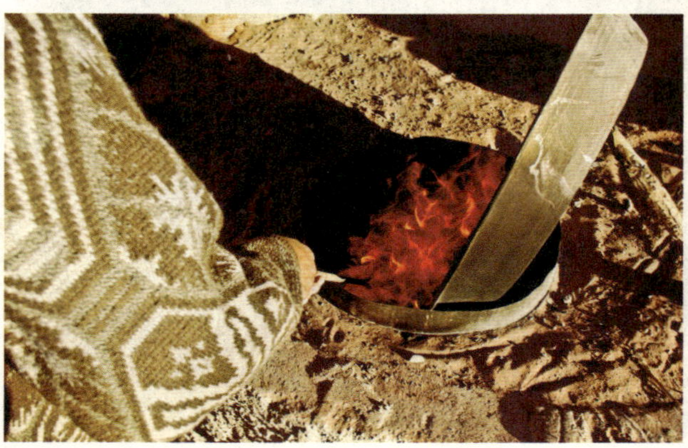

Spicy Mix
Rice soup
(chilli) hot
Mashroom
carrot
peas Mix

Nach dem Zusammenbruch des Osmanischen Reiches infolge des Ersten Weltkriegs und der Balfour-Deklaration wurden im Nahen Osten neue Grenzen gezogen. 1921 entstand aus diesem Prozess das Emirat Transjordanien. Völlige Unabhängigkeit erhielt das Land erst 1946. Vier Jahre später, 1950, vereinte sich Transjordanien mit dem östlichen Teil Palästinas zum Haschemitischen Königreich Jordanien. Die Geographie des Landes ist ungeheuer wichtig. Es ist quasi das Mittelstück des verworrenen nahöstlichen Puzzles. Diese geographische Lage hat Politik, gesellschaftliche Normen, religiöse Praktiken und nicht zuletzt die reiche, köstliche Essenskultur bestimmt und geformt.

★ ★ ★ ★ ★

Eine Geschichte aus uralten Zeiten – ungefähr aus der Zeit um 4000 v. Chr. – erzählt von einem arabischen Hirten, der vor einer langen Wanderung durch die Wüste seine Milchration in einen Beutel aus Schafsmagen gab. Und während er so durch die weite heiße Wüste wanderte, erfolgte eine Reaktion der Milch mit dem Lab aus der Magenwand des Schafs. Die Milch gerann – und das war rein zufällig und ach-so-glücklicherweise die Geburtsstunde des Käsemachens. Seit Jahrhunderten kombiniert man in der jordanischen Küche Käse und Joghurt mit den fantastischsten komplexen Gewürzmischungen, die man überhaupt nur finden kann. König aller jordanischen Gewürzmischungen ist Zatar, ein unglaublich intensiver Mix aus wildem Thymian, Sesamsamen, Sumach und Salz. Großartige Geschichten und Sagen künden vom Ruhm dieser sensationellen Mischung. Etwas Zatar, ein paar Tropfen Olivenöl, reichlich Labneh-Frischkäse und ein paar frisch gebackene Fladenbrote – das ist ein wahrlich königliches Frühstück.

Eine »jordanische Einladung« bedeutet, dass man nichts mitbringen, aber alles essen muss. Großzügigkeit und Gastfreundschaft werden in dieser Kultur hoch geachtet, und das zeigt sich nirgends demonstrativer als beim jordanischen Nationalgericht Mansaf. Mansaf ist nicht einfach ein Gericht, es ist eine ganzheitliche gesellschaftliche Konvention. Es hat einen beduinischen Ursprung, und ein jordanischer Gastgeber offeriert es als Zeichen höchster Anerkennung und Achtung für seinen Gast. Es besteht aus einer Brühe, die traditionell mit Jameed gemacht wird, fermentiertem getrocknetem Laban (eine Art Joghurt), Lammfleisch am Knochen, einer aromatischen Gewürzmischung und gerösteten Nüssen und Mandeln. Es hat eine feierliche Aura und schmeckt fantastisch. Wie so viele andere Nationalgerichte genießt Mansaf im ganzen Land eine symbolische Verehrung. Und es ist ein weiteres Beispiel dafür, wie wichtig das Essen, das gemeinsame Essen, für die Entstehung und Bereicherung kulturellen Lebens ist.

Es bringt noch mehr Farbe in das fantastische Kaleidoskop der jordanischen Gesellschaft.

LAMM-MANSAF

– mit Baharat, gerösteten Mandelkernen, Pistazien & Jameed el-kasih }

Kein jordanisches Festmahl kommt ohne Mansaf aus. Egal, ob Hochzeit, Examensfeier oder der Besuch eines geschätzten Gastes – immer wird dieses Gericht auf einem großen Teller oder Tablett serviert, von dem sich alle bedienen. Mansaf ist ein köstliches Bespiel für die Bewahrung uralter Essensbräuche über die Jahrhunderte hinweg.

Für ein echtes Mansaf wird Lammfleisch am Knochen in Jameed el-kasih gekocht – gehärteten Kugeln aus Ziegenmilch –, die zweifach zu einer Art Joghurt (Laban) fermentiert, im Tuch ausgewrungen, gesalzen und dann in der Sonne getrocknet wurden. Überall in Jordanien legen Frauen solche Kugeln zum Verkauf auf Webmatten aus. Bevor man ihn zum Kochen verwendet, wird der Jameed in Flocken geschnitten und in Wasser eingeweicht. Die Kombination aus seinem strengen Aroma, kräftigen Gewürzen und dem Fleischsaft machen dieses Gericht unvergesslich. Wenn Sie keinen Jameed bekommen, können Sie Joghurt verwenden, das Mansaf schmeckt dann aber nur halb so gut. Versuchen Sie also, so viele echt jordanische Zutaten wie möglich aufzutreiben, das Ergebnis ist jede Mühe wert.

{Für 6 Personen}

- 1 Kugel JAMEED {350 g, arabischer Ziegenjogurt, getrocknet & in Kieselsteinform gepresst}
- 1,5 kg LAMMSCHULTER {mit Knochen & in große Stücke gehackt}
- 4 TL BAHARAT {siehe Seite 16}
- 2 LORBEERBLÄTTER
- OLIVENÖL
- 1 EL GHEE {ersatzweise Pflanzenöl oder Butterschmalz}
- 1 ZWIEBEL {grob gehackt}
- 4 KNOBLAUCHZEHEN {geschält & fein gehackt}
- 500 g LANGKORNREIS {abgespült}
- 1 TL SAFRANFÄDEN
- 80 g GEHOBELTE MANDELKERNE {leicht geröstet}
- 80 g PISTAZIENKERNE {leicht geröstet & grob gehackt}
- 1 große Handvoll PETERSILIE {grob gehackt}
- PITA- ODER SHRAK-BROTFLADEN zum Servieren
- SALZ & FRISCH GEMAHLENER SCHWARZER PFEFFER

Die Jameed-Kugel in etwa ein Zentimeter große Stücke zerkleinern. In einer Schüssel mit kochendem Wasser übergießen. Mit einem Küchentuch abdecken und über Nacht ziehen lassen. Der Ziegenjoghurt wird dadurch weich und rehydriert. Das Lamm mit Baharat, Lorbeerblättern, reichlich Pfeffer und einem Schuss Olivenöl in eine zweite Schüssel geben. Alles gut vermischen und ebenfalls über Nacht in den Kühlschrank stellen.

Am nächsten Tag das Ghee bei mittlerer Hitze in einer großen Kasserolle zerlassen und die Zwiebel darin weich dünsten. Den Knoblauch und die Lamm-Gewürz-Mischung zugeben und anbraten. Mit Wasser aufgießen, bis das Fleisch bedeckt ist, und alles zum Kochen bringen. Die Temperatur reduzieren, bis die Mischung nur noch sanft köchelt. Den Deckel aufsetzen und das Lammfleisch zwei Stunden im Gewürzsud garen. Dabei regelmäßig den Schaum von der Oberfläche schöpfen. Danach das Fleisch herausheben und beiseitestellen. Die Brühe durch ein Sieb abseihen und auffangen.

Die Jameed-Stücke mit dem Einweichwasser im Standmixer pürieren. Falls nötig, mit Lammbrühe verdünnen, bis die Mischung die Konsistenz von cremigem Joghurt hat. In die Kasserolle gießen und das Fleisch hinzufügen. Alles erhitzen, bis es sanft köchelt, und eine weitere Stunde garen. Vorsichtig mit Salz und Pfeffer abschmecken, denn der Jameed ist bereits sehr salzig.

Etwa 25 Minuten vor Ende der Kochzeit den Reis mit einem Liter Lammbrühe in einen Topf geben. Falls die Brühe nicht ausreicht, noch Wasser angießen. Den Safran zugeben, alles aufkochen und den Reis zugedeckt gar ziehen lassen. Falls nötig, noch mehr Wasser angießen und noch etwas länger kochen. Den fertigen Reis auf eine große Servierplatte häufen, von der alle essen. Darauf das wunderbar zarte, langsam gegarte würzige Lammfleisch und die Jameed-Sauce geben. Großzügig mit Mandeln, Pistazien und Petersilie bestreuen. Die Servierplatte in die Mitte des Tisches stellen und mit gerösteten Pita- oder Shrak-Brotfladen servieren, mit dem die rundum sitzenden Gäste das Mansaf aufnehmen können. Gegessen wird nur mit der rechten Hand – aber lecken Sie nie in der Mitte des Mahls die Finger ab. Das ist die schlechteste aller Tischmanieren bei diesem Essen!

RINDFLEISCH-TAJINE

– mit Aprikosen, Oliven, Kürbis, Granatapfelsirup & Harissa }

{ *Für 4 Personen* }

- 600 g RINDFLEISCH ZUM SCHMOREN {in 1 cm große Würfel geschnitten}
- 500 g NATURJOGHURT
- 2 TL HARISSA
- ½ TL CHILIFLOCKEN
- 1 TL GERÄUCHERTES PAPRIKAPULVER
- ½ TL GEMAHLENER ZIMT
- ½ TL GEMAHLENER KREUZKÜMMEL
- 1 TL GETROCKNETE MINZE
- 1 unbehandelte ZITRONE {abgeriebene Schale & Saft}
- 1 cm FRISCHER INGWER {geschält & geraspelt}
- OLIVENÖL
- 1 mittelgroße ROTE ZWIEBEL {grob gehackt}
- 3 KNOBLAUCHZEHEN {geschält & fein gehackt}
- 2 TL TOMATENMARK
- 1 Dose STÜCKIGE TOMATEN {400 g}
- 500 ml RINDERBRÜHE
- ½ mittelgroßer BUTTERNUSSKÜRBIS {in 1 cm große Würfel geschnitten}
- 150 g GEMISCHTE OLIVEN {entsteint}
- 150 g GETROCKNETE APRIKOSEN {grob gehackt}
- 2 TL GRANATAPFELSIRUP
- 1 große Handvoll KORIANDERKRAUT {grob gehackt}
- COUSCOUS {gekocht}
- SALZ & FRISCH GEMAHLENER SCHWARZER PFEFFER

Ich weiß, da scheint irgendwas bei der Geographie durcheinandergeraten zu sein, die Tajine ist schließlich typisch nordafrikanisch, oder? Streng genommen ja, aber dieses Gericht – das wir an einem besonders kalten und nassen Abend in der Hauptstadt Amman gekocht haben – ist ein großartiges Beispiel dafür, wie Aromen und Esskulturen Grenzen überwinden. Sehen Sie es als eine »Wander-Tajine« an, als ein wirklich nomadisches Rezept aus einem Teil der Welt, in dem die Kulturen einander durchdringen.

Dieses Gericht ist aus einer kulinarischen Kultur entstanden, die Einflüsse, Aromen und Zutaten aus der gesamten arabischen Welt kombiniert. Wenn Sie irgendeinen Suk, Basar oder Markt in Jordanien besuchen, stolpern Sie praktisch über die Säcke mit berauschenden Gewürzen, allen möglichen Nüssen und getrockneten Früchten sowie über endlose Reihen von frischem Gemüse – kurz, Zutaten, die sich perfekt dafür eignen, in einen großen Topf geworfen und dann langsam zu einem himmlischen, würzigen Gericht geschmort zu werden. Ganz ehrlich, wenn etwas so fantastisch schmeckt – spielen geographische Kleinigkeiten da noch eine Rolle?

Das Rindfleisch in eine große Schüssel geben. Die Hälfte des Joghurts und der Harissa-Paste, alle getrockneten Gewürze und Kräuter, die Zitronenschale und den Ingwer darüberverteilen. Alles gut mischen und kräftig mit Salz und Pfeffer würzen. Im Kühlschrank mindestens einige Stunden oder noch besser über Nacht ziehen lassen.

Einen großzügigen Schuss Olivenöl in einer großen Kasserolle oder noch besser in einer traditionellen Tajine erhitzen. Das Fleisch und die Zwiebel darin acht bis zehn Minuten bei mittlerer Hitze anbraten. Knoblauch und Tomatenmark unterrühren und eine Minute weiterdünsten. Dann die stückigen Tomaten und die Hälfte der Brühe zugeben. Alles zum Kochen bringen und anschließend die Temperatur reduzieren. Den Topf mit einem Deckel fest verschließen und den Topfinhalt etwa zwei Stunden simmern lassen. Dabei ab und zu umrühren.

Die Rindfleischmischung kräftig umrühren, dann den Kürbis, die Oliven und die Aprikosen unterheben. Die übrige Brühe zugießen und den Deckel leicht schräg aufsetzen oder einen Schaschlikspieß zwischen Topf und Deckel legen, damit der Dampf entweichen und die Sauce dick und dunkelbraun einkochen kann. Alles köcheln, bis der Kürbis weich ist, aber noch Biss hat.

Zum Schluss den Granatapfelsirup unterrühren und die Tajine mit Salz und Pfeffer abschmecken. Das Korianderkraut darüberstreuen und eine halbe Zitrone über der Tajine ausdrücken. Einen Teelöffel Harissa mit dem übrigen Joghurt verrühren, mit Salz und Pfeffer würzen und den übrigen Zitronensaft hinzufügen. Die Tajine mit Couscous servieren und mit dem Joghurt-Dressing beträufeln.

COFFE
TEA

BABA GHANOUSH NACH BEDUINEN-ART

– mit geräucherten Auberginen, frischen Kräutern & Tahini }

Die Zubereitung dieses Dips haben wir mitten in der jordanischen Wüste gelernt, und wir haben ihn uns dann jedes Mal zum Frühstück gemacht, wenn wir ein Lagerfeuer und etwas Tahini hatten. Es ist eins dieser simplen Gerichte, von denen man gar nicht genug bekommen kann und die so einfach zu machen sind. Eigentlich muss man nur sein Essen anbrennen lassen – selbst der planloseste Koch sollte damit zurechtkommen.

Am besten schmecken die Auberginen, wenn man sie direkt auf einen Haufen glühender Kohlen legt, denn der Rauch des Lagerfeuers gibt ihnen dieses fantastische Röstaroma, dem der Dip seine besondere Note verdankt. Die Haut wird ganz schwarz und sieht ungenießbar aus, aber Auberginen halten einiges aus, und ihr rauchiges Fruchtfleisch kann man anschließend ganz einfach auslösen. Dazu noch geröstetes Fladenbrot, das man ein paar Minuten auf die glühende Asche gelegt hat, und Labneh-Frischkäse – besser kann ein Tag auf dem Fahrrad in der Wüste nicht anfangen.

{Für 2 Personen}

- 3 große AUBERGINEN
- 1 TL SESAMSAMEN
- 3 KNOBLAUCHZEHEN {geschält & fein gehackt}
- 1 ZITRONE {Saft}
- 3 TL TAHINI
- ½ TL GEMAHLENER KREUZKÜMMEL
- 1 TL CHILIFLOCKEN
- 3 TL OLIVENÖL
- 1 Handvoll PETERSILIE {fein gehackt}
- 1 Handvoll MINZE {fein gehackt}
- GERÖSTETE FLADENBROTE & LABNEH-FRISCHKÄSE
- SALZ & FRISCH GEMAHLENER SCHWARZER PFEFFER

Die Auberginen rundum mit einem scharfen Messer einschneiden. Bei Verwendung eines offenen Holzfeuers die Früchte direkt auf die glühenden Kohlen legen. Bei einem Gasherd direkt in die mittelstarke offene Flamme halten, alternativ die Auberginen auf einem Backblech unter dem Ofengrill bei mittlerer Hitze rösten. Die Auberginen alle fünf Minuten wenden, damit die Haut gleichmäßig bräunt und das Fruchtfleisch vollständig garen kann (insgesamt etwa 25 Minuten rösten). Dann die Auberginen in einer Schüssel abkühlen lassen. Jede Frucht längs tief einschneiden und gut abtropfen lassen. Das weiche, helle Fruchtfleisch herauskratzen und die geröstete Haut entsorgen. Das Fruchtfleisch in einer Schüssel beiseitestellen.

Den Sesam in einer Pfanne bei mittlerer Hitze trocken anrösten. Knoblauch, Zitronensaft, Tahini, Kreuzkümmel, Chili und Olivenöl in einen Mörser geben und zu einer Paste zerstoßen. Die Paste mit einer Gabel vorsichtig mit dem Auberginenfleisch vermengen, sodass sich die Aromen gut mischen. Mit Salz und Pfeffer kräftig würzen, Sesam und frische Kräuter zugeben und alles noch einmal mischen. Das Baba Ganoush mit geröstetem Fladenbrot und Labneh-Frischkäse servieren.

Bei einer transkontinentalen Fahrradtour kommt unausweichlich irgendwann irgendwo der Moment, in dem irgendetwas kaputtgeht. Es kann ein Kabel sein, ein Reifen, ein Gepäckträger ... Meist findet man eine Lösung, man sucht nach einem Reparaturmittel, einem Ersatzteil, treibt es irgendwie auf und repariert das Ganze. So lief das während unserer ganzen Tour – wir fuhren einfach weiter nach Süden, bis das nächste Problem auftauchte. Aber während wir in Amman waren, bekamen wir es mit einem Problem zu tun, das eine ganze Kette von Ereignissen auslöste, die unsere Reise von Grund auf veränderten.

★★★★★

Wir dachten, es wäre an der Zeit, ein paar nötige, immer wieder aufgeschobene Wartungsarbeiten an unseren Fahrrädern vornehmen zu lassen. Winston und Joseph hatten über 5500 Kilometer hinter sich, von kompetenter Pflege konnte keine Rede sein, unsere Basteleien waren stümperhaft, unser technisches Wissen gleich null. Also beschlossen wir, die klickenden, quietschenden Geräusche, die so gut wie jedes Teil von sich gab, nicht länger zu ignorieren, sondern vernünftig zu sein und eine Fahrradwerkstatt aufzusuchen.

Mit der unermüdlichen Unterstützung unserer neuen Freunde fanden wir schließlich und endlich die beste, die Amman zu bieten hatte. Die Diagnose war nicht gerade ermutigend. Mein Rad, Winston, hatte ziemlich gelitten. Das Tretlager, das am stärksten belastete Teil, war völlig hinüber, und ein Rad ohne Tretlager ist kein Fahrrad. Winston war praktisch bewegungsunfähig. Grundsätzlich wäre es natürlich ganz einfach gewesen, ihn wieder flottzubekommen: Man musste nur das kaputte Lager gegen ein funktionierendes austauschen und ... genau da lag das Problem – in ganz Jordanien gab es kein passendes Ersatzteil. Wir fanden auch keinen halbwegs passenden Ersatz für ein passendes Ersatzteil. Doch ohne ein einwandfrei funktionierendes Tretlager, dafür aber mit einem angeschlagenen Knie und dem ganzen schweren Gepäck, das wir mitschleppten, konnte ich nicht sieben Stunden am Tag unterwegs sein.

Es kam, wie es kommen musste – wir waren zwar nicht in der Lage, etwas Passendes zu finden, dafür aber ausgesprochen erfolgreich darin, etwas völlig Unpassendes aufzutreiben. Mein geplagtes Fahrrad bekam kein schönes neues Tretlager verpasst, sondern ein sehr billiges aus einem herzlich ungeeigneten chinesischen Importrad. Ein trauriges, mickriges Teil, das schon ein paar Tage später eine tragende Rolle für den weiteren Verlauf unserer Tour spielen sollte.

AB DA ÄNDERTE SICH EINFACH ALLES.

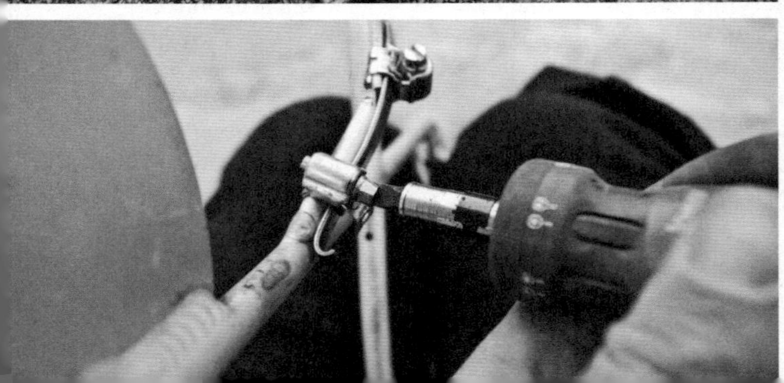

– *Willkommen in* –

JERUSALEM

Diese Stadt macht einen sprachlos! Es ist wirklich so, als wäre man im Mittelpunkt der Welt. Jerusalem ist wie ein Kessel, in dem seit über 4000 Jahren verschiedene Glaubenslehren beharrlich brodeln. Um diese Stadt wurden Kriege geführt und wird bis heute Krieg geführt. Sie ist umstritten. Sie polarisiert. Sie ist unverwüstlich. Sie wurde unzählige Male angegriffen, belagert, erobert und zurückerobert. Sie wurde zweimal völlig zerstört. Sie ist der Fokus des jüdischen Zionismus und des palästinensischen Nationalismus – sie ist ständig in Aufruhr.

Jerusalem gilt den drei abrahamitischen Religionen – Judentum, Christentum, Islam – und all ihren Konfessionen, Sekten und Gemeinden als heilig. Größere Symbolkraft, radikaleren Extremismus und tiefere Frömmigkeit habe ich an keinem anderen Ort erlebt. Wenn man durch die einzelnen Viertel innerhalb der Altstadtmauern geht, ist diese ungeheure Energie greifbar. Die Unbeständigkeit und Komplexität der Stadt sind allgegenwärtig. Man muss nur eine Zeitung lesen, mit einem Einheimischen sprechen oder durch die Gassen schlendern, um das zu erleben.

Wie Jerusalem konkret ist? Wie soll man das beantworten? Wie soll man die Stadt überhaupt erklären? Sie hat für so viele verschiedene Menschen so viele verschiedene Bedeutungen. Es gibt unfassbar viele Ansichten und Glaubensrichtungen. Es kommt darauf an, ob man einen sephardischen Juden fragt oder einer chassidischen. Einen christlichen Araber oder einen palästinensischen Muslim. Einen armenischen oder einen äthiopischen koptischen Christen. Alle sind sie in dieser Stadt, und jeder erzählt etwas anderes. Die historische, politische, geographische und religiöse Bedeutung dieser großartigen Stadt kann man objektiv kaum erklären. Vergangenheit, Gegenwart und Zukunft sind von Konflikten und ständigem Wandel bestimmt. Und dann gibt es da noch die vielfältige Esskultur ...

★ ★ ★ ★ ★

Für den hungrigen Reisenden bedeutet das nur eins: wirklich göttliches Essen. Das kulinarische Erbe dieser Stadt speist sich aus ungeheuer vielen Quellen. Es ist bunt und vital, frisch und ein Augenschmaus. Um diese Vielfalt zu erleben, geht man am besten auf einen der zahlreichen Jerusalemer Märkte. Da gibt es alle möglichen Leckereien und delikate Schätze zu entdecken: Gewürzmärkte mit den unterschiedlichsten Mischungen für Falafel, mit Baharat, hawaij oder Ras el Hanout (jemenitische bzw. marokkanische Gewürzmischungen) sowie mit Kardamom und getrockneten Chilis. Auf endlosen Auslagen liegen frische saisonale Produkte wie Artischocken, Sellerie, Kohlrabi, Auberginen, Feigen, Erdbeeren und Granatäpfel. Da türmen sich Halva – eine Süßspeise aus Nüssen, Mandeln, Pistazien, Honig und anderen Zutaten –, Tahini, Zucker, Schokolade, Kaffeebohnen, Nüsse, schwarze Sesamsamen und getrocknete Früchte. Da ist für jeden Geschmack etwas dabei.

Nach dem Marktbesuch sollte man Hummus essen gehen, den gibt es in Jerusalem an jeder Ecke, und er schmeckt unübertroffen gut. Er wird als cremig-samtiger Ring um reichlich Olivenöl serviert, dazu gibt es geröstete Pinienkerne und weiße Bohnen, darüber kommt ganz nach Geschmack eins der vielen Gewürze – Paprika oder Zatar oder Sumach. Man kann auch in eine Bäckerei oder an einen Straßenstand gehen und Bagel bestellen oder Rugelach (eine Art Croissant), Ka'ak (Gebäck), Sabich (gefüllte Pita), Sambusak (gefüllte Teigtaschen), Sufganiot (Krapfen) oder Musakhan (mit Sumach gewürztes Hühnchen auf Brot). Die Rezepte kommen aus aller Welt: Polnische Juden, aschkenasische Juden, palästinensische Araber und Mizrachim – Juden aus orientalischen Ländern – brachten sie in die Stadt. Man kann sich auch vom Duft eines Kebabs oder Schawarma anziehen lassen. Oder einen starken schwarzen arabischen Kaffee trinken und Leute von überallher beobachten. Das Angebot ist überwältigend. Wir haben nur eins bedauert: dass wir nicht länger bleiben und alle Gerichte noch einmal probieren konnten. Jerusalem ist eine Stadt, für die man sich Zeit nehmen muss, um tief in ihre Vielschichtigkeit eintauchen zu können. Es ist eine Stadt, die man wiedersehen muss.

שקדים
99.00
חלבה של פעם
69.00
מלכה
99.00
99.00
נסיכה
89.00
קפה לטה
נסיך
99.00

SCHAKSCHUKA MIT RINDFLEISCH NACH ART DER »ANARCHISTEN-KOMMUNE«

– mit roter Paprika, pochierten Eiern, geräucherten Auberginen & Tahini }

Dieses fantastische »Einfach-alles-in-eine-Pfanne«-Gericht aßen wir in der »Anarchistischen Kommune«, einem wunderbar bunten Kollektiv von Menschen, die nichts von Konventionen halten. Guy kochte die Schakschuka mit uns – das Wort ist arabischen Ursprungs und bedeutet »Mischung«. Wir aßen sie nach einer denkwürdigen Nacht und einem Tanzduell mit einem chassidischen Juden in einer russischen Bar mitten in Jerusalem.

Für die Schakschuka gilt dasselbe wie für so viele andere Gerichte: Es gibt kein definitives Rezept. Dafür gibt es einfach zu viele Einflüsse und Stile. Tunesische Juden brachten die Schakschuka nach Jerusalem, und seither gehört sie zu den beliebtesten Speisen der Stadt. Das wirklich Wunderbare an dem Rezept ist, dass es so flexibel ist – wenn man die Zutaten in einer Pfanne schmort, Eier in einer würzigen Tomatensauce pochiert und Tahini darübergibt, hat man schon eine Schakschuka. Es ist ziemlich schwer, dieses Gericht zu verderben, irgendwie kommt immer etwas Köstliches dabei heraus – und dann teilt man es mit anderen.

{Für 2 Personen}

- 4 AUBERGINEN
- 1 mittelgroße ROTE ZWIEBEL {grob gehackt}
- 1 ROTE PAPRIKASCHOTE {Samen & Scheidewände entfernt, grob gehackt}
- OLIVENÖL
- ½ TL KREUZKÜMMELSAMEN
- ½ TL GEMAHLENER ZIMT
- ½ TL GERÄUCHERTES PAPRIKAPULVER
- 1 TL SUMACH
- 5 KNOBLAUCHZEHEN {geschält & fein gehackt}
- 1 ROTE CHILISCHOTE {in feine Ringe geschnitten}
- 2 TL TOMATENMARK
- 300 g RINDERHACK
- 3 PFLAUMENTOMATEN {grob gehackt}
- 4 EIER {aus Freilandhaltung}
- 2 TL TAHINI
- 1 kleine Handvoll PETERSILIE {grob gehackt}
- 4 GERÖSTETE FLADENBROTE zum Servieren
- SALZ & FRISCH GEMAHLENER SCHWARZER PFEFFER

Die Auberginen rundum mit einem scharfen Messer einstechen. Bei Verwendung eines offenen Holzfeuers, die Früchte direkt auf die glühenden Kohlen legen. Alternativ auf einem Backblech unter dem Ofengrill bei mittlerer Hitze rösten. Die Früchte alle zehn Minuten wenden, damit die Haut gleichmäßig bräunt und das Fruchtfleisch vollständig weich wird. So erhalten sie das gewünschte Räucheraroma. Die Auberginen in einer Schüssel abkühlen lassen. Dann jede Frucht längs tief einschneiden und gut abtropfen lassen. Das weiche Fruchtfleisch herauskratzen und die geröstete Haut entsorgen. Das Fruchtfleisch in einer Schüssel beiseitestellen.

Die Zwiebel und die Paprika in einer großen Pfanne bei mittlerer Hitze in etwas Olivenöl einige Minuten weich dünsten. Die getrockneten Kräuter, Knoblauch und Chili unterrühren. Die Gewürze eine Minute mitrösten, damit sie ihre Aromen voll entfalten können.

Tomatenmark und Hackfleisch zugeben und alles mit etwas Salz und Pfeffer würzen. Das Fleisch gut mit den wunderbaren Gewürzen mischen, dann die Temperatur erhöhen und das Fleisch braten.

Die Pflaumentomaten, das Auberginenfleisch und 125 Milliliter Wasser zugeben. Die Temperatur wieder reduzieren und alles etwa zehn Minuten garen, bis eine herrlich würzige, Bolognese-ähnliche Sauce entstanden ist. Mit Salz und Pfeffer abschmecken.

Mit einem Esslöffel vier gleich große Mulden in die Mischung drücken und je ein Ei hineinschlagen. Die Temperatur reduzieren. Die Eiweiße können sich in der ganzen Pfanne verteilen, doch die Eigelbe sollten in den Mulden bleiben. Den Deckel aufsetzen und die Eier zehn Minuten in der leicht köchelnden Schakschouka pochieren. Die Eiweiße sollten nun gestockt sein, die Eigelbe sollten jedoch flüssig bleiben.

Die Pfanne vom Herd nehmen. Etwas Tahini auf die Schakschouka geben, mit Olivenöl beträufeln und mit Petersilie bestreuen. Sofort mit frisch geröstetem Fladenbrot servieren.

MIT SUMACH & WALNÜSSEN GEFÜLLTE GOLDBRASSE

– mit Bulgursalat, Oliven, gegrillten Tomaten & Granatapfel }

Ich picke zwar nur ungern einen Favoriten aus all den Gewürzen und Aromen, die wir in Jerusalem für uns entdeckt haben, heraus, aber Sumach ist wirklich unglaublich gut. Wenn Sie noch keine Gelegenheit hatten, ihn zu probieren, rate ich Ihnen dringend, das nachzuholen. Er sieht nicht nur fantastisch aus – dunkelrot, ins Purpurne übergehend –, sondern hat auch eine herrlich herbe Säure. Obwohl er so herb ist, schmeckt er frisch und passt ganz hervorragend zu Fisch.

Hier gibt man den Sumach in die Füllung aus gerösteten Walnüssen, Zatar, Zitrone und vielen frischen Kräutern, die in die Bauchhöhle einer schönen ganzen Dorade (Goldbrasse) kommt. Dazu gibt es Bulgur-Salat mit vielen frischen Zutaten. Man könnte das Gericht »Jerusalem-Schmaus« nennen, denn es vereinigt viele der unglaublichen Aromen und Zutaten, die in dieser Stadt zu finden sind.

{ Für 4 Personen }

- 4 GOLDBRASSEN {Doraden; ersatzweise ein anderer weiß- und festfleischiger Fisch, küchenfertig geschuppt & ausgenommen}
- 50 g SUMACH, zzgl. etwas mehr zum Einreiben
- 4 TL ZATAR {siehe Seite 16}
- 75 g WALNÜSSE {leicht geröstet & grob gehackt}
- 4 KNOBLAUCHZEHEN {geschält & fein gehackt}
- 1 große Handvoll DILL {grob gehackt}
- 2 große Handvoll PETERSILIE {grob gehackt}
- 4 ZITRONEN {in feine Scheiben geschnitten}
- OLIVENÖL
- 200 g KIRSCHTOMATEN
- 350 g BULGURWEIZEN
- 80 g SCHWARZE OLIVEN {entsteint & halbiert}
- ½ mittelgroße SALATGURKE {fein gehackt}
- 160 g GRANATAPFELKERNE
- 1 große HANDVOLL MINZE {grob gehackt}
- ZAHNSTOCHER zum Verschließen

Für das Dressing:

- 1 ZITRONE {Saft}
- 1 EL GRANATAPFELSIRUP
- 2 EL OLIVENÖL
- SALZ & FRISCH GEMAHLENER SCHWARZER PFEFFER

Den Ofen auf 180 °C (Umluft 160 °C) vorheizen. Die Fische vier- bis fünfmal auf beiden Seiten bis auf die Gräten einschneiden. Für die Füllung Sumach, Zatar, Walnüsse, Knoblauch, Dill, die Hälfte der Petersilie, die Zitronenscheiben und einen Schuss Olivenöl in einer Schüssel vermengen. Alles mit Salz und Pfeffer würzen.

Die Bauchhöhlen der Fische aufklappen und die Füllung gleichmäßig darin verteilen. Die Haut der Fische ebenfalls damit einreiben und die Füllung tief in die Einschnitte drücken. Falls die Mischung ausgeht, die Fischhaut mit weiterem Sumach und Olivenöl einreiben. Die Bauchhöhlen mit Zahnstochern verschließen und die Fische auf ein tiefes Backblech geben. Die Kirschtomaten darum herum verteilen und mit etwas Olivenöl beträufeln. Im Ofen etwa 25 Minuten rösten, bis die Haut der Fische schön gebräunt ist.

Inzwischen für den Salat den Bulgur in einer Schüssel mit knapp 750 Milliliter kochendem Wasser übergießen (etwa doppelt so viel Wasser wie Bulgur). Die Schüssel mit einem Küchentuch abdecken und den Bulgur etwa 20 Minuten ziehen lassen. Dann den Bulgur mit einer Gabel auflockern. Er sollte nun das ganze Wasser aufgenommen haben – falls nicht, die restliche Flüssigkeit durch ein Sieb abgießen.

Den fertig gegarten Fisch aus dem Ofen nehmen und beiseitestellen. Den Bulgur mit Oliven, Gurke, Granatapfelkernen, gerösteten Tomaten, Minze und der übrigen Petersilie mischen. Die Zutaten für das Dressing verrühren, über den Salat gießen und alles gut vermengen. Den Salat mit Salz und Pfeffer abschmecken. Salat und Fische auf einer großen Platte anrichten und servieren.

EGYPT
COUNTRY. 15

– Willkommen in –

ÄGYPTEN

Selbst mit Abstand ist es nicht leicht, zusamenfassend von unserer Fahrt durch Ägypten zu erzählen, es war ein ausgesprochen verwirrendes, verrücktes, gleichzeitig erhellendes Erlebnis. Es waren so viele Eindrücke in einer intensiven chaotischen Phase. So viel Aufregung, so viel Frustration, so viel unglaubliches Glück und Gelächter.

★★★★★

Nur wenige Länder dieser Welt sind so reich an außergewöhnlichen antiken Schätzen und Bauwerken wie Ägypten. Das Land hat eine uralte Kultur, die in den vergangenen Jahren von politischen und gesellschaftlichen Unruhen geschüttelt wurde. Als wir in Kairo waren, befand sich die Arabische Revolution gerade in einer besonders gereizten Phase. Allen erschien die Zukunft sehr ungewiss, zwischen den verschiedenen Gruppen der Gesellschaft begannen sich tiefe Gräben aufzutun, und im ganzen Land war die Lage sehr angespannt.

Unsere Tour durch Ägypten war also nicht gerade ein Spaziergang, sie entpuppte sich als eine der größten Herausforderungen auf unserer 501 Tage dauernden Reise. Sie brachte uns an unsere Grenzen und machte uns kaputt. Jedenfalls gab sie meinem angeschlagenen Knie den Rest. Sie zwang uns, über unsere Ziele und Einstellungen nachzudenken – und umzudenken. Sie brachte uns schmerzhaft auf den Boden der Tatsachen zurück. Ich versuchte, mit einem verletzten Knie von einem Ende der Welt zum anderen zu fahren, das konnte nicht gutgehen. Und Pannen waren natürlich auch unvermeidlich. Wir mussten lernen, so gut wie möglich mit unseren Problemen zurechtkommen, sie aus der richtigen Perspektive zu betrachten, und uns überlegen, ob und wie unsere Tour eine Traumreise bleiben konnte.

STOP

REVOLUTION
ULJKo7.Net

Es passierte in einer Gasse in Kairo – da verliebten wir uns wieder. Objekt unser Begierde war eine fantastische Kreation: Falafel. Der Duft der frittierten Bällchen ist einzigartig, geradezu übersinnlich. Falafel ist ein wesentlicher Bestandteil der kulinarischen Kultur der ganzen Region und so ungeheuer gut – schnell zubereitetes, köstliches, billiges Street-Food. Bevor wir uns auf die langen Streckenabschnitte durch die Wüsten machten, beluden wir uns mit Falafel-Pitas. Sie waren in alte Zeitungen eingeschlagen und retteten uns Tag für Tag quasi das Leben. Immer wenn unsere Energiekurve absackte, machten wir ein Päckchen auf und verschlangen den Inhalt zusammen mit einem Beutel Erdnüsse – man muss täglich viel Salz zu sich nehmen. Danach konnten wir wieder ein paar Stunden lang kräftig in die Pedale treten.

★★★★★

In der ägyptischen Esskultur spiegelt sich die reiche, vielfältige Geschichte des Landes wider. Perser, Griechen, Römer, Araber und Osmanen dehnten ihrer Reiche und ihre Kultur bis nach Ägypten aus. Sie beeinflussten und bereicherten über die Jahrtausende die ägyptische Küche. Moderne Einflüsse kamen aus dem Nahen Osten, aus dem Libanon, aus Palästina, Syrien und Israel. Auch aus dem nördlichen Mittelmeerraum gelangten viele Speisen und Esssitten an den Nil.

Was wir in Ägypten hauptsächlich sahen war Wüste, Wüste und noch mal Wüste: wunderschöne, unfruchtbare, mondlandschaftartige Weiten, die sich bis zum Horizont erstreckten. Es gab kaum Vegetation und noch weniger frische Produkte. Wenn das Auge sich erst einmal an so karge Aussichten gewöhnt hat, wirkt der unglaubliche Kontrast, den man erlebt, wenn man in eine Oasenstadt kommt oder in das ungeheuer fruchtbare Niltal fährt, wie ein körperlicher Schock. Ein Feld reiht sich ans andere, Zuckerrohr, Dattelpalmen und Getreide dehnen sich am Wasser aus. Der Boden gehört zu den fruchtbarsten der Erde. Dieser krasse Gegensatz der Vegetationen schien unsere täglichen Erfahrungen exakt widerzuspiegeln. Unsere Nerven und unsere Geduld wurden ziemlich oft auf die Probe gestellt, vor allem aber wechselten sich in Ägypten persönliche Hochs und Tiefs ab. Wir stießen auf wirklich große Hindernisse und enorme Herausforderungen, wir begegneten aber auch einigen der wunderbarsten, fürsorglichsten und großzügigsten Menschen auf unserer gesamten Reise. Menschen, die ihre Energie auf uns zu übertragen schienen, die uns halfen und motivierten. Menschen, die uns einfach ihre Türen öffneten, uns in ihre Welt eintauchen ließen und uns ein paar fantastische neue Rezepte beibrachten.

In Ägypten erlebten wir ein wirklich bizarres Wechselbad der Gefühle.

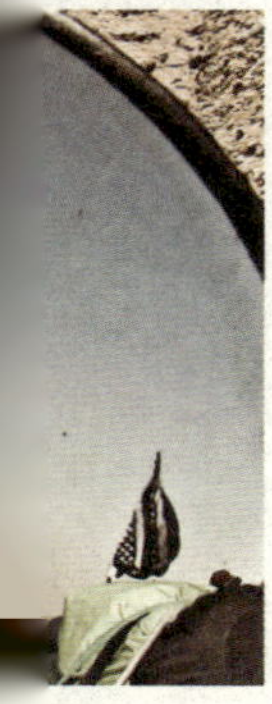

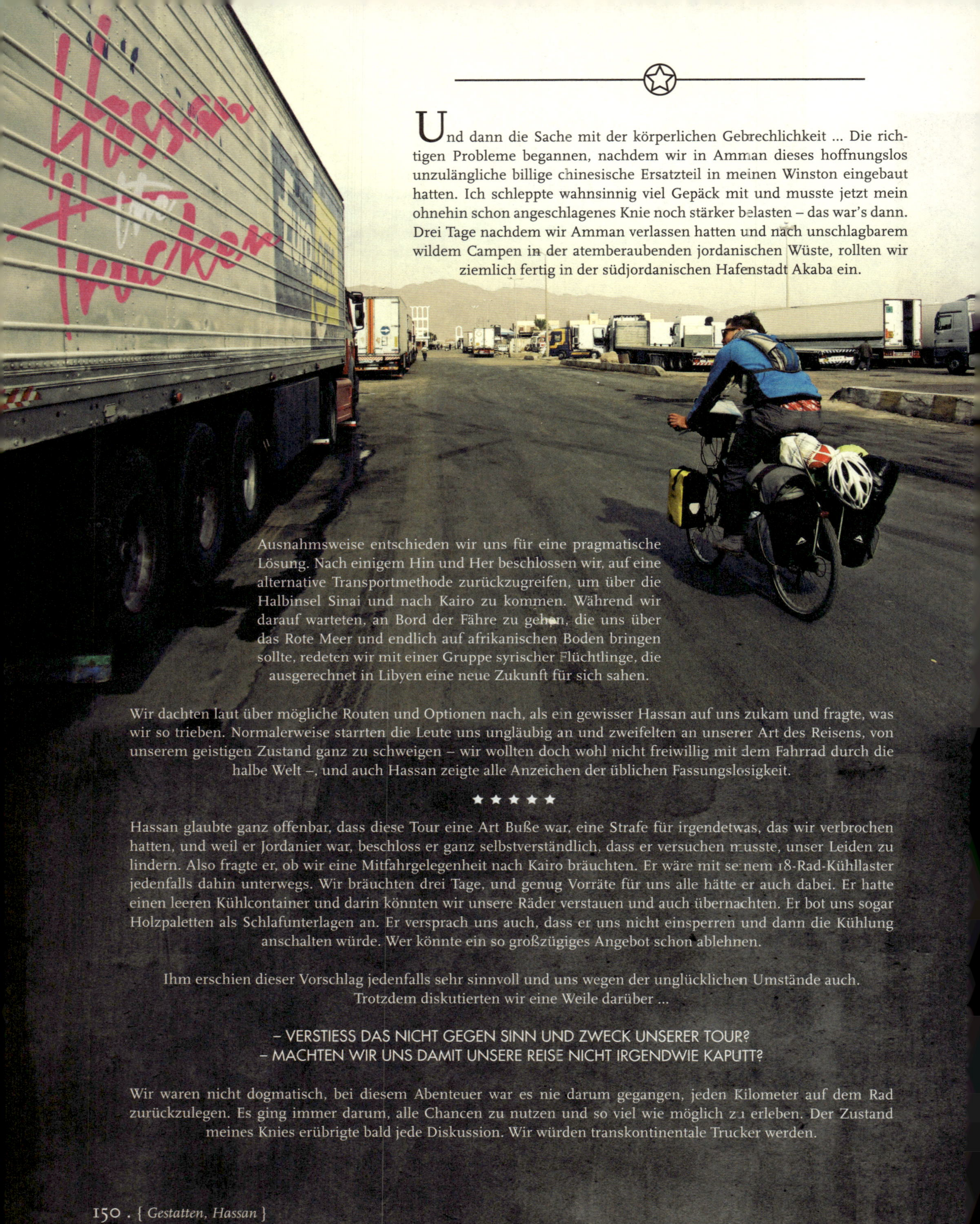

Und dann die Sache mit der körperlichen Gebrechlichkeit ... Die richtigen Probleme begannen, nachdem wir in Amman dieses hoffnungslos unzulängliche billige chinesische Ersatzteil in meinen Winston eingebaut hatten. Ich schleppte wahnsinnig viel Gepäck mit und musste jetzt mein ohnehin schon angeschlagenes Knie noch stärker belasten – das war's dann. Drei Tage nachdem wir Amman verlassen hatten und nach unschlagbarem wildem Campen in der atemberaubenden jordanischen Wüste, rollten wir ziemlich fertig in der südjordanischen Hafenstadt Akaba ein.

Ausnahmsweise entschieden wir uns für eine pragmatische Lösung. Nach einigem Hin und Her beschlossen wir, auf eine alternative Transportmethode zurückzugreifen, um über die Halbinsel Sinai und nach Kairo zu kommen. Während wir darauf warteten, an Bord der Fähre zu gehen, die uns über das Rote Meer und endlich auf afrikanischen Boden bringen sollte, redeten wir mit einer Gruppe syrischer Flüchtlinge, die ausgerechnet in Libyen eine neue Zukunft für sich sahen.

Wir dachten laut über mögliche Routen und Optionen nach, als ein gewisser Hassan auf uns zukam und fragte, was wir so trieben. Normalerweise starrten die Leute uns ungläubig an und zweifelten an unserer Art des Reisens, von unserem geistigen Zustand ganz zu schweigen – wir wollten doch wohl nicht freiwillig mit dem Fahrrad durch die halbe Welt –, und auch Hassan zeigte alle Anzeichen der üblichen Fassungslosigkeit.

★ ★ ★ ★ ★

Hassan glaubte ganz offenbar, dass diese Tour eine Art Buße war, eine Strafe für irgendetwas, das wir verbrochen hatten, und weil er Jordanier war, beschloss er ganz selbstverständlich, dass er versuchen musste, unser Leiden zu lindern. Also fragte er, ob wir eine Mitfahrgelegenheit nach Kairo bräuchten. Er wäre mit seinem 18-Rad-Kühllaster jedenfalls dahin unterwegs. Wir bräuchten drei Tage, und genug Vorräte für uns alle hätte er auch dabei. Er hatte einen leeren Kühlcontainer und darin könnten wir unsere Räder verstauen und auch übernachten. Er bot uns sogar Holzpaletten als Schlafunterlagen an. Er versprach uns auch, dass er uns nicht einsperren und dann die Kühlung anschalten würde. Wer könnte ein so großzügiges Angebot schon ablehnen.

Ihm erschien dieser Vorschlag jedenfalls sehr sinnvoll und uns wegen der unglücklichen Umstände auch. Trotzdem diskutierten wir eine Weile darüber ...

– VERSTIESS DAS NICHT GEGEN SINN UND ZWECK UNSERER TOUR?
– MACHTEN WIR UNS DAMIT UNSERE REISE NICHT IRGENDWIE KAPUTT?

Wir waren nicht dogmatisch, bei diesem Abenteuer war es nie darum gegangen, jeden Kilometer auf dem Rad zurückzulegen. Es ging immer darum, alle Chancen zu nutzen und so viel wie möglich zu erleben. Der Zustand meines Knies erübrigte bald jede Diskussion. Wir würden transkontinentale Trucker werden.

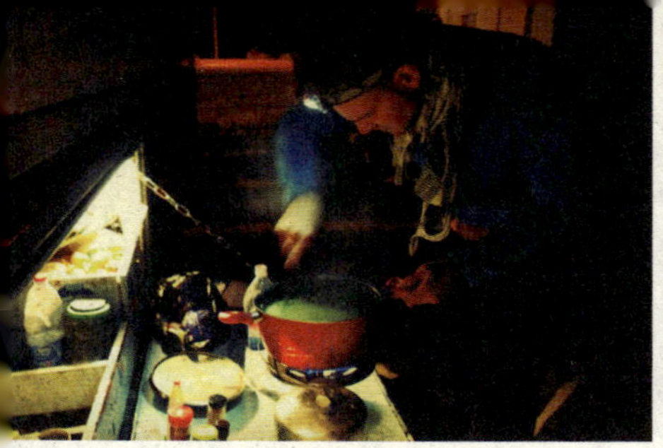

HASSANS 1-TOPF-HÄHNCHEN-KABSA

– mit Kichererbsen, gehobelten Mandeln & eingelegten Chilis }

Dieses Rezept brachte uns der wunderbare Hassan in einem improvisierten Truckstop mitten in der Wüste Sinai bei. Wir hatten gerade zwischen zwei Moscheen geparkt, als Hassan stolz verkündete, er würde uns seine spezielle Variante der beliebten Kabsa mit Hähnchen kochen.

Kochen? Hier? Im Lkw? Aber wo?

Versteckt unter diesem Koloss von einem Fahrzeug und völlig neu für uns war Hassans kleine herunterklappbare Küche. Es war alles da: ein ausgesprochen unzuverlässiger Gasofen, ein angeschlagener alter Kessel, ein Fach für Gewürze und Gemüse, eine Kühlbox und Hassans ganzer Stolz – sein geliebter Dampfkochtopf. Das Rezept ist so einfach, weil alles in einen Topf kommt, alles, was man wissen muss, ist, wann welche Zutat hineinkommt. Das Komplizierteste an diesem Gericht ist das Kartoffelschälen.

★★★★★

Zwischen langen Zügen aus seiner unvermeidlichen Shisha redete Hassan in seinem herrlich gebrochenen Englisch endlos über alles Mögliche, das ihm durch den Kopf ging. Wir saßen da und hörten ihm zu und taten so, als verstünden wir jedes Wort. Wir hatten das riesige Glück, etwas von diesem geselligen, großzügigen, intelligenten Mann zu lernen. Hassan hat uns in einer besonders schwierigen und frustrierenden Phase unserer Reise unter seine Fittiche genommen, und er hat nie um eine Gegenleistung gebeten. Ohne ihn und andere Kurzzeit-Tourhüter hätten wir es nie geschafft.

HASSANS 1-TOPF-HÄHNCHEN-KABSA IST DAS PERFEKTE ESSEN, FALLS SIE EINMAL AN EINEM TRUCKSTOP MITTEN IN DER SINAI-WÜSTE LANDEN SOLLTEN.

{ Für 4 Personen }

- 3 EL BUTTER
- 1 WEISSE ZWIEBEL {grob gehackt}
- 4 HÄHNCHENOBERSCHENKEL
- 4 HÄHNCHENKEULEN {grob gehackt}
- 2 EL BAHARAT {siehe Seite 16}
- 2 TL TOMATENPÜREE
- 8 KNOBLAUCHZEHEN {geschält & fein gehackt}
- 1 Dose STÜCKIGE TOMATEN {400 g}
- 1,5 l HÜHNERBRÜHE
- 700 g LANGKORNREIS
- 2 mittelgroße KAROTTEN {geraspelt}
- 4 mittelgroße KARTOFFELN {in 1 cm große Würfel geschnitten}
- 4 mittelgroße ZUCCHINI {quer in 1 cm große Scheiben geschnitten}
- 1 Dose KICHERERBSEN {400 g, abgetropft}
- 60 g GEHOBELTE MANDELKERNE {geröstet}
- 1 große Handvoll PETERSILIE {grob gehackt}
- 1 Handvoll EINGELEGTE CHILISCHOTEN
- SALZ & FRISCH GEMAHLENER SCHWARZER PFEFFER

Verwenden Sie für dieses Gericht einen großen Schnellkochtopf oder einen schweren großen Topf mit dicht schließendem Deckel – das ist für dieses 1-Topf-Gericht eine Schlüsselkomponente. Die Butter im Topf bei mittlerer Hitze zerlassen und die Zwiebel darin anschwitzen. Nach fünf Minuten alle Hähnchenteile zugeben und etwa zehn Minuten goldgelb anbraten.

Das Baharat und je eine kräftige Prise Salz und Pfeffer zugeben. Die Gewürze einige Minuten mit den Hähnchenteilen braten, bis sie aromatisch duften. Tomatenpüree und Knoblauch unterrühren und nochmals einige Minuten dünsten, damit das Knoblaucharoma sich voll entfalten kann. Die Dosentomaten und die Hälfte der Brühe zugeben, alles kräftig umrühren und aufkochen. Die Temperatur reduzieren, den Deckel aufsetzen und etwa 30 Minuten simmern lassen.

Alles umrühren und die restliche Brühe angießen. Reis, Karotten, Kartoffeln, Zucchini und Kichererbsen unterrühren. Den Eintopf mit Deckel weitere 25 Minuten köcheln, bis alles gar ist. Gemüse und Reis sollten noch einen leichten Biss haben, der Fleischsaft der Hähnchenteile sollte beim Einstechen klar sein. Falls die Zutaten noch mehr Zeit brauchen, 125 Milliliter Wasser angießen und alles weitere fünf bis zehn Minuten oder bis alles gar ist köcheln. Mit Salz und Pfeffer abschmecken.

Dann den Eintopf in eine große Servierschüssel füllen. Dieses Gericht wird gemeinsam aus einer Schüssel und mit den Händen gegessen. Die gehobelten Mandeln und die Petersilie darüberstreuen und – für den kleinen Extra-Kick – die eingelegten Chilischoten darüber verteilen.

BOXENSTOP-PITAS MIT FALAFEL

– mit gemischtem Röstgemüse, knackigem Salat, Hummus & Dukkah }

Es gab ein Street Food-Angebot, von dem wir auf unserer Reise mehr gegessen haben als von jedem anderen: Falafel-Pita. Jedes Land, jede Stadt und jeder einzelne Straßenhändler schien diese köstliche Kreation auf ganz eigene Art zu interpretieren und zu variieren. Am besten schmeckte uns Falafel in einer gerösteten Pita mit möglichst vielen Extras. Weil wir mit einem mageren Budget und ständig knurrendem Magen unterwegs waren, maßen wir der Größe der Portionen besondere Bedeutung zu. Wir aßen die Falafel-Pitas mit einer ordentlichen Portion Hummus morgens, mittags und abends. Sie brachten uns über einige der körperlich anstrengendsten Abschnitte unserer ganzen Reise.

{ Für 4 Personen }

- 2 Dosen KICHERERBSEN {à 400 g, abgetropft}
- 2 KNOBLAUCHZEHEN {geschält & fein gehackt}
- 1 TL GEMAHLENER KORIANDER
- 1 TL GEMAHLENER KREUZKÜMMEL
- 1 TL CHILIFLOCKEN
- 1 EL WEIZENMEHL, Type 405
- 1 EIWEISS
- 1 TL OLIVENÖL
- 1 Handvoll PETERSILIE {grob gehackt}
- 1 Handvoll MINZE {grob gehackt}
- 1 große AUBERGINE {quer in ½ cm dicke Scheiben geschnitten}
- 2 BUNTE PAPRIKASCHOTEN {Samen & Scheidewände entfernt, in dünne Streifen geschnitten}
- 100 g GEWÜRZGÜRKCHEN {in dünne Streifen geschnitten}
- 100 g ROTE BETE {gekocht & in dünne Streifen geschnitten}
- 100 g SALATGURKE {in dünne Streifen geschnitten}
- 1 ZITRONE {Saft}
- PFLANZENÖL zum Frittieren
- PITABROTE zum Servieren
- HUMMUS {siehe Seite 18}
- 4 TL DUKKAH {siehe Seite 16}
- SALZ & FRISCH GEMAHLENER SCHWARZER PFEFFER

Die Kichererbsen in einen Standmixer füllen. Knoblauch, alle trockenen Gewürze, Eiweiß, Olivenöl und die Hälfte der Petersilie und der Minze zugeben und mit reichlich Salz und Pfeffer würzen. Alles fein pürieren. Die Masse mit feuchten Händen zu walnussgroßen Falafelbällchen formen. Auf ein Tablett setzen, mit Frischhaltefolie abdecken und im Kühlschrank ein bis zwei Stunden fest werden lassen.

Eine Grillpfanne bei mittlerer Temperatur erhitzen. Die Auberginenscheiben und Paprikastreifen mit Olivenöl einpinseln und leicht salzen und pfeffern. In der Pfanne braten, bis sie dunkle Grillstreifen haben. Dann vom Herd nehmen und mit den übrigen frischen Kräutern, den Gewürzgurken, der Roten Bete und der Gurke in eine Schüssel füllen. Den Zitronensaft darübergeben.

Für ein authentischeres Frittieraroma der Falafel einen tiefen Topf mit schwerem Boden etwa fünf Zentimeter hoch mit Öl füllen und bei mittlerer Temperatur auf etwa 180 °C erhitzen. Die Falafel in Portionen von fünf bis sechs Stück hineingeben und vier bis fünf Minuten goldgelb frittieren. Mit einem Schaumlöffel herausheben, auf Küchenpapier setzen und das überschüssige Öl abtropfen lassen. Die Pitabrote toasten und aufschneiden, sodass sie eine Tasche bilden. Innen mit Hummus ausstreichen und mit Dukkah bestreuen. Dann die Falafel, das geröstete Gemüse und den Salat hineingeben. Einen großzügigen Klecks Hummus daraufsetzen und nochmals mit Dukkah sowie mit der übrigen Minze und Petersilie bestreuen.

– OH, WAS TUN –

WENN ALLES SCHIEFLÄUFT?

Ich wollte es zwar nicht zugeben, aber ich wusste, dass etwas mit meinem Knie nicht in Ordnung war. Die Ruhephase in Kairo war zu kurz gewesen, und jetzt hinderte mein kaputtes Knie uns ernsthaft am Fortkommen. Wir waren gut 300 Kilometer tief in die Westliche Wüste gefahren, aber ich hatte jeden Tag Schmerzen und konnte mein Bein abends kaum noch bewegen. Es war Zeit, den unschönen Tatsachen ins Auge zu sehen und ein paar ziemlich wichtige Entscheidungen zu treffen.

★ ★ ★ ★ ★

Dank der in dieser Region üblichen Großzügigkeit bekamen wir eine Mitfahrgelegenheit in das Oasenstädtchen Farafa. Dort wollten wir gründlich über unsere Situation und unsere Optionen nachdenken. Als wir in Farafa ankamen, machten wir uns gleich auf die Suche nach einer Unterkunft, und als wir eine fanden, trafen wir wieder einmal einen besonderen Menschen, der unser wechselhaftes Reiseglück wesentlich beeinflussen sollte:

BADRY, DEN BEDUINEN

Wie so viele vor – und nach – ihm, war Badry bereit, uns in einer Weise zu helfen, die alle Erwartungen übertraf. Wir erzählten ihm, in welcher miesen Lage wir uns befanden, und er beförderte mich, ohne zu zögern, ins Feldlazarett, wo es, so erinnerte er sich vage, einen halbwegs kompetenten Arzt und ein altes Röntgengerät gab. Damit ich von den finanziellen Vergünstigungen des heimischen Gesundheitssystems profitieren konnte, wurde ich als »Issam Ahmed« eingecheckt und ins Sprechzimmer geführt.

Acht stämmige Ägypter standen hinter einem einzigen Schreibtisch und sahen mich an. Da nur einer einen Arztkittel trug und die übrigen ziemlich unqualifiziert aussahen, nahm ich an, dass sie dem Doktor einfach nur Gesellschaft leisteten. Die Aussicht, von einem Komitee bärtiger Laien untersucht zu werden, war nicht sonderlich beruhigend. Man sagte mir, ich solle mich auf die Behandlungsliege legen und meine Socke ausziehen. Ich hatte vor lauter Nervosität völlig vergessen, dass ich mir am Weihnachtstag in Kairo den Nagel meines großen Zehs leuchtend rot hatte lackieren lassen (warum und wieso tut hier nichts zur Sache). Ich zog also die Socke aus und entblößte den weibischen Nagel. Der Ausdruck auf den Gesichtern der mich umstehenden Männer schwankte zwischen Verwirrung und Verdammnis.

Und dann fingen sie an zu lachen. Und ich tat einen Seufzer der Erleichterung.

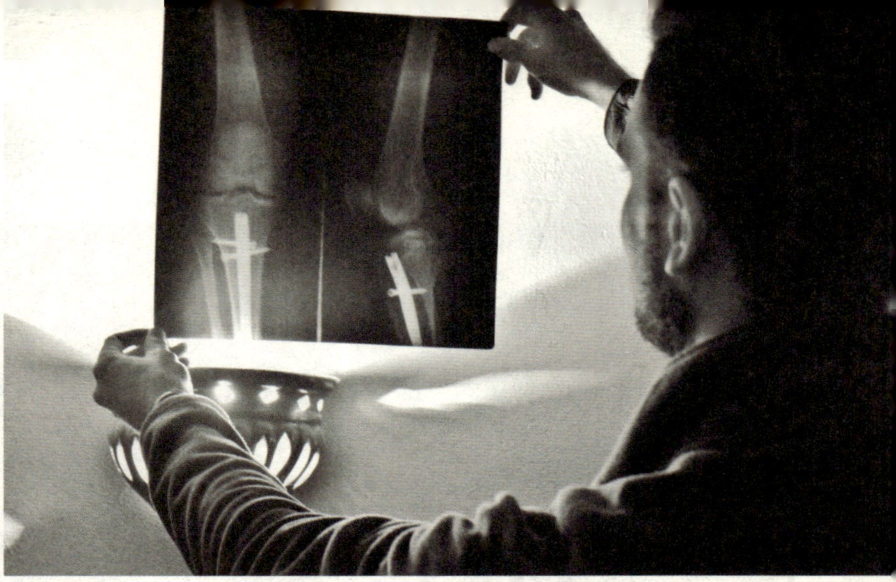

Der Arzt untersuchte mein rechtes Knie. Er zog es nach hier, drückte es nach da und nickte, wenn ich Grimassen zog und vor mich hin murmelte. Und dann verkündete er seine Diagnose:

CHONDROPATHIA PATELLAE

– eine Entzündung und Schädigung des Knorpels hinter der Kniescheibe

Ich ließ mich an einen zweiten Spezialisten überweisen. Die Diagnose blieb dieselbe. Die Abhilfe: Ruhe, sehr viel Ruhe. Man riet mir, ich sollte die nächsten sechs Monate nicht Fahrrad fahren, um ernsthafte Langzeitschäden auszuschließen. Nicht gerade das, was man hören möchte, wenn man auf einer wirklich langen Fahrradtour ist, aber es war eben nicht zu ändern.

Mit so etwas hatten wir rechnen müssen, und diesmal hatten wir Pech gehabt. Jetzt mussten wir umdenken und uns an die neue Situation anpassen. Das heißt, wir mussten eine Methode entwickeln, wie wir nach Süden vorankamen, bis mein Knie sich irgendwann erholt hatte.

EIN NEUES KAPITEL UNSERER REISE BEGANN ….

– WENN ASPHALT –

IN SAND ÜBERGEHT

{*westliche Weiße Wüste*}

Das nächste Gericht ist dem fabelhaft rätselhaften Badry gewidmet – unserem Beduinen-Retter aus der westlichen Weißen Wüste. An einem der tiefsten Tiefpunkte unserer ganzen Reise hat uns dieser extrem exzentrische Mann bei sich aufgenommen und seine Liebe fürs Kochen mit uns geteilt.

★ ★ ★ ★ ★

Solange wir bei Badry waren, zog er uns jeden Morgen in aller Herrgottsfrühe aus dem Bett und zu den heißen Quellen der Oase, wo wir uns mit einem Stück Seife, das sich alle teilten, gründlich waschen mussten. Danach kauften wir auf dem Markt diverse Zutaten und frisch gebackenes Fladenbrot ein und gingen dann zu Badry nach Hause zurück, wo er uns ein Festmahl zubereitete.

Dieses üppige Frühstück ist – eigentlich – eine für die gesamte Region typische aufgepeppte Variante von Bohnen auf Toast. Aber Badry machte eine Galavorstellung daraus.

Er krähte
»OH, IHR BÖSEN JUNGS!«
als Antwort auf all unsere Fragen, sang und tanzte durch die Küche,
bis er sein Meisterwerk fertig zubereitet hatte.
Pure Magie.

Wir nahmen das Rezept in die Wüste mit. Die Zubereitung war ein Highlight am Beginn jedes Tages. Das wird auf ewig mein Lieblingsfrühstück bleiben – in liebevoller Erinnerung an einen wahrlich charismatischen Menschen.

BADRYS »BÖSE-BUBEN«- FUL MEDAMMAS

– mit Labneh, flüssigem Honig & gekochten Eiern }

{ Für 3 Personen }

- 1 mittelgroße ROTE ZWIEBEL {grob gehackt}
- OLIVENÖL
- 5 KNOBLAUCHZEHEN {geschält & fein gehackt}
- 1 ROTE CHILISCHOTE {in feine Ringe geschnitten}
- 1 TL GERÄUCHERTES PAPRIKAPULVER, zzgl. etwas zum Bestäuben
- ½ TL KREUZKÜMMELSAMEN
- 6 PFLAUMENTOMATEN {grob gehackt}
- 2 Dosen DICKE BOHNEN {à 400 g, abgetropft}
- 4 große EIER
- ½ ZITRONE {Saft}
- 200 g LABNEH-FRISCHKÄSE {arabischer Frischkäse aus Joghurt; ersatzweise Feta}
- 1 große Handvoll PETERSILIE {grob gehackt}
- FLÜSSIGER HONIG
- SALZ & FRISCH GEMAHLENER SCHWARZER PFEFFER

Die Zwiebel mit einem Schuss Öl in einer großen Pfanne bei mittlerer Temperatur erhitzen und dünsten. Sie darf dabei etwas bräunen, damit sie ihr süßes Aroma entfaltet. Oder wie Badry sagen würde: »Wir brauchen Farbe, du böser Bube!«

Dann Knoblauch, Chilis und getrocknete Gewürze unterrühren. Die Kreuzkümmelsamen können entweder gemahlen oder im Ganzen verwendet werden – ich mag sie lieber ganz. Die Gewürze etwa eine Minute rösten, bis sich das Knoblaucharoma voll entfaltet hat.

Als Nächstes die Tomaten und die Bohnen dazugeben. Alles etwa zehn Minuten garen, bis die Tomaten weich sind. Die Mischung mit Salz und Pfeffer abschmecken. Die Eier in einem Topf mit Wasser kochen. Ich finde, dass die Eier nach sechs Minuten perfekt sind, sie können aber auch acht Minuten kochen, wenn sie härter sein sollen. Die Eier abschrecken, schälen und vierteln.

Die halbe Zitrone über der Bohnenmischung ausdrücken, kräftig pfeffern und, falls nötig, noch stärker salzen. Die Eier auf die Bohnen setzen, den Käse darüberkrümeln und die Petersilie darüberstreuen. Mit Paprika bestäuben und mit Honig beträufeln. Am besten mit frisch gebackenen Fladenbroten und starkem, süßem Tee servieren.

TEE.CHAI.ÇAY

– WIE WÄR'S MIT EINEM TÄSSCHEN? –

Eine bescheidene Tasse Tee ist wirklich eine bemerkenswerte Sache. Ich könnte unmöglich sagen, wie viele Tassen wir auf unserem Weg nach Süden getrunken haben. Ich weiß auch nicht, wie viele Gespräche, zufällige Begegnungen und daraus resultierende Erfahrungen sich aus der schlichten Frage »Wollt ihr etwas Chai?« ergaben. Unzählige.

★ ★ ★ ★ ★

Ein Vermittler, eine treibende Kraft, eine einigende, herrlich vielseitige und absolut einfache Sache. Eine Sache, die in vielen Kulturen das Wesen des gesellschaftlichen Miteinanders bestimmt. Eine, die den ältesten Freund und den neuesten Bekannten zusammenbringt. Als wir weiter nach Süden fuhren, beobachteten wir fasziniert, welchen Einfluss dieses bescheidene Getränk auf das alltägliche Miteinander in den verschiedenen Kulturen hatte. In jedem Land wird er anders serviert und getrunken, aber überall war es das reine Vergnügen, mit einem stets freundlichen Fremden eine Tasse Chai zu trinken.

Egal, ob die losen Teeblätter aufgekocht werden und der Tee stark, süß und schwarz serviert wird – wie auf dem Balkan und in der Türkei – ob mit Salbei, Kardamom oder Minze gewürzt – wie im Nahen Osten und in Nordafrika –, oder wie in Tansania, Malawi und weiter südlich süß und mit Milch getrunken: Wo immer man Menschen begegnet, wird man auf eine Tasse und ein radebrechendes Gespräch eingeladen.

Ob an Straßenständen oder -ecken, in Cafés, Restaurants, Polizeiwachen, Armeekasernen, Privathäusern oder Grenzhäuschen, ob von einem Beduinen über einem Lagerfeuer mitten in der Wüste zubereitet oder von einer reizenden alten Frau, die hinter einer dicken Wand aus mit diesem, jenem oder Undefinierbarem gefüllten Einweckgläsern saß, egal, wo wir waren … Tee gab es immer.

EIN WAHRES, EHRLICHES VOLKSGETRÄNK.

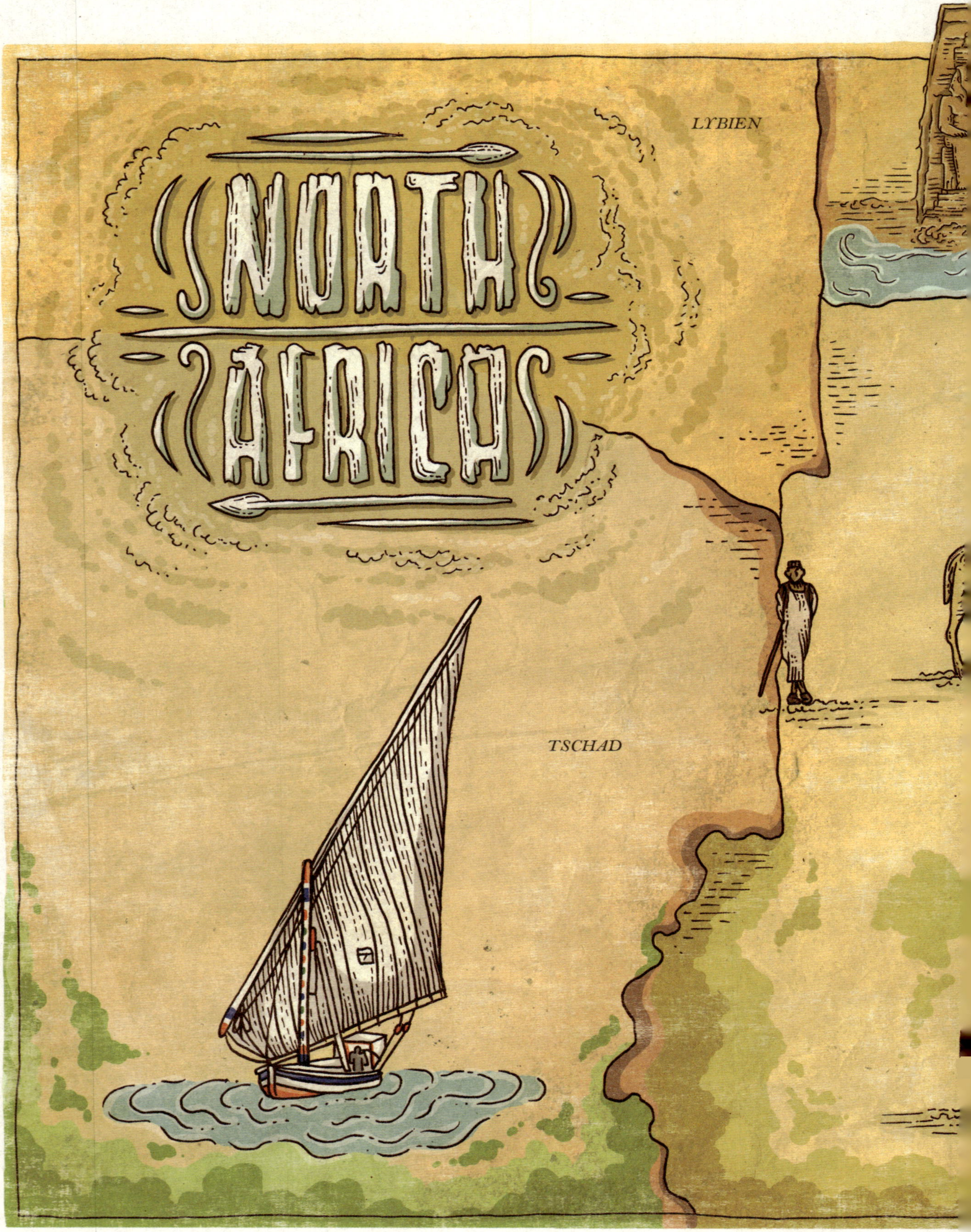
LYBIEN
NORTH
AFRICA
TSCHAD

ÄGYPTEN
TEMPEL VON
ABU SIMBEL
NASSERSEE
ROTES
MEER
Wadi Halfa
Dongola
BLAUER NIL
PYRAMIDEN
VON MEROE
SUDAN
Khartum
ERITREA
Wadi Madani
Al Qadarif
Metema
WEISSER NIL
Gondar
ÄTHIOPIEN

Sudan
COUNTRY.16

– *Willkommen im* –

SUDAN

Der Sudan erwies sich als ein Knackpunkt für unsere gesamte Reise. Hier trafen wir auf Extreme, das große Unbekannte, gewaltige Herausforderungen und Möglichkeiten. Wir mussten uns entscheiden, wie wir weiterfahren sollten, ob wir überhaupt weiterfahren konnten. Die Knochen taten uns weh, unsere Stimmung war gedämpft, unsere Mägen in Aufruhr (es war wohl nicht die schlaueste Idee, Wasser direkt aus dem Nil zu trinken, aber man hatte uns zum Essen eingeladen –wie konnten wir da ablehnen), und unsere Reserven waren ziemlich knapp.

Unsere Tour erhielt enormen Auftrieb, als ein neues Mitglied zu unserer schmuddeligen Truppe stieß. Jimmy schloss sich uns in Khartum an und begleitete uns auf dem ganzen Weg hinunter nach Kapstadt. Er verfügte über unerschöpfliche Energie, Geduld, eine Angel und ornithologisches Wissen – und deshalb konnten wir bald die komischen Vögel, die wie struppige Truthähne aussahen, als Geier identifizieren. Jimmy brachte in einer sehr schwierigen Phase frischen Schwung in unsere Reise. Danke, Bruder, das war ein Spaß!

Der Kontrast zwischen den revolutionären Unruhen in Ägypten und der – zumindest oberflächlich betrachtet – relativen Ruhe im Sudan war enorm. Dabei ist das Land von zahlreichen Konflikten und Kämpfen geprägt, die klimatischen Bedingungen sind extrem, die geographischen anspruchsvoll. Die Menschen sind sehr herzlich, und die kulturelle Vielfalt dieses riesigen Landes ist unglaublich groß. Der Sudan ist eigentlich eine lose kulturelle Verbindung von fast 600 Stämmen, die gemeinsame Sprache ist Arabisch. In diesem Land ist nichts homogen, nichts konstant. Nach dem Bürgerkrieg und der Unabhängigkeit des Südsudans sind die Beziehungen zwischen Khartum und Dschuba noch immer sehr angespannt. Nicht nur die Geschichte, auch die Gegenwart ist von Spannungen und Not bestimmt.

★ ★ ★ ★ ★

Die beiden Grundsäulen der sudanesischen Gesellschaft bilden die tiefe muslimische Frömmigkeit und die Großfamilie. Eine Großfamilie erlebt man, wenn man zum Essen eingeladen ist. Von überallher strömen Verwandte freudig heran, setzen sich um das enorme Tablett, auf dem das Mahl für alle serviert wird, sagen Dank und genießen. Es geht laut dabei zu, man spricht über alles Mögliche, schweift ab, lobt, lacht, genießt. Huhn, Reis, Eintöpfe, Fische, Salate – zu allem gibt es Kissra, sudanesisches Fladenbrot, das zugleich Grundnahrungsmittel und Besteckersatz ist. Die wichtigsten Tischmanieren: Man benutzt nur die rechte Hand und tunkt das abgebissene Brot nicht zweimal ein.

Wie fast überall auf der Welt sind es die Frauen, die das Essen zubereiten und den Haushalt führen. In Khartum genoss ich in dem Monat, den ich bei einer sudanesischen Familie verbringen durfte, das außerordentliche Privileg, Zutritt zu dieser fast unsichtbaren Welt zu haben und zu erleben, welch unglaublich große Rolle die Frauen in einer streng muslimischen Gesellschaft spielen. Es war fantastisch, mit ihnen auf den Markt zu gehen, Zutaten auszusuchen und dann mit diesen temperamentvollen, ungeheuer fröhlichen, energiegeladenen Frauen zu kochen.

In vielen ländlichen Kulturen ist die Küche ziemlich einfach, aber in der Hauptstadt Khartum befanden wir uns sozusagen mitten im Schmelztiegel der sudanesischen Esskultur. Die kulinarischen Bräuche und die Vielfältigkeit der sudanesischen Kochkunst werden ganz entscheidend vom Zusammentreffen diverser historischer Handelsrouten und den vielen regionalen Einflüssen geformt. Syrische Händler und arabische Siedler, die aus dem Mittelmeerraum kamen, brachten rote Paprika, Knoblauch und schwarzen Pfeffer mit. Aus dem Norden stammen die kräftigen Gewürze Nordafrikas, aus dem Osten exotische Früchte sowie äthiopische und eritreische Aromen. Fisch als eine der Lieblingsspeisen kommt aus den Seen, Flüssen und Sümpfen des Südens.

★ ★ ★ ★ ★

Während wir in Khartum waren, probierten wir alles Mögliche. Wir speisten auf extravaganten Hochzeitsfeiern und aßen Street-Food-Spezialitäten – frittierte Heuschrecken, Kuhfußsuppe und scharf gewürzte Fischköpfe. Als wir Khartum wieder verließen, war ich zwar wahnsinnig abgemagert – wegen eines extrem fiesen Magenproblems, das ich dem verdammten Nilwasser zu verdanken hatte –, aber wir fanden all diese ungewöhnlichen neuen Gerichte großartig.

Kurz gesagt, der Sudan ist ein erstaunliches Land. Ein armes, konflikt- und problembeladenes Land. Ein enorm reiches Land, weil seine Bewohner so unglaublich großzügig sind. Ich weiß schon nicht mehr, welche vorgefassten Meinungen wir über das Leben im Sudan hatten, sie hielten der Wirklichkeit jedenfalls nicht stand. Und das ist doch das wahrhaft unersetzlich Gute am Reisen: dass man seine Vorurteile über Bord werfen und aus seinen Erfahrungen lernen kann. Dass wir Zeit in diesem ganz besonderen Land verbringen durften, war für uns ein riesiges und unvergleichliches Glück.

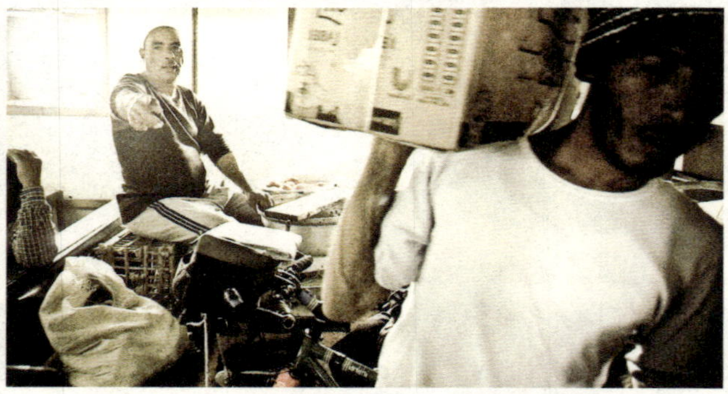

Es ist eine ziemlich einzigartige und ereignisreiche Prozedur, von Norden aus legal in den Sudan einzureisen. Es gibt nur eine Möglichkeit. Nur diese eine. Sie erfordert einen bürokratischen Eiertanz und das geschickte Jonglieren mit Ausweisen und Dokumenten. Wenn man dieses frustrierende Prozedere erst einmal hinter sich hat, genießt man ein wunderbares und faszinierendes Reiseerlebnis. Vom südägyptischen Assuan aus muss man einen gigantischen Stausee überqueren, den Nasser-See. Es gibt ein Schiff. Es ist alt, es ist klapprig, es ist völlig überladen. Dieses eine Schiff gehört einem einzigen Mann. Und eine einzige kleine Tür führt vom heißen, schmutzigen und erschreckend überfüllten Unterdeck auf das bald ebenso überfüllte, nur unwesentlich kühlere Oberdeck.

ES GIBT NUR EINEN EINZIGEN SCHLÜSSEL FÜR DIESE TÜR. UND DER WAR UNAUFFINDBAR.

Also quetschten wir uns stundenlang in eine dunkle Ecke des Schiffsbauchs neben unsere schrecklich überladenen Fahrräder, brieten in dem Stahlrumpf vor uns hin und konnten uns weder vor- noch zurückbewegen. Immer mehr Körper zwängten sich ins Gewühl. Niemand konnte sich rühren. Jeder trug einen großen Karton oder eine Tasche über der Schulter, jeder transportierte klobige Elektrowaren und übergroße Küchengeräte über die Grenze, um sie als rare Waren auf einem sudanesischen Markt zu verhökern.

★ ★ ★ ★ ★

Aus der winzigen Kombüse zogen köstliche Düfte. Diese Gerüche vermischten sich mit den beißenden, üblen Ausdünstungen zu vieler zusammengedrängter schwitzender Männer, von denen keiner dem Mantra Glauben schenkte, dass weniger mehr ist, wenn es ums Aftershave geht. Nach einer gefühlten Ewigkeit fand sich der verloren geglaubte Schlüssel doch noch – oder vielmehr die angemessene Gebühr für das Auffinden des Schlüssels –, und schon wälzte sich die Menge durch die Tür und flüchtete aufs ersehnte Oberdeck. Wir trafen es gut, sehr gut. Wir zerrten unsere Räder über die Berge von Mikrowellen und Ghettoblastern, wir rempelten und zwängten uns durch das Getümmel und fanden Schutz und etwas Schatten unter einem der beiden Rettungsboote – was nur bedingt beruhigend war. Kein Zentimeter Decksboden war mehr frei. Alle spielten mit großem Können menschliches »Tetris«.

Es folgten 17 Stunden seliger Wonne, während das Schiff sanft durch die riesige Wasserfläche pflügte. Über den Tempeln von Abu Simbel – die abgetragen und auf der Hochebene wiedererrichtet worden waren, damit der Stausee sie 1968 nicht überflutete – ging die Sonne auf und warf das passende strahlende Licht auf diesen denkwürdigen Grenzübertritt.

THE GREAT
KHARTOUM
TREASURE
HUNT.

Das Ersatzfahrzeug, das wir in Khartum a) auftreiben und uns b) leisten konnten, sprach Bände darüber, wie die folgenden sechs Monate unserer Reise vonstattengehen würden. Wir wollten immer so mobil und unabhängig wie möglich sein, denn es ist zwar durchaus praktisch, mit öffentlichen Verkehrsmitteln oder per Anhalter zu fahren, aber man ist doch in seiner selbstbestimmten Bewegungsfreiheit ziemlich eingeschränkt. Wenn man erst einmal monatelang autonom bestimmt hat, wo es langgeht, fällt es einem schwer, sich wieder von Fahrkarten und -plänen abhängig zu machen. Wir kamen also entdeckungsfreudig, aber auch nervös gespannt in Khartum an. Wir mussten und wollten irgendwie weiterkommen, hatten aber keine Ahnung, wie und womit wir das anstellen sollten.

★ ★ ★ ★ ★

Wir hatten das riesige Glück, auf unserer Reise Menschen zu begegnen, die uns zeigten, wie man auch mit wenigem glücklich sein kann. Die wussten, dass Geben seliger denn Nehmen ist. Sie haben uns geholfen und wieder geholfen und verlangten dafür nur ein Lächeln und eine Umarmung. Wir waren gerade erst in Khartum angekommen, da ließ mich der glückliche Zufall über die großzügigsten und besten Menschen, die uns eine enorme Hilfe sein sollten, stolpern ...

BRUDER MOHAMMED & BRUDER ADAM

Mohammed hieß uns willkommen, er nahm uns in sein Haus auf und stellte uns praktisch jeden Winkel des Hauses zur Verfügung. Mohammed bestand sogar darauf, es das »Haus von Bruder Thomas« zu nennen (ich war nicht mehr schlicht Tom) und sich selbst nur als einen Gast zu bezeichnen. Mohammed ist ein wirklich beeindruckender Mann, jemand, der sein Leben nach höchst ehrenwerten und respektablen Prinzipien ausrichtet. Er war 14 Jahre lang Soldat in der sudanesischen Armee, er hatte einen hohen Rang und genoss alle standesgemäßen Privilegien – große, teure Autos, ein hohes Einkommen und eine sichere Anstellung in einem Land mit einer enormen Arbeitslosenrate. Aber als er 2012 nach Darfur versetzt werden sollte und begriff, was er dort tun müsste, sagte Mohammed nein. Er sagte nein zur Armee. Nein zum Job. Nein zum Krieg. Er verlor alles. Die Regierung weigerte sich, seinen Sold zu zahlen, weigerte sich, ihn weiterzubeschäftigen. Als wir ihn trafen, war er noch nicht lange verheiratet und hatte einen zweijährigen Sohn.

Mohammed geht es wie so vielen jungen, gut ausgebildeten Sudanesen: Er hat keine Arbeit und kann kaum für seine Familie sorgen. Täglich kämpft er nun mit der Regierung darum, das wiederzubekommen, was ihm zusteht – eine faire Zukunftsperspektive. Doch obwohl er so viel verloren hat, ist Mohammed so unverdrossen und ansteckend fröhlich, wie kaum jemand, dem ich bisher begegnet bin. Er ist dankbar für das, was er hat, und trauert nicht dem Verlorenen nach. Ich habe unglaublich viel von ihm gelernt.

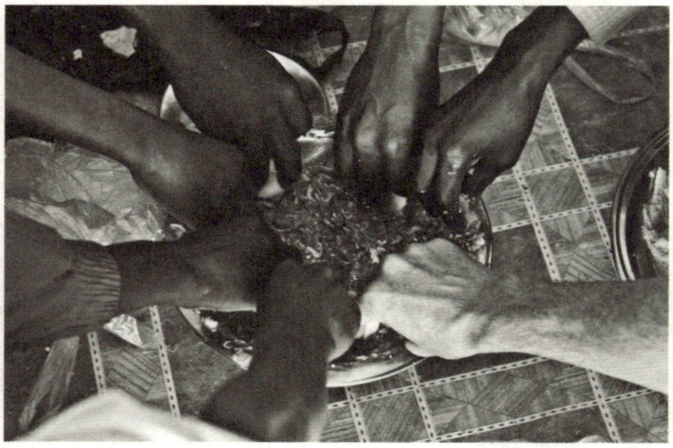

Das Haus, einen Monat lang mein Haus, war voller Lachen und Trubel. Der große Boss des Familienkollektivs war Yussuf. Er ging auf die 75 zu und war zum zweiten Mal verheiratet, mit einer 37 Jahre jüngeren Frau. Sein ältestes Kind war 42, sein jüngstes acht Monate alt – seine anderen Nachkommen lagen altersmäßig dazwischen. Kein Wunder, das seine Augen permanent funkelten. Von diesem Hort des unbegrenzten Kindersegens aus, in dem es vor Brüdern, Schwestern und Cousins nur so wimmelte, in dem gefühlte hundert Leute aus der Großfamilie ein- und ausgingen, machten wir uns auf Vehikel-Suche.

DIE GROSSE SCHATZSUCHE VON KHARTUM HATTE BEGONNEN.

Wir suchten und testeten und suchten, bis wir mit unserem Planungsprogramm praktisch wieder bei null anfingen. Behütet und geleitet vom immer lächelnden, immer geduldigen, immer großzügigen Bruder Adam – nur unterbrochen von scheinbar täglich stattfindenden Hochzeiten seiner Freunde, traditionellen sudanesischen Ringer-Wettbewerben und dem Besuch bei diesem und jenem Cousin –, versuchten wir, irgendeine Maschine aufzutreiben.

★ ★ ★ ★ ★

Adam hatte in Khartum ein Jurastudium glänzend abgeschlossen und fand danach wie so viele andere keine Arbeit. Er war einer dieser Selbstlosen, ohne die ich völlig verloren gewesen wäre. Seine unbeirrbar gute Laune und seine ganz selbstverständliche Hilfsbereitschaft schienen auf alles, was er tat, auszustrahlen.

Mit seinem unwiderstehlichen Charme und seinem hinreißenden Englisch – »Aber nein, ich danke Sie für Ihnen, Mr. Thomas« – stürmte Adam in Werkstätten, Garagen und Sackgassen, stellte unermüdlich Fragen und ging jeder Spur nach. Und ich trottete ihm bei Temperaturen von über 40 Grad durch ganz Khartum hinterher.

Wir unterbrachen unsere Suche nur, wenn Adam etwas essen musste, und das tat er mit dem größten Vergnügen. Nach einigen erfolglosen Wochen stolperten wir unversehens über ein Objekt, das mich dazu brachte, eine klitzekleine, aber nie bereute Dummheit zu begehen …

ES WAR LIEBE AUF DEN ERSTEN BLICK – DESHALB WAR MEIN URTEILSVERMÖGEN ETWAS GETRÜBT …

فرانك اليس ادامس

– FRANK ALICE ADAMS –

Kaum flog die dreckige alte Plane herunter, kaum sah ich den guten Frankie zum ersten Mal, da wusste ich, dass er der Richtige war. Nach ihm hatten wir so lange gesucht. Er war ein Streitross der Sowjet-Ära: eine JAWA 350, Motorrad samt Beiwagen. Ein tschechischer »Klassiker«, wie man so sagt – alt war er auf jeden Fall.

★★★★★

Weil wir wussten, dass man im Sudan mit ausländischen Bankkarten kein Geld abheben kann, fingen wir in Ägypten an, unsere mageren Reserven zu horten, damit wir dann in Khartum irgendein Kraftrad erwerben könnten. Ich schmuggelte unsere Reichtümer in meinen miefenden Socken über die Grenze, sie waren begrenzt, aber gerade groß genug. Frankie war zwar nicht darauf vorbereitet, doch er stand am Beginn einer Abenteuerreise.

Alle Eigenheiten und Fehler des guten Frankie aufzuzählen würde Stunden dauern – ich will es mal so sagen: Dieser unkonventionelle Feuerstuhl hätte damals in Khartum gar nicht erst aus seinem Dämmerzustand geweckt werden sollen. Man hätte ihn nie aus seinem faulen Dasein reißen und auf eine Reise durch den halben großen afrikanischen Kontinent schicken sollen. Dieses Motorrad mit Beiwagen funktionierte einfach nicht so, wie es normale Maschinen tun. Aber wann hätten wir schon mal etwas Vernünftiges getan.

Es war der Beginn einer stürmischen Liebesaffäre. Mit Frankie war es nie langweilig (und er funktionierte auch nie richtig). Er war wirklich einzigartig. Selbst jetzt, nachdem ich weiß, wie unendlich viele Probleme du mir verlässlich bereitet hast, würde ich dich gegen kein voll funktionsfähiges Motorrad der Welt eintauschen.

WIE VIEL GLÜCK – UND PECH – ICH MIT DIR HATTE …

Die Lenkstange war schief.
Es gab keine Tankuhr.
Die Zündeinstellung war hinüber.
Die Blinker funktionierten nicht.
Die Vorderbremse war kaputt.
Der Auspuff fiel regelmäßig ab.
Die Elektronik war völlig hinüber.
Die Tachowelle riss nach 29 Kilometern.

Die Kolbenstangen waren zu fest verschraubt und brachen.
Beide Kolben mussten einen Tag nach dem Kauf ersetzt werden.
Aus dem rechten Zylinder tropften besorgniserregend große Mengen Öl.
Die Zündkerzen mussten spätestens alle 50 Kilometer gereinigt werden.
Der Auspufftopf war durchlöchert und dämpfte deshalb gar nichts.
Der Benzinschlauch löste sich ständig, und das Benzin floss in meine Schuhe.
Der Benzintank wurde mit einem eingekeilten Flip-Flop an seinem Platz gehalten.

Der Motor sprang nur an, wenn man die Maschine rennend anschob oder sie zufällig auf einem Hügel stand.
Das einzige Nummernschild war in einer Sprache verfasst, die niemand entziffern konnte, weder im Sudan noch weiter südlich.
Das verbogene Schutzblech kam weg, weil Frankie sonst nicht links abbiegen konnte.
Und die Federung war doch ziemlich hart …

… ALLE ANDEREN PROBLEME MIT FRANKIE HABE ICH TUNLICHST VERDRÄNGT.

**FAHREN. PANNE.
HALTEN. REPARARIEREN.
FLUCHEN.
NOCH MAL REPARIEREN.
FAHREN. PANNE.
HALTEN. FLUCHEN.**

UND VON VORNE.

Während wir noch auf der Jagd nach Frankie waren, kam jeden Tag irgendwann der Moment, ab dem unsere Suche anstrengend und ziellos wurde. Dieses Absinken der Energiekurve stand immer in direktem Zusammenhang mit Adams wachsendem Hunger. Sobald dieser Moment kam, wusste ich, dass wir schnell nach etwas anderem fahnden mussten – nach etwas Essbarem für Adam.

{ Für 4 Personen }

- 2 cm FRISCHER INGWER {geschält & fein gerieben}
- 4 KNOBLAUCHZEHEN {geschält & fein gehackt}
- 3 TL PAPRIKAPULVER
- 2 TL GEMAHLENER KORIANDER
- 2 TL GEMAHLENER KARDAMOM
- 2 TL GETROCKNETE CHILISCHOTEN
- 2 TL GEMAHLENER BOCKSHORNKLEESAMEN
- 2 TL GEMAHLENER ZIMT
- 2 TL GEMAHLENER PIMENT
- 2 TL GETROCKNETE MINZE
- 2 TL TOMATENMARK
- 1 ZITRONE {Saft}
- 250 ml HÜHNERBRÜHE
- 4 halbe BRATHÄHNCHEN {oder 2 ganze}

Für den gelben Reis:

- 500 g BASMATIREIS
- 2 TL BUTTER
- 1 TL GEMAHLENE KURKUMA
- 1 TL GEMAHLENER KORIANDER
- 1 TL GEMAHLENER KARDAMOM
- SALZ & FRISCH GEMAHLENER SCHWARZER PFEFFER

Ich musste Adam gar nicht erst fragen, was er wollte, die Antwort war sowieso immer dieselbe. »Mr. Thomas, ich hätte sehr gern ein Punkt-Halb-Hähnchen, danke Sie für Ihnen.« Weil Adam sich mit der Zeitmessung im Englischen auskannte, hatte er beschlossen, dass diese Ausdrucksweise auch zu völlig anderen Größeneinheiten passte. So wurde also aus einem halben Brathähnchen ein »Punkt-Halb-Hähnchen«, und dabei blieb es. In Khartum gibt es an jeder Ecke diese großartigen Öfen, die einen Vogel nach dem anderen am Drehspieß bräunen und den verlockenden intensiven Duft von gerösteten Gewürzen und Kräutern verströmen. Beim Essen holte Adam kaum einmal Luft, und wenn sein Energiebedarf dann wieder gedeckt war, ging die Jagd nach einer Maschine mit vollem Elan weiter.

Den Ofen auf 240 °C (Umluft 220 °C) vorheizen. Für die Hähnchenmarinade Ingwer, Knoblauch, alle trockenen Gewürze und Kräuter, Tomatenmark, Zitronensaft sowie Hühnerbrühe mit reichlich Salz und Pfeffer in einer großen Schüssel verrühren. Die Mischung sollte möglichst flüssig sein, sodass sie sich leicht gießen lässt.

Verwenden Sie für dieses Rezept einen Bräter, in den beide Hähnchen nebeneinander passen. Jedes Hähnchen rundum mit einem scharfen Messer etwa zehnmal einen halben Zentimeter tief einschneiden und mit der Marinade übergießen. Die Flüssigkeit sollte auch den Boden des Bräters bedecken, um die Hähnchen beim Braten damit bestreichen zu können und sie so schön saftig zu halten.

Den Bräter in den Ofen schieben und die Temperatur auf 200 °C (Umluft 180 °C) reduzieren. Etwa jede halbe Stunde das Fleisch mit der Marinade beträufeln. Nach einer Bratzeit von insgesamt einer Stunde und 20 Minuten sollten die Hähnchen durchgegart und schön goldbraun geröstet sein.

Etwa 25 Minuten vor Ende der Bratzeit den Reis in ein Sieb geben und etwa eine Minute unter kaltem Wasser spülen, bis das abtropfende Wasser klar ist. Die Butter in einem hohen Topf zerlassen und Kurkuma, Koriander und Kardamom eine Minute darin dünsten. Den Reis dazugeben und umrühren, um die Körner gleichmäßig mit den Gewürzen zu überziehen. Einen Liter kochendes Wasser angießen, den Reis aufkochen und dann mit Deckel bei geringer Hitze etwa 15 Minuten ziehen lassen, bis er das ganze Wasser aufgenommen hat. Überprüfen, ob die Reiskörner *al dente* gegart sind (eventuell noch kochendes Wasser zugießen, falls die Körner noch zu hart sind). Dann den Reis vom Herd nehmen und mit einer Gabel auflockern. Die Hähnchen aus dem Bräter heben und mit dem Reis und einer Auswahl von Ammamis Beilagensalaten servieren (siehe Seite 183 f.).

ADAMS »PUNKT-HALB«-HÄHNCHEN

– würzig-scharfes Brathähnchen mit gelbem Reis & Beilagensalaten }

Als wir in Khartum noch nach Frank suchten, beschlossen wir, einen Kurzausflug zu ein paar »alten Steinen« zu machen, von denen Mohammed mal irgendetwas gehört hatte. Seine vagen Angaben brachten uns nicht weiter, und wir fanden auch niemanden, der die besagten »Steine« schon mal gesehen hatte oder Näheres wusste.

Immerhin riet man uns, wir sollten den richtigen Bus Richtung Norden in die Wüste nehmen, dem Fahrer einen instruierenden Satz zuflüstern – den wir garantiert falsch aussprechen und den er wahrscheinlich nicht verstehen würde – und dann aus dem Bus aussteigen, wenn oder falls er uns dazu aufforderte.

Der Satz wurde gesagt.
Der Fahrer blieb beruhigend unbeeindruckt.

… vier Stunden später und nach Sonnenuntergang erhielten wir endlich unseren Marschbefehl …

Wir sollten einfach aussteigen und loslaufen. Ihr müsst in diese Richtung gehen, hieß es mit lässig ausgestrecktem Finger. Ihr lauft zwei Kilometer in diese Richtung, bis ihr an einen Zaun kommt. Wir hatten eine Tasche mit Brot, einer Flasche Wasser, einem Schlafsack und einer Kamera dabei, der größte Luxus aber war der traumhaft helle Vollmond, der uns den Weg weisen würde.

★ ★ ★ ★ ★

Wir zogen also los. Bald waren die Lichter des Busses nur noch winzige Punkte in der uns umhüllenden Einsamkeit und Leere. Aber wie misst man zwei Kilometer zu Fuß? Liefen wir überhaupt in die richtige Richtung? War unsere leise vorgetragene Bitte missverstanden worden?

Einen Haufen Steine in einer Wüste voller Steine zu finden war vielleicht nicht so einfach. Vielleicht liefen wir an ihnen vorbei und wurden von der unendlichen Weite verschluckt. Nein, ein Zaun! Wir sahen uns schnell nach Wachen um – niemand da. Nur wir. Also kletterten wir drüber und stiegen einen kleinen Felsen hinauf. Immer noch nichts. Wo waren diese verdammten Steine?

Aber dann ... ein Anblick, der uns noch immer in Staunen und Ehrfurcht versetzt, wenn wir nur an ihn denken. Absolut umwerfend. Irre Bauten. Ein wahres Wunderwerk ragte aus der Ödnis und erzählte von einer lang vergangenen Zeit und einer untergegangenen Kultur.

WIE ENTSTAND DIESES WUNDERWERK, WARUM EXISTIERT ES ÜBERHAUPT, WARUM IST ES SO UNBEKANNT?

Noch ein verborgener Schatz des Sudan. Er gehörte uns allein. Wir kletterten auf die Pyramiden. Wir stiegen in die Grabkammern. Wir taten so, als könnten wir die arabischen »Klettern verboten«-Schilder nicht lesen. Es war fast Mitternacht, aber hier in der Wüste, bei Mond und Sternen, war es taghell. Wir lagen unter dem silberbestäubten Himmel, umgeben von diesen uralten Zeichen menschlicher Ingenieurkunst.

WAS FÜR EIN GROSSES UND BLEIBENDES GLÜCK!

Sudanesische Hochzeiten sind ein herausragendes gesellschaftliches und kulturelles Ereignis. Sie sind üppige, protzige, fröhliche Angelegenheiten, die vor Verschwendung und uralter Symbolkraft nur so strotzen. Während wir in Khartum waren, verschaffte uns Adam Einladungen zu drei Hochzeiten. Ammani, Mohammeds Schwester, die noch nicht lange verheiratet war, erzählte mir etwas von den Ritualen und einzigartigen Traditionen, die diese aufwendigen Anlässe prägen.

★ ★ ★ ★ ★

Etwa einen Monat vor dem großen Hochzeitstag zieht sich die Braut in ihr Haus oder das eines Verwandten zurück. In den kommenden Wochen erlebt sie einen Verschönerungsprozess, der *dukhan* genannt wird. Jeden Tag wickelt die Braut sich von Kopf bis Fuß in eine Decke und nimmt dann fast eine Stunde lang ein Rauchbad. Dafür wird *talih*, ein aromatisches Akazienholz, auf heiße Kohlen gelegt, sein Rauch umhüllt die Braut dann in dichten duftenden Schwaden. In diesen Wochen wäscht die Braut sich nicht, ihr Körper wird mit aromatischen Ölen und selbst gemachten Parfüms eingerieben. Am Ende des Monats liegt eine rußige, ranzig riechende Ölschicht auf ihrer Haut. Die wird dann in einem rituellen Peeling entfernt, und darunter kommt die schimmernde, entgiftete Haut zum Vorschein. Die Körper von Bräutigam und Braut werden auf getrennten Feiern mit schwarzer Henna bemalt. Der Braut werden filigrane Kunstwerke auf Arme und Beine gezeichnet. Beim Bräutigam werden, ganz männlich, nur die Fingerspitzen und die Fußsohlen bemalt. Am Hochzeitsmorgen, *al dukhla*, lässt die Familie der Braut der Familie des Bräutigams von einer Schar ululierender Frauen ein Frühstück überbringen. Danach geht es in die Moschee, wo der Bräutigam seine Braut nach einem Monat zum ersten Mal wiedersieht. Der Bräutigam trägt einen dunklen Anzug, die Braut ein weißes Hochzeitskleid. Darauf folgt das offizielle Eheversprechen, *agid*.

Die Gesellschaft zieht dann zum Haus eines Verwandten, in ein aufwendig geschmücktes Zelt mitten auf der Straße oder an einen anderen besonderen Ort. Den Gästen werden große Tabletts mit Essen vorgesetzt – verschiedene traditionelle Salate, gekochtes und gegrilltes Fleisch, Linsen- und Gemüsesuppen. Das alles wird mit alkoholfreien Getränken hinuntergespült. Der Sudan ist ein »trockenes« Land, Alkohol ist verboten. Aus knisternden Stereoanlagen tönt laute Musik von populären einheimischen Sängern oder DJs. Wenn alle gegessen haben, heben die Männer den Bräutigam auf ihre Schultern, und alle tanzen mit erhobenen Armen, schnippen mit den Fingern, lachen und ululieren, um den Bräutigam zu ehren. Die Mutter der Braut ruft dann die Frauen der Familie, die Freundinnen der Braut und einige ausgewählte männliche Familienmitglieder zu *al subhia* zusammen. An diesem Punkt der Feier wechselt die Braut meist das Kleid, schminkt sich neu und führt einem hingerissenen Publikum drei oder vier Tänze vor.

Dann ist es Zeit für das letzte Ritual, *jirtig* genannt, das nubische Wort bezeichnet einen Halbedelstein, den Verheiratete zum Schutz gegen den bösen Blick tragen. Ein mit roten und gelben Tongefäßen, Weihrauch und Parfüms beladenes Tablett wird vor das *angaraib el jirtig*, das »Hochzeitsbett« des Paars gestellt. Das Bett, oder zwei Stühle, werden mit rotsamtenen und goldenen Tüchern bedeckt – als Zeichen der Fruchtbarkeit und des Wohlstands. Die Braut zieht sich noch einmal um und legt eine Art roten Sari, *toub*, und viel Goldschmuck an. Der Bräutigam zieht eine weiße *djellaba* an und windet sich rote Bänder um Kopf und Handgelenke. Danach besprüht er die Gäste mit Parfüm. Die Braut reicht ihrem Mann ein Glas Milch, das sie dann gemeinsam leeren, zum Zeichen des Friedens, der Liebe und der Hoffnung auf ein reines gemeinsames Leben.

Ammani beschrieb das sehr lebhaft in gebrochenem Englisch, und Mohammed übersetzte, wenn nötig. Ihr eigener großer Tag war bestimmt fantastisch. Und sie ist eine leidenschaftliche Köchin. Als ich sie nach dem Essen fragte, zog sie mich einfach in ihre kleine Küche auf der Rückseite des Hauses und bereitete ein paar Köstlichkeiten zu.

JIBNA-*Salat*

- ½ SALATGURKE {in ½ cm große Würfel geschnitten}
- 200 g KIRSCHTOMATEN {halbiert}
- 1 große Handvoll RUCOLA
- 2 FRÜHLINGSZWIEBELN {in feine Scheiben geschnitten}
- 100 g FETA {zerkrümelt}
- 3 EL SESAMÖL
- 1 LIMETTE {Saft}
- 1 TL HONIG
- SALZ & FRISCH GEMAHLENER SCHWARZER PFEFFER

Gurke, Tomaten, Rucola, Frühlingszwiebeln und Feta in einer Salatschüssel vermengen. Sesamöl, Limettensaft und Honig in einer Tasse verrühren und mit Salz und Pfeffer würzen. Mit dem Schneebesen aufschlagen und über den Salat gießen.

Dama be POTAATAS

- 2 große SÜSSKARTOFFELN {in 1 cm große Würfel geschnitten}
- ½ ROTE ZWIEBEL {fein gehackt}
- 1 LIMETTE {Saft}
- 1 große Handvoll BLATTSPINAT
- SESAMÖL
- 1 TL GEMAHLENER KARDAMOM
- 1 KNOBLAUCHZEHE {geschält & fein gehackt}
- 1 GRÜNE CHILISCHOTE {in feine Ringe geschnitten}
- 1 Handvoll KORIANDERKRAUT {grob gehackt}
- SALZ & FRISCH GEMAHLENER SCHWARZER PFEFFER

Die Süßkartoffeln in einem Topf mit gesalzenem Wasser zum Kochen bringen und weich garen. Abgießen und beiseitestellen. Die Zwiebel in einer Schüssel mit dem Limettensaft beträufeln und leicht salzen und pfeffern. Den Blattspinat in einer Pfanne bei mittlerer Hitze im Sesamöl dünsten, bis er zusammenfällt. Kardamom, Knoblauch und Süßkartoffeln einige Minuten mitdünsten, dann alles in eine Servierschüssel geben. Chili, Korianderkraut und die Zwiebel-Limetten-Mischung darübergeben. Mit Salz und Pfeffer abschmecken.

ROTE-BETE-*Salat*

- 3 große ROTE-BETE-KNOLLEN {Stängelansätze ausgeschnitten}
- 2 mittelgroße KAROTTEN {gerieben}
- 200 g KIRSCHTOMATEN {halbiert}
- 2 FRÜHLINGSZWIEBELN {in feine Scheiben geschnitten}
- 1 Handvoll KORIANDERKRAUT {grob gehackt}
- 3 EL SESAMÖL
- 1 LIMETTE {Saft}
- 1 TL HONIG
- 1 TL HARISSA
- SALZ & FRISCH GEMAHLENER SCHWARZER PFEFFER

Die Roten Beten in einem Topf mit gesalzenem Wasser weich garen. Abgießen und vollständig abkühlen lassen, dann schälen und in ein Zentimeter große Würfel schneiden. In einer Servierschüssel mit Karotten, Kirschtomaten, Frühlingszwiebeln und Korianderkraut vermengen.

Sesamöl, Limettensaft, Honig und Harissa in einer Tasse verrühren und mit Salz und Pfeffer würzen. Das Dressing aufschlagen und über den Salat gießen.

ASWAD BE ZABADI-*Salat*

- 2 große AUBERGINEN {längs in dünne Scheiben geschnitten}
- PFLANZENÖL
- 1 TL HARISSA
- 125 g NATURJOGHURT
- 1 TL ERDNUSSBUTTER
- 1 ZITRONE {Saft}
- 1 KNOBLAUCHZEHE {fein gehackt}
- 1 kleine Handvoll MINZE {grob gehackt}
- 1 kleine Handvoll DILL {grob gehackt}
- 1 kleine Handvoll PETERSILIE {grob gehackt}
- 80 g UNGESALZENE ERDNUSSKERNE
- SALZ & FRISCH GEMAHLENER SCHWARZER PFEFFER

Eine Grillpfanne bei mittlerer Temperatur erhitzen. Die Auberginenscheiben leicht mit Öl bepinseln. Auf jeder Seite zwei bis drei Minuten in der Pfanne braten, bis sie weich sind. Aus der Pfanne nehmen und auf einem Servierteller anrichten. Die Harissa mit Joghurt, Erdnussbutter, Zitronensaft und Knoblauch in einer Tasse verrühren und mit Salz und Pfeffer würzen. Das Dressing über die Auberginen träufeln und alles mit den frischen Kräutern und den Erdnusskernen bestreuen.

– Das – GROSSE RENNEN *durch die Sahara*

Die Grenze war so verflucht nah, aber ich saß schwitzend in der Mittagshitze der sudanesischen Wüste. Da saß ich, mit einer feuerrot glühenden Nase, mit zwei um meine Hände gewickelten T-Shirts, damit meine Knöchel nicht noch mehr litten, und einem voll beladenen Motorrad, das gerade unerwartet und besorgniserregend ruckelnd zum Stehen gekommen war. Und nicht mehr ansprang. Nicht das. Nicht jetzt. Nicht nach all dem …

FRANKIE, REISS DICH ZUSAMMEN, JUNGE, WIR SCHAFFEN ES GEMEINSAM ÜBER DIE GRENZE …

Fünf Tage vorher hatte der Countdown begonnen: Wir hatten noch fünf Tage, bis unsere sudanesischen Visa abliefen. Frank musste repariert, angemeldet, ausgerüstet und dann 580 Kilometer von Khartum durch die Sahara bis zur äthiopischen Grenze gefahren werden. Wir hatten keine Möglichkeit, Geld abzuheben, keine gemeinsame Sprache, um mit Mechanikern, Juristen oder Bürohengsten zu reden, aber eine lange Liste technischer Probleme, die Frank für ein transkontinentales Abenteuer jämmerlich ungeeignet machten.

★ ★ ★ ★ ★

NOCH FÜNF TAGE: nach dem Aufstehen feststellen, dass der Hinterreifen platt ist. Dann das Leck im rechten Kolben stopfen. Dann die Ölpumpe reparieren. Ein echt vielversprechend mieser Start.

NOCH VIER TAGE: Frankie braucht eine lebenswichtige Transplantation. Zwei brandneue Kolben. Das »schleifende« Geräusch des Motors, so teilt man mir mit, ist doch nicht so »hat-jedes-Motorrad«, wie man mir ursprünglich versicherte.

Auf zum zwölfstündigen Reparaturmarathon. Ich hocke auf dem öligen Betonboden und verstehe das Informationstrommelfeuer, das der einbeinige Mechaniker auf mich loslässt, nicht oder falsch. Die Maschine wird auseinandergenommen. Ich bin sie immer noch nicht gefahren. Eigentlich bin ich noch nie Motorrad gefahren.

NOCH DREI TAGE: Wir haben endlich allen bürokratischen Papierkram erledigt. Ich bin jetzt der offizielle und rechtmäßige Besitzer eines sudanesisch-tschechoslowakischen Motorrads. Eines Motorrads, dessen Geburtsland nicht mehr existiert. Krise. Zurück in die Werkstatt und in den Schneidersitz zu weiteren acht langen Lehrstunden.

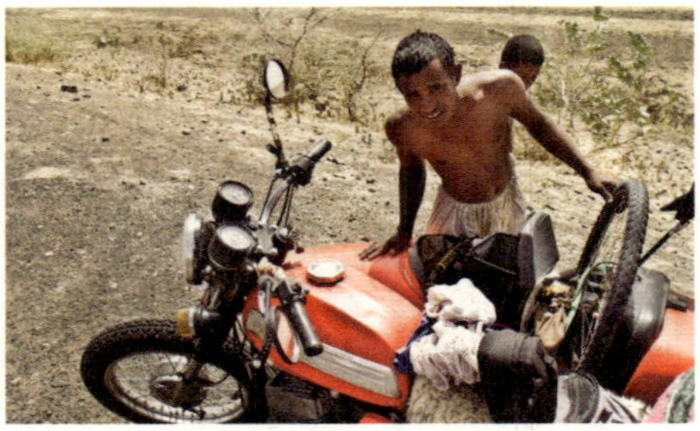

NOCH ZWEI TAGE: Die Kolben sind angeblich »okay« – aber nur, wenn ich mich strikt an 50 Kilometer pro Stunde halte. Ich muss die Stadt unbedingt verlassen. Noch ein Tag Aufschub, und ich müsste zwölf Stunden ohne Pause bis zur Grenze rauschen. Also werfe ich die letzten der zahlreichen fraglos nutzlosen Objekte in den Beiwagen, nehme herzlichen Abschied von meiner adoptierten neuen Großfamilie und mache mich auf den Weg nach Äthiopien.

★★★★★

Wir fahren ein Stück. Ungefähr eine halbe Stunde. Und dann geht der Motor aus. Das ist nicht gut. Frank weigert sich stur, aus dem ersten Gang zu kommen. Das kann doch nicht wahr sein! Das Gespenst des illegalen Aufenthalts grinst mich drohend an. Mit diesem Motorrad schaffe ich es nie. Ruhe bewahren und nachdenken. Was hat der einbeinige Mechaniker gesagt? Zündkerzen kontrollieren. Das war's. Das kann ich ...

Das wird das Problem sein. Sie sind völlig verrußt. Wahrscheinlich stimmt irgendwas mit der Verbrennung nicht. Das Benzin-Öl-Verhältnis? Oder was anderes? Ich schmirgle mit Sand die Schmutzschicht ab. Werfe den Motor wieder an. Jetzt los – und lange nicht mehr anhalten. Nach 29 Kilometern ist die Tachowelle hin. Wie soll ich da ein Limit von 50 Kilometern die Stunde einhalten? Außerdem melden sich jetzt die Nebenwirkungen der Malariamittel – ganz andere Probleme.

DOXICYCLIN:

VORSICHT – *Sie sollten eine direkte Sonneneinwirkung während der Einnahme vermeiden.*
Nebenwirkungen – Die Haut reagiert extrem empfindlich auf Sonnenlicht, es kann zu schwerem Sonnenbrand kommen.

Meine Nagelhäute brennen. Meine Nagelhäute! Und die Knöchel. Und meine Nase. Ich bekomme starkes Nasenbluten – wahrscheinlich vom Sonnenbrand. Mein Bart färbt sich ganz rot. Es ist sechs Uhr abends. Ich war sieben Stunden unterwegs, und Frank macht mal wieder keinen Mucks mehr. Glücklicherweise ereilt uns dieser vorübergehende Zusammenbruch am Rand eines kleinen Dorfs. Ich schiebe und ziehe das Motorrad auf ein fast ebenes Stückchen Erde und will nur noch mein Zelt aufbauen und schlafen. Die Menge versammelt sich schneller, als ich erwartet habe. Die Ältesten kommen zusammen. Und wie schon so oft, hat die Menge mit meiner provisorischen Behausung nur ein Problem: Sie ist für mich nicht bequem und sicher genug.

»KOMM MIT MIR. NIMM MEIN BETT. ICH HABE ETWAS ZU ESSEN. DU BIST SEHR SCHMUTZIG. KOMM DICH WASCHEN.«

Ich fühle mich in meiner neuen sicheren Behausung gar nicht mehr so sicher, als eine fast zwei Meter lange, um einen Stock geschlungene schwarze Kobra aus dem Haus getragen wird. Irgendetwas an den hastigen Bewegungen des Stockträgers sagt mir, dass das doch kein Haustier war. Ich sehe ihm nach, als er im Busch verschwindet. Geh weit, Bruder. Der Schlaf kommt überraschend schnell. Diamantenes Funkeln in der Finsternis über mir verheißt einen neuen Morgen voller Abenteuer. Die Hälfte haben wir hinter uns. Noch 280 Kilometer.

* * * * *

DER LETZTE TAG: Mein Weckruf ist so unerwartet wie mitreißend. 200 sudanesische Polizisten machen ihren morgendlichen Trainingslauf. Sie singen. Sie wirbeln eine Sandwolke auf. Ihre Stimmen dringen vereint durch die Wolke hindurch. Die ersten Sonnenstrahlen schimmern durch die Sandschwaden und lassen dieses Spektakel surreal erscheinen.

Ich packe schnell zusammen. Ich habe nur allzu klar erkannt, wie riskant es ist, in der größten Hitze des Tages unterwegs zu sein. Okay, Frankie, auf geht's. Eine Stunde später fluche ich immer noch vor mich hin. Dann plötzlich, Leben. Los, los! Ich fahre aus dem Dorf hinaus und umkurve die zahlreich erschienenen, verständlicherweise neugierigen Beobachter. Wir fahren sechs Stunden und legen nur eine zehnminütige Pause ein. Eine zu lange Rast könnte katastrophal sein, ich habe inzwischen begriffen, dass Frank sich vom Schwung tragen lässt. Haben wir genug Benzin? Ich glaub schon. Also weiter. Mit T-Shirt-verbundenen Händen Motorrad zu fahren ist doch erheblich schwerer als gedacht. Zum Glück führt die Straße geradeaus. Aber die vielen Schlaglöcher erfordern höchste Konzentration. Wir fressen Kilometer. Mein Grinsen wird immer breiter, meine Dehydration schreitet fort. Die Grenze und die Wiedervereinigung unseres Teams sind zum Greifen nah – das Letzte, das ich ins Telefon sagen will, ist:

»HEY, MANN, NOCH KNAPP ZEHN KILOMETER. KLEINES PROBLEM. ICH GLAUBE, MIR IST DAS BENZIN AUSGEGANGEN.«

Mir war aber gar nicht das Benzin ausgegangen, sondern nur die Fähigkeit, rational zu denken, abhanden gekommen. Ich hatte nicht an den Reservetank gedacht. Wie so oft halfen eine Kombination aus gesundem Menschenverstand und konstruktiver Selbstkritik weiter. Nach dem Umlegen eines Schalters schnurrte Frank wieder. Über den Hügel und in die Grenzstadt hinunter – wir hatten es geschafft. 580 Kilometer mit dürftigen Kolben und einem unbedarften Fahrer. Gut gemacht, du altes kommunistisches Streitross!

JETZT MÜSSEN WIR NUR NOCH ÜBER DIE GRENZE NACH ÄTHIOPIEN KOMMEN. EINE KLEINIGKEIT, WENN MAN NICHT DIE RICHTIGEN PAPIERE HAT …

SUDAN
Gonder
Tanasee
Bahir Dar
Debre Markos
SCHLUCHT DE
BLAUEN NIL
Ada
Awassa
Shashemene
Arba
Minch
OMO-TAL
SÜDSUDAN
Mega
Moyale
TURKANASEE
DEMOKRATISCHE
REPUBLIK
KONGO
UGANDA
Marsabit
Jinja
KENYA
KAKAMEGA-
REGENWALD
Mt.
Kenia
Kampala
Masaka
VIKTORIASEE
Nairobi
RUANDA

ERITREA
DSCHIBUTI
ÄTHIOPIEN
BALE-GEBIRGE
SOMALIA
EAST
AFRICA
INDISCHER OZEAN

– *Willkommen in* –

ÄTHIOPIEN

Dass ein Land ungeheuer viele ungewöhnliche und herrlich verrückte Erlebnisse verspricht, wissen Sie, wenn Sie am ersten Morgen mit einem Ruck aufwachen und eine Ratte auf Ihrem Gesicht sitzt. Richtig – ein dreckiger, fetter Nager. Die Zehen in Ihre Oberlippe gekrallt, den Schwanz nonchalant in Ihren eben noch wohlig schnarchenden offenen Mund geringelt. Als Willkommensgruß war das neu und die perfekte Einstimmung auf dieses überirdische Land. Der Trip durch Äthiopien war auf bizarre Weise einzigartig.

★ ★ ★ ★ ★

Seit Albanien waren die Unterschiede diesseits und jenseits einer Grenze nicht mehr so enorm gewesen. Aus der konservativen muslimischen Welt des Sudan in den Sinnenrausch Äthiopiens einzutauchen war ein Erweckungserlebnis. Der Unterschied war so allumfassend wie extrem erfrischend. Auf einmal waren da so viel mehr Farben, so viel nackte Haut und so viel Bier. Vom ersten Moment an verlangte dieses Land uns mehr ab als jedes andere. Für den, der mit dem Rad oder einer klapprigen, technisch temperamentvollen Maschine fährt, ist Äthiopien ein Land, das ein dynamisches Spektrum von Herausforderungen und Möglichkeiten bietet.

Wenn ich an unsere Zeit in Äthiopien denke, setzte ich ein völlig idiotisches Grinsen auf und stoße unwillkürlich ein erschöpftes Ächzen aus. Es war eine wahnsinnig intensive, bereichernde, merkwürdig frustrierende und doch höchst erfreuliche Zeit. Dieser Abschnitt der Reise war wirklich wie kein anderer. In Äthiopien wurden Körper und Gefühle erst richtig auf die Probe gestellt.

VON WEGEN KONVENTIONEN: ÄTHIOPIEN STELLT FAST ALLE(S) AUF DEN KOPF.

Dieses uralte Land hat ein eigenes einzigartiges Alphabet, eine eigene Sprache, eigene religiöse Bräuche, Tänze, seine eigene Zeitrechnung und seinen eigenen Kalender. Es hinkt knapp acht Jahre hinter unserem Gregorianischen Kalender her, und der neue Tag beginnt nicht um Mitternacht, sondern richtet sich nach Sonnenauf- und -untergang. In diesem Land leben über 80 verschiedene ethnische Gruppen. Und jede hat wieder ihre eigene Sprache, Kultur und Tradition. Es ist eines der am dichtesten besiedelten Binnenländer der Welt. Wo man auch hinschaut: Menschen, Menschen, Menschen. Mächtig stolze, faszinierende, schöne Menschen. Kein Wunder, dass das Land »Wiege der Menschheit« genannt wird. Ob in den uralten Städten Lalibela, Axum und Gondar oder bei den vielen indigenen Stämmen in der Region des Omo-Tals – über allem und allen liegt eine Aura des Wunderbaren. Wenn Sie ein ungeheuer faszinierendes Land sehen möchten, sollten Sie nach Äthiopien reisen.

In Äthiopien treffen uralte Traditionen und landwirtschaftliche Praktiken auf eine rapide Modernisierung und Urbanisierung. Das Land leidet unter althergebrachten Stammes- und Grenzkonflikten und hat gleichzeitig mit den Herausforderungen der Zukunft zu kämpfen. Es ist ein unglaublich dynamisches Land, neugierig, lebendig und aktiv – mit einigen der schönsten und atemberaubendsten Landschaften des ganzen Kontinents. Die spektakuläre Schlucht des Blauen Nils, die Bergketten der Simien und Bale Mountains, die Seen des Rift Valley, das südliche äthiopische Hochland sind von einer faszinierenden Ursprünglichkeit. In diesem Land erheben sich 80 Prozent der höchsten Gipfel Afrikas. Kaum hat man es auf einen Bergpass geschafft, guckt man auf einen noch höheren, noch steileren und noch imposanteren. In diesem Land gibt es großartige geographische Phänomene, eine faszinierende ethnische und kulturelle Vielfalt, eine üppige, fruchtbare Vegetation, kurz: bildschöne Landschaften, reich an unglaublichen Naturprodukten. Es war manchmal kaum zu fassen, wie viele frische Früchte und Gemüse es hier gibt. Aber wer kennt das Land schon? Wir dachten vorher jedenfalls nicht an Überfluss.

★ ★ ★ ★ ★

Die koptische Kirche, die die größte religiöse Gemeinschaft ist und bis ins 4. Jahrhundert zurückreicht, bestimmt Esskultur und -sitten im ganzen Land. Die äthiopische Küche hat zahllose Rituale – vom zeremoniellen Händewaschen vor der Mahlzeit bis zu den fleischlosen Fasttagen – und eine wunderbare, zeitlose Aura. Wir haben auf unserer Tour wirklich viel probiert und genossen, aber die äthiopischen Speisen sind unsere absoluten Lieblingsspeisen geworden. So lecker, so einzigartig, so typisch für dieses faszinierende Land. Tolles gemeinsam gegessenes, kleckerndes Finger-Food.

In der äthiopischen Küche werden sehr viele kräftige Gewürze verwendet. Die wichtigste Gewürzmischung, Berbere, ist in vielen Gerichten ein absolutes Muss. Wie für die meisten Gewürzmischungen gibt es auch für Berbere kein definitives Rezept. Der Geschmack variiert, je nachdem, ob man einige der weniger bekannten Zutaten auftreiben kann, die außerhalb Äthiopiens nicht so leicht zu finden sind – zum Beispiel Korarima, auch »falscher« oder »äthiopischer Kardamom« genannt, der nur in Äthiopien wächst. Natürlich kann man auch echten Kardamom nehmen, aber es ist dann eben nicht dasselbe und nicht ganz authentisch. Oft ist es besser, wenn man auf Ersatzzutaten verzichtet. Selbst das einfachste Berbere besteht noch aus einer komplexen Mischung von getrockneten Chilis und duftenden Gewürzen und verleiht jedem langsam gekochtem Gemüse-, Linsen- oder Fleisch-»Wot« (das amharische Wort für Eintopf) ein reiches Aroma mit scharfen, bitteren und süßen Noten. Für viele Gerichte wird außerdem die geklärte Gewürzbutter Niter Kibbeh verwendet. Man stellt sie so ähnlich wie Ghee her, gibt dann aber Kreuzkümmelsamen, gemahlenen Koriander, Kurkuma, Korarima, Bockshornklee und als frische Zutaten Ingwer, Knoblauch, rote Zwiebeln, Oregano und Basilikum dazu, bevor die Butter gefiltert wird. Niter Kibbeh ist die zweite sehr aromatische Basisnote der äthiopischen Küche.

In jedem Land, durch das wir bisher gekommen waren, gab es irgendein typisches Grundnahrungsmittel, etwas, das preiswert war und fast überall serviert wurde. Aber nichts war so allgegenwärtig wie der Star der äthiopischen Küche: Injera. Injera ist praktisch die Grundlage fast aller äthiopischer Gerichte, denn es ist sowohl Besteck als auch Tischdecke. Es ist ein großer, luftiger, fermentierter, leicht säuerlicher Pfannkuchen, der auf ein großes Tablett gebreitet wird, von dem sich alle bedienen, und der mit würzigen Wots, frischen Salaten, gebratenem Fleisch oder Gemüse belegt wird. Zum Essen reißt man einfach mit der rechten Hand ein Stückchen ab und hält es zwischen Daumen, Zeige- und Mittelfinger. Dann drückt man es etwas zusammen und nimmt damit eine mundgerechte Portion Wot auf. Praktisch jeder Einwohner Äthiopiens isst es täglich in der ein oder anderen Variante. Egal ob arm oder reich, ländlich oder städtisch, erfolgreicher Geschäftsmann, kleiner Subsistenzbauer oder Staatspräsident. Injera wird in den teuersten Hotels und den billigsten Kneipen serviert. Es hebt soziale Grenzen auf und macht alle täglich etwas gleicher.

– BACKREZEPT FÜR –

INJERA

Die Hauptzutat von Injera ist Teff. Ein wirklich bemerkenswertes Getreide aus der Familie der Süßgräser. Es hat winzige Körner – ist deshalb auch als Zwerghirse bekannt –, wird im nördlichen Hochland von Äthiopien und in Eritrea angebaut und zweimal im Jahr geerntet. Allein in Äthiopien gibt es geschätzt über sechs Millionen Teff-Bauern. Teff ist ein fester Bestandteil der äthiopischen Kultur. Am Horn von Afrika wird es seit Jahrtausenden gegessen, seine Geschichte reicht bis zu den uralten Kulturen Abessiniens zurück, aber in Europa und Nordamerika zum Beispiel werden seine gesunden Eigenschaften erst jetzt entdeckt und vermarktet. Teff ist reich an Calcium, Eisen und Vitamin C und praktisch glutenfrei. Im Westen wird es deshalb als »Superfood« immer beliebter.

Uns erschien eine Injera-Mahlzeit in Äthiopien ziemlich billig, ein Teller für vier Personen kostet umgerechnet nicht einmal 1,50 Euro. Aber viele Einheimische, mit denen wir gesprochen haben, machten sich Sorgen, weil das Getreide immer teurer wird. Viele kleine Teff-Bauern können sich das Produkt, das sie anbauen, auf dem Markt nicht mehr leisten. Weil westliche Konsumenten Geschmack an Teff gefunden haben, steigen die Preise natürlich. Die entscheidende Frage ist also, wie man sicherstellt, dass auch die einheimischen Märkte und Produzenten von der gestiegenen weltweiten Nachfrage profitieren. Wenn man Injera nach der traditionellen Methode zubereitet, braucht man Geduld. Ansonsten liegt die einzige Schwierigkeit darin, die passsenden Zutaten aufzutreiben. Einfacher und garantiert lecker ist es natürlich, wenn Sie Injera schon fertig gebacken im nächsten äthiopischen Restaurant oder im Delikatessenladen kaufen.

- 1 kg Weizenmehl, Type 550
- 300 g TEFF-MEHL {Mehl aus Zwerghirsekörnern}
- 450 g WEIZENMEHL Type 405, mit 3 gestrichenen TL BACKPULVER gemischt
- WASSER
- SALZ

SCHRITT 1:

Zunächst muss ein Sauerteigstarter hergestellt werden. Dafür in einer großen Schüssel 150 Gramm Mehl gründlich mit so viel Wasser verrühren, dass ein klebrig-dicker Teig entsteht. Mit Frischhaltefolie dicht verschließen und an einen warmen Ort stellen. Nach ein paar Stunden steigen im Teig Bläschen an die Oberfläche. Das ist ein gutes Zeichen: Der Teig reagiert mit den »wilden« Hefebakterien in der Luft und beginnt zu fermentieren.

Damit er den Gärprozess vollständig durchläuft, muss der Vorteig regelmäßig »gefüttert« werden. Dafür mindestens fünf Tage lang einmal täglich die Hälfte des Teigs vom Vortag entfernen und den Rest mit frischen 150 Gramm Mehl und so viel Wasser verrühren, dass die dicke Konsistenz bestehen bleibt. Die neu hinzugefügten Zutaten müssen gut untergearbeitet werden, und der Teig sollte dabei kräftig gerührt werden. Von Tag zu Tag geht der Teig stärker, entwickelt mehr Blasen und wird schaumiger. Sein Geruch ist auch ein guter Indikator dafür, dass Sie sich auf dem richtigen Weg befinden: Anfangs ist er süßlich, mit der Zeit wird der Geruch jedoch immer stechender, fauliger und saurer. Nach fünf Tagen sollte der Starterteig für die Weiterverarbeitung zu Injera bereit sein.

★ ★ ★ ★ ★

SCHRITT 2: Zu gleichen Teilen Teff-Mehl und Vorteig in eine große Rührschüssel geben (eventuell dafür beides in Tassen abmessen). Alles gut vermengen, die Mischung auf eine Arbeitsfläche geben und etwa zehn Minuten kneten, bis ein fester Teig entsteht. Den Teig wieder zurück in die Schüssel geben und portionsweise lauwarmes Wasser unterarbeiten, bis ein dünnflüssiger, lockerer Teig entstanden ist. Die Schüssel mit einem Küchentuch abdecken und den Teig über Nacht stehen lassen.

SCHRITT 3: Am nächsten Morgen mit einem Mixer weiterarbeiten. Den Teig, der jetzt relativ fest ist, portionsweise in den Mixer geben und auf der Pulsstufe geschmeidig rühren. In eine zweite große Schüssel geben und den übrigen Teig ebenso bearbeiten. In die erste, jetzt leere Schüssel die Mehl-Backpulver-Mischung geben und mit lauwarmem Wasser zu einem flüssigen Teig verrühren. Diese Mischung langsam unter den aufgelockerten Teff-Mehl-Teig rühren, sodass wieder eine relativ dünnflüssige Teigmischung entsteht. Mit einem Küchentuch abdecken und eine Stunde ziehen lassen. Dann für eine weitere Stunde in den Kühlschrank stellen.

SCHRITT 4: Nun endlich geht es ans Backen: Dafür müssen Sie sich ein spezielles Kochgerät besorgen. Injera wird auf einer *mitad* gebacken: Traditionell besteht diese aus einer großen Lehmscheibe, die, gestützt auf Ziegel oder Steine, über einem offenen Holzfeuer liegt. Heute sind jedoch die meisten Mitads aus Metall und strombetrieben. Im Grunde sind es große, kreisrunde Kochplatten, auf denen Injera gebacken wird. Alternativ funktioniert aber auch eine kleinere Pfannkuchenpfanne. *Mitad* oder Pfanne bei höchster Temperatur vorheizen. Einen Teelöffel Salz hineingeben und mit einem feuchten Tuch verreiben. Das gibt den Injera ihre charakteristische Konsistenz mit den vielen eingeschlossenen Blasen. Den Teig aufrühren und maximal drei Millimeter hoch in die mitad oder die Pfanne gießen, sodass der Boden vollständig bedeckt ist. Einen Deckel aufsetzen, damit der Dampf nicht entweichen kann. Nach einigen Minuten sollten die Ränder der Injera leicht aufgerollt sein, die Oberfläche ist von Luftlöchern überzogen. Dann die Injera vom Herd nehmen. Es ist kein Grund zur Sorge, wenn sie noch etwas gummiartig und matschig erscheint – sie wird beim Abkühlen fester und bekommt eine luftige Konsistenz. Auf diese Weise den übrigen Teig verarbeiten, bis Sie mit den Fladen eine Armee füttern können – oder der Teig alle ist. Die Injera getrennt voneinander auskühlen lassen und erst danach aufstapeln, damit sie nicht zu einem großen, pappigen Klumpen zusammenkleben.

Diese Prozedur wird in Äthiopien immer wieder wiederholt. Tag für Tag und Woche für Woche.
Wie es immer war und hoffentlich auch immer sein wird.

EINE UNVERZICHTBARE KÜCHENPRAXIS, IN DER UNGLAUBLICHE KULTURELLE UND GESELLSCHAFTLICHE EHRERBIETUNG FÜR DIESES AUSSERGEWÖHNLICHE LAND STECKT.

KIK ALICHA
– Gelbes-Schälerbsen-Püree mit
Kurkuma, Knoblauch & Ingwer }
KEY SIR
– Rote Beten & Kartoffeln mit
gelben Senfkörnern & Bockshornkleesamen }
YE'ABESHA GOMEN
– Blattkohl mit Kardamom,
Bockshornkleesamen & Schwarzkümmel }

SHIRO WOT
– Kichererbsenpüree
mit Berbere-Gewürzen }
TIMITA SALATA
– Tomatensalat mit
roter Zwiebel & Chili }
MISIR WOT
– Rote-Linsen-Püree
mit Berbere-Gewürzen }
ATKILT WOT
– gedünstetes Kohl-Karotten-Gemüse
mit Kurkuma & Chili }

INJERA YETSOM BEYAYNETU

Egal, wo wir aßen, egal ob mittags oder abends, wir bestellten immer dieses Gericht. Und kaum stand der Teller auf dem Tisch, bestellten wir schon den zweiten. Wir konnten einfach nicht genug davon bekommen. Jeden Morgen träumten wir von diesem Yetsom Beyaynetu, das mit Bergen von luftiger Injera und dampfenden Wots serviert wird. Und die Wirklichkeit enttäuschte uns nie.

★ ★ ★ ★ ★

YE'ABESHA GOMEN

– Blattkohl mit Kardamom, Bockshornkleesamen & Schwarzkümmel }

- 2 große Handvoll BLATTKOHL {Stiele gestutzt & klein geschnitten}
- 1 EL NITER KIBBEH {siehe Seite 17}
- 1 ZWIEBEL {grob gehackt}
- ¼ TL GEMAHLENER KORARIMA {äthiopischer Kardamom; ersatzweise schwarzer Kardamom}
- ¼ TL GEMAHLENE BOCKSHORNKLEESAMEN
- ½ TL SCHWARZKÜMMELSAMEN
- 2 KNOBLAUCHZEHEN {geschält & fein gehackt}
- 1 JALAPEÑO-CHILISCHOTE {in feine Ringe geschnitten}
- 1 cm FRISCHER INGWER {geschält & fein gehackt}
- SALZ & FRISCH GEMAHLENER SCHWARZER PFEFFER
- WEISSWEINESSIG

Reichlich gesalzenes Wasser in einem großen Topf zum Kochen bringen und die Kohlstreifen etwa 20 Minuten darin garen. Die Blätter abgießen und gründlich abtropfen lassen, dann beiseitestellen. Die Niter Kibbeh in einem zweiten Topf bei mittlerer Hitze zerlassen. Die Zwiebel darin weich und glasig dünsten. Korarima, Bockshornkleesamen, Schwarzkümmelsamen, Knoblauch, Chili und Ingwer zugeben und etwa 1 Minute mitdünsten. Den Kohl dazugeben und alles vermengen. Eine Minute weiterbraten, dann das Gemüse mit Salz und Pfeffer würzen und nach Geschmack mit einem Spritzer Weißweinessig abschmecken.

MISIR WOT

– Rote-Linsen-Püree mit Berbere-Gewürzen }

- 1 EL NITER KIBBEH {siehe Seite 17}
- ½ ZWIEBEL {fein gehackt}
- 2 TL BERBERE-WÜRZMISCHUNG {siehe Seite 17}
- 1 TL TOMATENPÜREE
- 2 KNOBLAUCHZEHEN {geschält & fein gehackt}
- 1 cm FRISCHER INGWER {geschält & fein gehackt}
- 525 g ROTE LINSEN {abgespült}
- SALZ

Die Niter Kibbeh in einem großen Topf bei mittlerer Hitze zerlassen und die Zwiebeln darin weich und glasig dünsten. Dann Berbere, Tomatenpüree, Knoblauch und Ingwer zugeben und alles zu einer Paste verrühren. Etwa eine Minute braten, dann 600 Milliliter Wasser angießen und die Linsen unterrühren. Alles aufkochen, die Temperatur reduzieren und die Linsen 15 bis 20 Minuten weich köcheln. Falls nötig, noch mehr Wasser zugeben. Zum Schluss nach Geschmack salzen.

ATKILT WOT

– Gedünstetes Kohl-Karotten-Gemüse mit Kurkuma & Chili }

- 1 EL NITER KIBBEH {siehe Seite 17}
- PFLANZENÖL
- 1 mittelgroße ROTE ZWIEBEL {grob in Scheiben geschnitten}
- 2 mittelgroße KAROTTEN {in 1 cm breite Streifen geschnitten}
- 4 KNOBLAUCHZEHEN {geschält & fein gehackt}
- 1 cm FRISCHER INGWER {geschält & fein gehackt}
- 1 TL GEMAHLENE KURKUMA
- 1 JALAPEÑO-CHILISCHOTE {in feine Ringe geschnitten}
- 1 TL TOMATENPÜREE
- 250 g WEISSKOHL {klein geschnitten}
- SALZ & FRISCH GEMAHLENER SCHWARZER PFEFFER

Die Niter Kibbeh mit einem Schuss Öl in einem großen Topf bei mittlerer Temperatur erhitzen und die Zwiebel und Karotten darin weich dünsten. Dann Knoblauch, Ingwer, Kurkuma, Chili und Tomatenpüree zugeben und 1 Minute mitbraten. Den Kohl gut unterrühren, die Temperatur stark reduzieren und das Gemüse etwa 15 Minuten dünsten, bis es durchgegart und zart ist. Mit Salz und Pfeffer abschmecken.

SHIRO WOT

– Kichererbsenpüree mit Berbere-Gewürzen }

- 1 EL NITER KIBBEH {siehe Seite 17}
- PFLANZENÖL
- 1 ROTE ZWIEBEL {fein gehackt}
- 3 KNOBLAUCHZEHEN {geschält & fein gehackt}
- 2 TL BERBERE-WÜRZMISCHUNG {siehe Seite 17}
- 1 TL GEMAHLENER INGWER
- 150 g SHIRO-MEHL {äthiopisches gewürztes Kichererbsenmehl; ersatzweise Kichererbsenmehl}
- SALZ & FRISCH GEMAHLENER SCHWARZER PFEFFER

Die Niter Kibbeh mit einem Schuss Öl in einem großen Topf bei mittlerer Temperatur erhitzen und die Zwiebel langsam darin dünsten, bis sie weich ist und anfängt zu bräunen. Dann Knoblauch, Berbere und Ingwer unterrühren und etwa eine Minute mitdünsten. 750 Milliliter Wasser zugießen und erhitzen, bis alles sanft köchelt. Langsam das Shiro-Mehl einrieseln lassen und verrühren. Die Temperatur reduzieren und die Mischung etwa zwölf Minuten köcheln, bis sie eingedickt ist. Nach Geschmack mit Salz und Pfeffer würzen.

KIK ALICHA

– Gelbes-Schälerbsen-Püree mit Kurkuma, Knoblauch & Ingwer }

- PFLANZENÖL
- 1 ZWIEBEL {fein gehackt}
- 3 KNOBLAUCHZEHEN {geschält & fein gehackt}
- 1 cm FRISCHER INGWER {geschält & fein gehackt}
- ½ TL GEMAHLENE KURKUMA
- 1 kleine Handvoll BESOBELA {äthiopisches »Heiliges Basilikum«; fein gehackt, ersatzweise getrocknetes Basilikum}
- ½ TL GEMAHLENER KORARIMA {äthiopischer Kardamom; ersatzweise schwarzer Kardamom}
- 250 g GETROCKNETE GELBE SCHÄLERBSEN {abgespült}
- SALZ & FRISCH GEMAHLENER SCHWARZER PFEFFER

Das Öl in einem großen Topf bei mittlerer Temperatur erhitzen und die Zwiebel darin weich dünsten. Knoblauch, Ingwer, Kurkuma, Besobela und Korarima unterrühren und etwa eine Minute mitdünsten. Dann 750 Milliliter Wasser zugießen und aufkochen. Die Erbsen einrühren und etwa 30 Minuten bei geringer Hitze köcheln, bis sie weich sind. Mit Salz und Pfeffer abschmecken.

KEY SIR

– Rote Beten & Kartoffeln mit gelben Senfkörnern & Bockshornkleesamen }

- 2 mittelgroße ROTE-BETE-KNOLLEN
- 2 mittelgroße KARTOFFELN
- ½ TL GEMAHLENE GELBE SENFKÖRNER
- ½ TL GEMAHLENER BOCKSHORNKLEESAMEN
- 2 KNOBLAUCHZEHEN {geschält & fein gehackt}
- PFLANZENÖL
- ½ ZITRONE {Saft}
- SALZ & FRISCH GEMAHLENER SCHWARZER PFEFFER

Rote Beten und Kartoffeln in einem Topf mit Wasser bedecken, eine Prise Salz zugeben, aufkochen und garen, aber nicht zu weich kochen: Die Kartoffeln brauchen etwa 30 Minuten, die Roten Beten 45 Minuten, bis sie gar sind. Das Kochwasser abgießen und das Gemüse abkühlen lassen. Rote Beten und Kartoffeln schälen und in ein Zentimeter dicke Würfel schneiden. Senfkörner, Bockshornkleesamen und Knoblauch bei mittlerer Hitze in einer Pfanne in etwas Öl rösten. Das Gemüse dazugeben, alles gut mischen und noch eine Minute erhitzen. Vom Herd nehmen, die halbe Zitrone darüber ausdrücken und mit Salz und Pfeffer würzen.

TIMITA SALATA

– Tomatensalat mit roter Zwiebel & Chili }

- 4 mittelgroße PFLAUMENTOMATEN {grob gehackt}
- 1 JALAPEÑO-CHILISCHOTE {in feine Ringe geschnitten}
- ½ ROTE ZWIEBEL {fein gehackt}
- 1 KNOBLAUCHZEHE {geschält & fein gehackt}
- 1 ZITRONE {Saft}
- 1 TL WEISSWEINESSIG
- 2 TL RAPSÖL
- SALZ & FRISCH GEMAHLENER SCHWARZER PFEFFER

Tomaten, Chili, Zwiebel und Knoblauch in einer Servierschüssel vermengen. Zitronensaft, Weißweinessig und Rapsöl in einer Tasse verrühren und das Dressing über den Salat gießen. Mit Salz und Pfeffer abschmecken.

Der Mann steht am Straßenrand und stützt sich schwer auf seinen Wanderstock. Ich bringe Frank neben ihm zum Stehen. Wir haben keine gemeinsame Sprache, also deute ich vielsagend die Straße hinunter und dann auf die grobe Landkarte. Wo bist du hergekommen? Wo willst du hin? Er guckt auf die Karte, schüttelt den Kopf. Sein Ziel ist natürlich nicht verzeichnet. Ich frage, irgendwie, wie viele Kilometer es entfernt ist.

Drei, sagt er. Glaube ich jedenfalls.

Ich lade ihn mit Gesten als Beifahrer auf Frank ein. Er zögert. Er stützt sich noch immer auf seinen Stock, und dann entdecke ich hinter ihm den Grund für sein Zögern. Unter einem Baum hockt ein kleines Mädchen, ihr schmutziges Gesicht ist tränenüberströmt. Er winkt sie zu sich. Sie ist bestimmt nicht älter als sieben oder acht, extrem dünn und sichtbar erschöpft von einer langen morgendlichen Wanderung. Sie hat keine Schuhe an und trägt ein zerrissenes, dreckiges weißes Kleid unter einer wärmenden Decke. Außer dem Wanderstock hat das Pärchen, das ich für einen alten Vater und seine Tochter halte, nichts bei sich.

Der Vater hebt seine Tochter hoch und setzt sie auf den Gepäckberg im Beiwagen. Sie hält sich mit einer Hand am Reservebenzinkanister fest und mit der anderen an meinem Hosenbein. Zum weißen Kleid trägt sie jetzt ein strahlendes Lächeln. Ich grinse breit zurück. Sie greift fester zu. Ich gebe dem Vater meinen alten Fahrradhelm, und er setzt ihn seiner Tochter auf den Kopf. Er ist viel zu groß und rutscht ihr über die Augen. Ihr Lächeln wird noch strahlender. Ich deute dem alten Mann an, dass er die Arme um meine Taille legen und sich an meinem Hemd festhalten soll. Er sieht zerbrechlich aus, aber seine Umarmung ist bärenstark. Auf weitere Sicherheitsmaßnahmen verzichte ich. Ich treibe Frank an, und dann machen wir uns auf den Weg in die Berge.

Dreieinhalb Stunden vergehen. Zwei Pannen passieren. Selbst das magere Extragewicht setzt Frank bei dieser Hitze zu. Wir fahren immer höher in eine Landschaft von urwüchsiger, surrealer Schönheit. Tiefe Täler säumen jetzt die Straße, die den kurvigen Konturen der Höhen folgt. Die Landschaft verändert sich ständig. Je weiter wir kommen, desto grüner und reicher wird sie. Landwirtschaftliche Kultivierung, wohin man schaut. Auch die Menschen ändern sich. Das hier sind Bergbewohner. Sie leben abgeschieden von Subsistenzwirtschaft. Der Anblick von Frank, mir und meinen beiden neuen Reisebegleitern muss ihnen ausgesprochen fremd vorkommen. In diesen himmelstrebenden Dörfern rufen wir nur Verwirrung hervor.

★ ★ ★ ★ ★

Frank bekommt auf den steilen Anstiegen fast einen Hitzschlag. Bergauf kriechen wir im ersten Gang, bergab muss ich stehend fahren und mein ganzes Gewicht auf die Bremsen legen. Sie sind jämmerlich schlecht. Sie funktionieren fast gar nicht. Ich schätze anhand der Straßenschilder, dass wir rund 100 Kilometer gefahren sind. Ein Tippen auf meine Schulter. Der alte Mann deutet auf eine Ansammlung von runden Hütten aus Lehm und Stroh, *tukuls*, die in der Ferne auf einem Felsen stehen. Er tippt mir noch mal auf die Schulter, ich soll anhalten.

Er hebt seine jetzt kichernde Tochter aus dem Beiwagen und scheint selbst einen Anfall von Fröhlichkeit zu haben. Er nimmt seine Tochter bei der Hand und stakst einen schmalen Pfad zum Dorf entlang. Er humpelt stark, und ohne seinen Stock käme er wahrscheinlich noch schlechter voran. Seine Tochter hüpft neben ihm her.

ICH ERINNERE MICH AN SEINE ANTWORT AUF MEINE FRAGE. DREI. 100 KILOMETER – ZU FUSS HÄTTEN SIE DAFÜR DREI TAGE GEBRAUCHT.

"NU BUNA TETU"
– TRINK EINEN KAFFEE MIT MIR –

Wenn der Genuss eines Getränks mit einer zeremoniellen Zubereitung einhergeht, weiß man, dass man etwas ganz Besonderes vorgesetzt bekommt. Und so ist es mit der aufwendigen äthiopischen Kaffeezeremonie, einem tief in der Geschichte, in uraltem Spiritualismus und genauso alten Traditionen verankerten Brauch. Bei dieser Zeremonie wird diskutiert, Streit geschlichtet, Lokalpolitik gemacht, getratscht, gefeiert und der Gast willkommen geheißen.

★ ★ ★ ★ ★

Es ist Brauch, dass die Frauen des Hauses die Zeremonie durchführen. Sie bestreuen den Boden mit frischen duftenden Gräsern und Blumen. Sie vertreiben die bösen Geister durch das Verbrennen von Weihrauch, dessen Duft sich mit den anderen Gerüchen zu einer sinnlich herben Note verbindet. Die *jebena*, eine schwarze, tönerne Kaffeekanne mit gerundetem Boden, wird auf glühende Kohlen gesetzt, um das Wasser zu erhitzen. Jetzt ist der Augenblick gekommen, in dem sich der Raum endgültig verwandelt und die Aromen berauschend werden – die Bohnen werden geröstet. Die Gastgeberin gibt eine ordentliche Handvoll grüne Arabica-Kaffeebohnen, die gewaschen und von ihren Häuten befreit wurden, in eine vorgewärmte langstielige Pfanne. Langsam nehmen die grünen Bohnen eine herrlich dunkelbraune Farbe an – kaffeebraun eben.

Nach einer Weile glänzen die gerösteten Bohnen von den freigesetzten ätherischen Ölen und können gemahlen werden. Jetzt ist harte Handarbeit gefragt. Die gerösteten Bohnen werden von der Gastgeberin in einer schmalen, schweren Holzschüssel – der *amukecha* (dem Mörser) – mit einer *azenezena* (dem Stößel) zu einem groben Pulver zerstoßen. Der Strohdeckel wird von der *jebena* entfernt, und die gemahlenen Bohnen kommen in das köchelnde Wasser. Das Kohlenfeuer wird noch einmal angefacht, und dann erobert der sinnliche Geruch von kochendem Kaffee den ganzen Raum. Er ist würzig, bitter, er regt zum Träumen an. Es wird Zeit, den Kaffee gemeinsam zu genießen.

Erste Runde *(abol)*: Der blubbernde, zähflüssige Kaffee wird in einer eleganten Bewegung in die Keramiktässchen gegossen. Die *jebena* schwebt dabei immer etwa 30 Zentimeter über den Tässchen, kein Tropfen geht daneben. Wer wann seine Tasse bekommt, hängt vom Alter ab, während der ganzen Zeremonie wird einem über die Jahre erworbenen Rang Respekt erwiesen. Der Kaffee ist sehr schwarz und sehr stark. Wer es nicht so bitter mag, nimmt mehr oder weniger viel Zucker. Der Geschmack und die Konsistenz sind fantastisch: kräftig und sirupartig. Das intensive, unverfälschte Aroma kommt wie ein Schock. Der Koffeinkick setzt sofort ein. Herrlich. Es folgen die zweite *(tona)* und die dritte Runde *(baraka)*, der Kaffee wird immer milder und dünner. Jede Runde verwandelt den Geist, heißt es, und die dritte Runde ist der Segen für alle Anwesenden. Während der ganzen Zeremonie werden das Geschick und die Großzügigkeit der Gastgeberin ausgiebig gelobt – sie hat es verdient.

DIESE ZEREMONIE IST EIN FEST FÜR DIE SINNE – JEDER WAHRE KAFFEELIEBHABER SOLLTE SIE EINMAL ERLEBEN.

SOLOMONS DORO WOT

– Huhn im Berbere-Mantel, mit Korarima, Fenchelsamen, Schwarzkümmel & gekochten Eiern }

Ich erinnere mich lebhaft an mein erstes Doro Wot. Frank und ich hatten etwa die Hälfte unserer willkürlich gewählten Route zur kenianischen Grenze hinter uns gebracht. Tagelang waren wir rauf und runter durch eine wunderschöne Landschaft gegurkt. Frank, der schließlich einen Ruf zu verlieren hatte, war mit schöner Regelmäßigkeit liegen geblieben und hatte unser Fortkommen frustrierend verlangsamt. Als es nach einem anstrengenden Sechzehnstundentag auf der Straße dämmerte, gerieten wir in einen gewaltigen Wolkenbruch. Bis auf die Knochen durchnässt, schafften wir es bis zu einem kleinen Bergdorf mit einem unaussprechlichen Namen mitten im Nirgendwo. Wir suchten in einem provisorischen rostigen Blechunterstand Schutz. Sofort war die neugierige Menge da. Was ist das für ein Ding? Wer ist dieser seltsame Mensch? Darf ich das haben? Immer lauter und immer aufdringlicher. Meine Geduld schwand dahin. Kurz bevor ich ausrastete, tippte mir jemand auf die Schulter und lächelte mich strahlend an. Solomon gab mir die Hand und fragte, ob ich Hunger hätte. »Komm hier entlang. Komm mit zu meiner Familie.«

Solomon war ein Mann mittleren Alters, er unterrichtete in der Schule am Ort Englisch, war ungeheuer großzügig und ungeheuer wissensdurstig. Er führte mich durch schlammige Gassen zu seinem Haus. Der berauschende Duft frisch gerösteter Kaffeebohnen wehte auf die Straße. Wir traten ein, er stellte mich seiner Familie vor. Seiner ganzen Familie. Vier Generationen saßen auf Plastikstühlen und Hockern im Kreis um einen niedrigen Tisch. »Komm, setz dich. Du wirst mit mir essen.«

Solomon nickte seiner ältesten Tochter zu, die daraufhin kurz in ein Hinterzimmer verschwand. Als sie zurückkam, trug sie ein großes Tablett, in dessen Mitte ein angeschlagener Tontopf, umgeben von Injera-Bergen, stand. »Jetzt müssen wir unsere Hände waschen und Doro Wot essen!«, verkündete Solomon stolz. Doro Wot ist eine der traditionellen Speisen, die Familien zubereiten, wenn sie das fleischlose Fasten brechen. Es ist ein scharfes Gericht, das mit Huhn, reichlich Berbere und vielen roten Zwiebeln gekocht wird. Doro Wot rüttelt die Geschmacksnerven wach. Solomon begann, Fragen zu stellen, und fragte zwei Stunden lang immer weiter. Er wollte alles wissen. Wo wir gewesen waren. Wo wir hinfuhren. Warum. Wieso. Wann. Mit weit aufgerissenen Augen und ständig nickend. Danach gab es Kaffee. Ein sinnliches Hoch nach einem Tag voller Höhen und Tiefen. Ein perfektes kulinarisches Erlebnis.

{ Für 4 Personen }

- 8 HÄHNCHENTEILE {4 Keulen & 4 Oberschenkel, ohne Haut}
- 2 LIMETTEN {Saft}
- 1 TL NITER KIBBEH {siehe Seite 17}
- PFLANZENÖL
- 4 mittelgroße ROTE ZWIEBEL {fein gehackt}
- 2 cm FRISCHER INGWER {geschält & geraspelt}
- 4 KNOBLAUCHZEHEN {geschält & fein gehackt}
- 30 g BERBERE-WÜRZMISCHUNG
- 1 TL GEMAHLENER KORARIMA {äthiopischer Kardamom; ersatzweise schwarzer Kardamom}
- 1 TL SCHWARZKÜMMELSAMEN
- 1 TL FENCHELSAMEN
- 125 ml ROTWEIN
- 250 ml HÜHNERBRÜHE
- 2 TL FLÜSSIGER HONIG
- 4 EIER {hartgekocht}
- SALZ & FRISCH GEMAHLENER SCHWARZER PFEFFER

Die Hähnchenteile in einer flachen Form nebeneinander legen. Kräftig salzen und den Limettensaft darüberträufeln. Das Fleisch abdecken und beiseitestellen. In einer großen Kasserolle die Niter Kibbeh mit einem Schuss Öl bei geringer Temperatur erhitzen und darin die Zwiebeln 30 bis 45 Minuten dünsten, bis sie sehr weich sind. Dann Ingwer, Knoblauch, Berbere, Korarima, Schwarzkümmel- und Fenchelsamen unterrühren. Die Gewürze einige Minuten braten, dann den Wein angießen. Alles einige Minuten kochen, bis der Alkohol sich verflüchtigt hat. Die Hühnerbrühe, das Fleisch und die Marinade dazugeben und alles aufkochen. Die Temperatur reduzieren und das Fleisch etwa 20 Minuten köcheln, bis der Fleischsaft beim Einstechen klar austritt. Den Honig in die Sauce rühren und mit Salz und Pfeffer abschmecken.

Die Eier in einem Topf mit Wasser etwa sieben Minuten kochen – sie sollen möglichst hart sein. Die Eier abschrecken, schälen, vierteln und auf dem Doro Wot anrichten. Traditionell wird das doro wot möglichst heiß gegessen. Zum Servieren die Hähnchenteile daher mit Eiern und Sauce in einen Tontopf umfüllen, der die Hitze besser hält. Dazu Injera-Fladen und Timita-Salat (siehe Seite 201) servieren.

SPRAY
PAINT

350

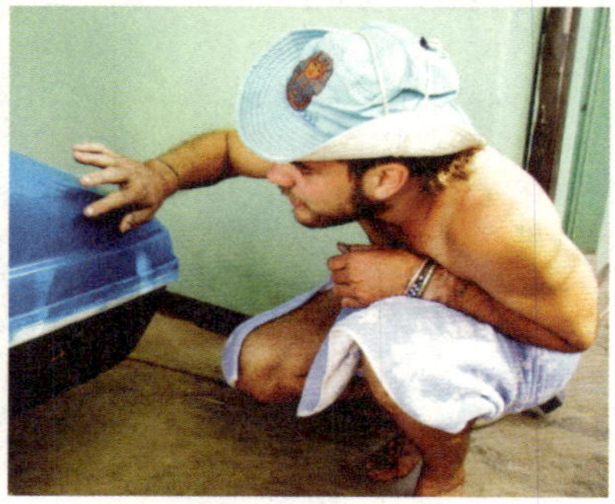

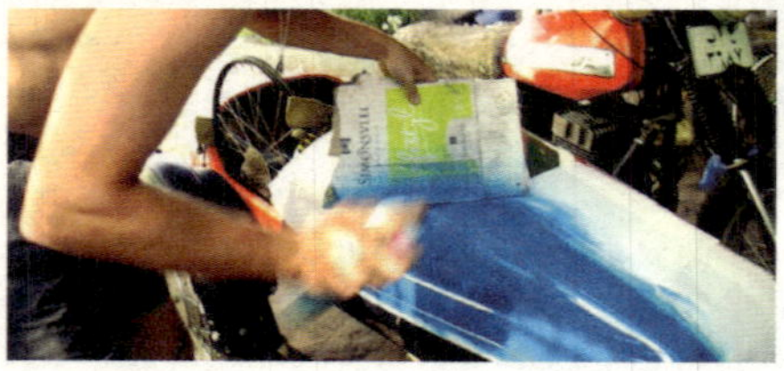

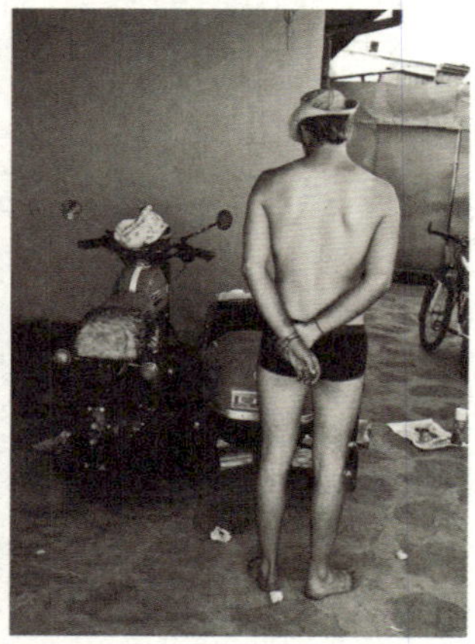

Wie viele Kilometer Frankie insgesamt geschafft hat?

Ich weiß es wirklich nicht.

Der Kilometerzähler war kaputt. Ich weiß aber, dass Frankie jeden Tag, an dem er auf Achse war, irgendwann liegen blieb. Jeden Tag. Manchmal eine halbe Stunde lang. Manchmal sieben oder acht. Manchmal konnte ich ihn selbst reparieren, manchmal nicht. Mein technisches Können hatte eine ausgesprochen magere Basis. Doch mithilfe eines sehr erhellenden, hin und wieder lahmlegenden Prozesses von *trial & error* schaffte ich es, dem alten Jungen eine Art tägliches Leben einzuhauchen.

★★★★★

Der Rekord lag bei vier so gut wie reibungslosen Tagen, an denen ich nicht einen Helden der Straße, einen weiteren Cowboy-Mechaniker, um größere Reparaturen bitten musste. Aber eins muss man der Maschine lassen, sie hatte die einzigartige Fähigkeit, Abenteuerlust und gute Laune wachzurufen. Frankie war nicht einfach ein Motorrad, in Wahrheit war er der Moderator von fantastischen Begegnungen und der Fixpunkt gemeinsamer Anstrengungen. Er verschaffte mir Zutritt zu einer völlig neuen Welt – der Welt der technisch Interessierten und permanent Ölverschmierten. Einer Welt, die ich liebte. Inklusive Frustration und Pannen. Die Neugierigen, die fragwürdigen Experten, die Franks Schwächen diagnostizierten und behoben, waren hehre Vorbilder der Menschenliebe und des Großmuts.

Wenn Mechaniker und Tüftler einem die Tür zu einem Land öffnen, gewinnt man einzigartige Einblicke. Die landläufige Herangehensweise an Problemlösungen war wirklich inspirierend. Kein Problem war zu groß. Der Optimismus war riesig und ansteckend. Jeder Fortschritt, den wir machten, verdankte sich einer besonderen Mischung aus beharrlichem Entgegenkommen und dem Einfallsreichtum eines Kontinents, der die bemerkenswerte, durchwegs fröhliche Fähigkeit hat, sich anzupassen und zu überleben.

"I'll meet you at the Border."

– VON ADDIS ABEBA BIS MOYALE –

Sechs Wochen voller extremer Kontraste und einzigartiger Erfahrungen lagen hinter mir. Und jetzt stand ich ganz allein im südlichen Hochland von Äthiopien und konnte nicht weiter. Es war heiß. Wahnsinnig heiß. Am Horizont flackerten Unwetter. Widrige Umstände und unvermeidliche Gaffer haben einen gewissen Reiz, aber irgendwann hat man genug davon. Und den ganzen Tag nichts gegessen. Aber darum ging es ja bei dieser Tour: sich solchen absurd einzigartigen und schwierigen Momenten zu stellen. Dieses verrückte Rennen zur kenianischen Grenze war eine riesige Herausforderung und hat mich fast zur Verzweiflung gebracht, es hat mich bezeichnenderweise aber auch in ein nie erlebtes großes Staunen versetzt.

Rechts von mir standen zwei einst mächtige, jetzt aber ziemlich dürftige Bäume. Von einem Buschfeuer geschwärzt und verkohlt. Entfärbt und entkräftet. Wo einmal Blätter gewesen waren, hockten jetzt groß und bedrohlich Geier. Ungefähr 40 an der Zahl. Und alle nahmen Frankie und mich ins Visier. 80 glänzende schwarze Augen warteten nur darauf, dass jetzt ihre Gelegenheit kam. Es war Zeit für den üblichen Anruf an der Grenze.

»WEISST DU WAS, MANN, DIESMAL HÄTTE ICH ES FAST GESCHAFFT. MIR HABEN NUR NOCH ZWEI LITER GEFEHLT. KANNST DU MIR EINEN GEFALLEN TUN UND ETWAS BENZIN FÜR MICH AUFTREIBEN ODER JEMANDEN, DER MICH MITNIMMT ...«

Nach 750 Kilometern, die zu den bisher ereignisreichsten gehörten, 15 schweren Pannen und insgesamt 24 Stunden, die ich reparierend am Straßenrand hockte, hatte Frank endgültig den Geist aufgegeben. Die Liste der erkannten Probleme, die wir in Addis Abeba gemacht hatten, war ziemlich lang gewesen, aber jetzt wurde mir klar, dass diese Liste trotz der vielen Arbeit, die angeblich in dieser Maschine steckte, noch immer unendlich lang war. Dass uns jetzt auch noch das Benzin ausgegangen war, passte irgendwie zu diesem Rennen zur Grenze. Wenn es wenigstens irgendein technisches Problem gewesen wäre! Aber es war die letzte große Geste bockiger Unzuverlässigkeit. Etwas war ganz und gar nicht in Ordnung.

★ ★ ★ ★ ★

Als ich Addis Abeba endlich verließ, hatten die anderen neun Tage Vorsprung. Ich musste wieder einmal hinter den beiden Fahrradfahrern hinterherjagen. Eigentlich hatten wir mit Frankie auf eine Transportmethode gesetzt, die uns als Team zusammenhalten sollte – über dem Ganzen lag ein Hauch bitterer Ironie. Sie hatten ein fantastisches Rennen gemacht und waren inzwischen fast an der Grenze.

Beim ersten Versuch, die Stadt zu verlassen, kam ich zehn Kilometer weit. Ein platter Reifen und drei gebrochene Speichen waren dem Fortkommen nicht förderlich. Nach all der Tüftelei lief Frankie jetzt schlechter als in der Zeit, bevor er in die Werkstatt kam. Ein zurückgelegter Kilometer für jeden Tag, an dem angeblich am Motorrad gearbeitet wurde. Ein ziemlich mageres Ergebnis bei so viel hineingesteckter Zeit und Energie. Der zweite Versuch war unwesentlich erfolgreicher. Die nächsten fünf Tage werden mir immer als extrem abenteuerlich-unterhaltsam in Erinnerung bleiben. In diesen fünf Tagen rollte Frankie langsam seinem scheinbar unaufhaltsamen Verfall entgegen. Ein Problem löste das nächste aus und führte zur nächsten Phase der Unbeweglichkeit und der Notreparaturen. Eine Komödie der permanenten Irrungen oder eine Anleitung, wie man sein Motorrad auf keinen Fall reparieren und pflegen sollte.

Das Kupplungsseil riss. Dann riss der Gaszug. Dann ging der Gasgriff kaputt. Ich musste Frank mit einer Hand steuern und mit der anderen das lose Seil und den Zug mit einer Zange festhalten. Dann zog ich eine Zylinderkopfschraube zu fest an, und sie brach. Dann fiel mir auf, dass eine Dichtung fehlte. Dann lief der Vergaser voll. Dann fiel die gesamte Elektronik aus. Dann blieb er aus heiterem Himmel stehen ... und dann weigerte er sich, überhaupt noch mal anzuspringen.

* * * * *

Die meisten dieser Probleme konnten am Straßenrand temporär behoben werden, oder wir konnten uns zum nächsten Mechaniker schleppen. Aber diesmal nicht. Diesmal saß ich endgültig fest. Blöderweise stand nicht einfach der Benzinhahn in der falschen Position. Dieses Mal musste ich mich nicht wegen völliger Unfähigkeit verdientermaßen schämen. Beide Tanks waren leer. Völlig leer. Diesmal war es nur eine blöde Kombination aus persönlicher Fehleinschätzung und dem unglücklichen Auslaufen von Benzin. Diese verfluchte kaputte Benzindüse. Diesmal halfen weder gutes Zureden noch Schrauben. So viel wusste ich inzwischen: Es war vorbei, nach 730 Kilometern hatte Frank endgültig aufgegeben. Ich war noch 20 Kilometer von der kenianischen Grenze entfernt.

ICH SAH, ETWAS PERPLEX, IN DEN HIMMEL HINAUF – UND SAH NICHTS ALS GEIER.

KENYA
COUNTRY. 18

– Willkommen in –

KENIA

Kenia ist das Land der enormen Vielfalt, der Vielfalt in jeder Form. Ein Land mit einer spektakulären Natur – fantastischen Seen, himmelhohen Bergen, riesigen Ebenen, tierreichen Savannen, traumhaften Küsten und türkisblauem Ozean. Das Land des einzigartigen Kakamega-Regenwalds und des großartigen Rift Valley. Die soziale und ethnische Zusammensetzung ist genauso vielfältig. Die Zugehörigkeit zu Volksgruppen und Stämmen bestimmt fast das gesamte Leben, sie gibt politische Allianzen vor, sie schenkt Identität und prägt die Kultur. Sie eint, sie trennt, und sie wirft tiefe Gräben auf. Es ist ein multikulturelles Land, ein Land der großen Extreme, ein spannungsgeladenes Land, in dem das Streben nach mehr Modernität und die Bewahrung traditioneller Werte und Bräuche oft heftig aufeinandertreffen.

★ ★ ★ ★ ★

Über die Jahrhunderte gelangten viele äußere Einflüsse auf kenianischen Boden, und die abwechslungsreiche Esskultur des Landes entwickelte sich aus einem Prozess von Übernahme und Anpassung. Mit jedem neuen Einfluss kamen mehr fremdartige Produkte und Bräuche. Die Portugiesen landeten gegen Ende des 15. Jahrhunderts an der kenianischen Küste und brachten Früchte und Pflanzen mit, die sie erst kurz zuvor während ihrer Entdeckungsfahrten nach Südamerika, vor allem nach Brasilien, aufgetan hatten. Mais, Bananen, Ananas, Chilis, Paprikas, Süßkartoffeln und Maniok fanden in der kenianischen Küche schnell einen festen Platz. Mit den britischen Kolonialherren strömten Wanderarbeiter aus Indien ins Land. Und mit ihnen kamen exotische Gewürze, Chutneys, Currys – und Chapati, das von uns heiß geliebte Fladenbrot.

Das dauerhafte Vermächtnis dieser externen Einflüsse ist nicht zu übersehen, aber auf dem Land leben die meisten Kenianer als Subsistenzbauern und können sich eine vielfältige Küche nicht leisten. Das soll nicht heißen, dass ihr einfaches Essen nicht lecker ist, im Gegenteil, es ist sehr lecker. Nach einem langen, anstrengenden Tag auf der Straße freuten wir uns auf kaum etwas so sehr, wie in einen kleinen Imbiss zu humpeln und einen großen Teller mit scharfem Bohneneintopf, etwas Ugali (ein aus Maismehl in Wasser gekochter Brei, so ähnlich wie Porridge oder Polenta) und etwas Sukuma Wiki (ein Kohleintopf, wörtlich übersetzt heißt das Gericht »die Woche herumbringen«) zu bestellen und uns dann alles mit schmutzigen Händen in den Mund zu schaufeln. Eine herzhafte, billige, herrlich einfache und verlässlich leckere Mahlzeit – das perfekte Stärkungsmittel für erschöpfte Reisende.

Es gibt zwar nicht das eine kenianische Nationalgericht, aber es gibt etwas, das alle Kenianer vereint, und das ist ihre große Vorliebe für alle Arten von Fleisch – oder vielmehr Nyama Choma, gegrilltes Fleisch. Die seit Jahrhunderten betriebene Praxis des Pastoralismus (Tierhaltung auf Naturweiden) hat bei den Volksgruppen der Massai und Turkana zu einer besonders engen, fast religiösen Bindung von Mensch und Vieh geführt. Wenn eine Kuh als Symbol des Wohlstands gilt, ein Quell des Stolzes ist, den sozialen Rang anzeigt und die Hauptnahrungsquelle darstellt (Fleisch, Milch, Butter, Blut), dann versteht man, warum dieses Land ganz verrückt nach Fleisch ist. Während wir in Äthiopien waren, feierte man eine lange, fleischlose Fastenzeit, und deshalb versetzte das viele köstliche, fette, gegrillte Fleisch jenseits der Grenze unseren ohnehin ziemlich angegriffenen Mägen einen ordentlichen Schock. Wir lernten sehr schnell, dass man Fleisch nur abends in großen Mengen essen sollte. Die Hügel Kenias mit einem Bauch voll Nyama Choma bezwingen zu wollen ist – wie wir feststellten – eine ziemlich intensive, nicht sehr angenehme Erfahrung.

ROADKILL
CAFE
Our daily
take out specia
Anything Dead
in Bread
You kill it – We Grill It
Featuring · Some of Our Highway's Finest
Eating Food is More Fun
When You Know it Was
Hit on the Run

Pole Pole
SLOW DOWN

Endlich kommen wir in der Grenzstadt Moyale in Kenia an, erschöpft und frustriert, aber auch mit einem irren Hochgefühl. Das verrückte, problemgeplagte Rennen durch das südliche Äthiopien hat Frank den Rest gegeben. Er muss schon wieder über eine Grenze geschoben werden. Peinlich. Aber er wollte einfach nicht mehr anspringen. Wir sitzen wieder einmal fest und müssen uns einen neuen Plan ausdenken. Vor uns liegen 500 Kilometer der schlechtesten Straßen auf der Strecke von Kairo nach Kapstadt. Nordkenia ist eine riesige, in vielen Gegenden gesetzlose, trockene Ebene mit endlosem Horizont. So gut wie keine Infrastruktur. Zerfurchte unbefestigte Straßen. Und umherziehende *shiftas*, Räuberbanden.

★ ★ ★ ★ ★

Wie es sich auf diesem Kontinent gehört, finden wir eine Lösung. Es ist fünf Uhr morgens, und in der Stadt regt sich erstes Leben. Die Frühstücksverkäufer fachen ihre Feuer an und kochen Wasser für den zuckersüßen Tee. Samosas werden raffiniert gefaltet und frittiert. Es gießt in Strömen. Wir haben mit Frank zu kämpfen, heben ihn hoch, über unsere Köpfe und auf die Ladefläche eines Lasters. Wir haben mit einem Fahrer einen Preis ausgehandelt, damit er uns über das Ödland nach Süden mitnimmt. Beim Verladen von Frank hätten wir es wesentlich einfacher, wenn wir ihn nicht über Hunderte Säcke mit Kidneybohnen heben müssten, die nämlich transportiert der Lkw zur Hauptstadt. Endlich haben wir Frank eingekeilt und bugsieren die Fahrräder vorsichtig auf die Säcke. Wir hoffen auf eine problemfreie Reise. Man verspricht uns, sie würde nur 15 Stunden dauern.

WIE DIE DINGE SICH TATSÄCHLICH ENTWICKELN SOLLTEN,
HÄTTEN WIR UNS NICHT IM TRAUM VORSTELLEN KÖNNEN …

Unser Lkw war eine Art Dinosaurier. Ein schwerfälliger Schwerlaster mit einer schmutzig-weißen Schnauze. Sechs Räder mit beunruhigend schlaffen Reifen trugen den plumpen Körper. Rostige Metallstangen bogen sich nach oben, die mageren Metallrippen umschlossen uns in seinem von einer Flickenplane bedeckten Bauch. Der Bauch des Dinosauriers war unser Reiseabteil. Er war unheimlich stickig, dunkel und voller Staub.

Aber wir waren bester Laune, uns erwarteten ein neues Land, eine neue Kultur und die Aussicht auf eine Fahrt durch unbekanntes Gebiet.

Wir rumpeln los und schwanken im holpernden Rhythmus der Straße vor und zurück. Langsam gewöhnen wir uns daran. Dann erleben wir plötzlich, warum diese Straße für ihren schlechten Zustand berühmt-berüchtigt ist. Wir haben eine kleine dunkle Ecke ganz hinten im Lkw gefunden. Wie dreckige Ratten drängen wir uns auf der kleinen Fläche direkt über der Hinterachse zusammen. Wir spüren, wie die schlechte Straße unter uns noch schlechter wird, und dann fängt der Lkw an, gewaltig zu ruckeln. Das Ruckeln steigert sich. Dann ein Schlag – und wir werden gegen das Dach des Lkws geschleudert. Auch Frank hievt seinen schweren Körper wie in Zeitlupe gen Himmel, dann neigt er sich und fliegt geradewegs auf unsere zappelnden Gliedmaßen zu. Matt tritt instinktiv aus. Er erwischt Frank irgendwo am Rahmen, und der kracht nur ein paar Zentimeter neben unseren Beinen auf. Wir haben echt Glück gehabt – das nächste Krankenhaus ist schließlich weiter entfernt, als man sich vorstellen möchte.

Unser Fahrer hatte es vorsichtig angehen lassen, dann aber Mut gefasst und Tempo zugelegt. Und dann hatte er zwei riesige Spülrinnen in der Straße übersehen, und wir waren reingekracht. Zwei der Schubrohre des Lkws sind gebrochen. Wir fühlen uns, als ob unsere Körperteile völlig verrutscht sind, und stöhnen mit dem Lkw, der ächzend zum Stehen kommt. Wir versuchen durch das Gewoge aus Staub, Armen und Beinen, den Schaden abzuschätzen. Frankie verströmt den intensiven Geruch von auslaufendem Benzin. Nicht sehr beruhigend. Die Lkw-Aufhängung wird begutachtet, und sie sieht nicht gut aus. Aber hier draußen kann man nicht viel machen. Nach längerer Beratung bekommt sie einen Hieb mit einem großen Metallhammer. Das muss reichen. Unsere Fahrt wird ab jetzt wohl noch ungemütlicher werden.

★ ★ ★ ★ ★

Wir hocken wieder in unserer dunklen Ecke, als wir plötzlich einen ohrenbetäubenden Knall hören. Der Lkw bricht zur Seite aus. Wieder kommt er ächzend zum Stehen, wieder klettern wir heraus. Wir sind jetzt mitten in einem Meer aus Grün – zu allen Seiten dehnt sich eine fantastische Savanne aus. Die Straße verliert sich am Horizont. Der Fahrer und die selbst ernannten Mechaniker versammeln sich vor einem der Räder. Diesmal ist es ernster, einer der Hinterreifen ist geplatzt. Es vergehen Stunden. Der einzige Ersatzreifen wird gewissenhaft montiert. Die Außentemperatur verwandelt den Bauch des Dinosauriers in einen glühend heißen Backofen. Endlich setzen wir uns wieder in Bewegung. Wir haben uns neue Plätze oben auf der Abdeckplane gesucht. Endlich Luft und eine spektakuläre Aussicht.

Die Landschaft ist völlig ursprünglich und unbeschreiblich schön. Der Horizont verdunkelt sich und bietet uns eine Blitzlichtshow. Wir erreichen Marsabit kurz nach Mitternacht. Die halbe Strecke ist geschafft – 14 Stunden nachdem wir zu einer angeblich 15-stündigen Fahrt aufgebrochen sind. Wir machen es uns auf der Ladefläche halbwegs bequem und betten unsere geschundenen Körper auf die Bohnensäcke.

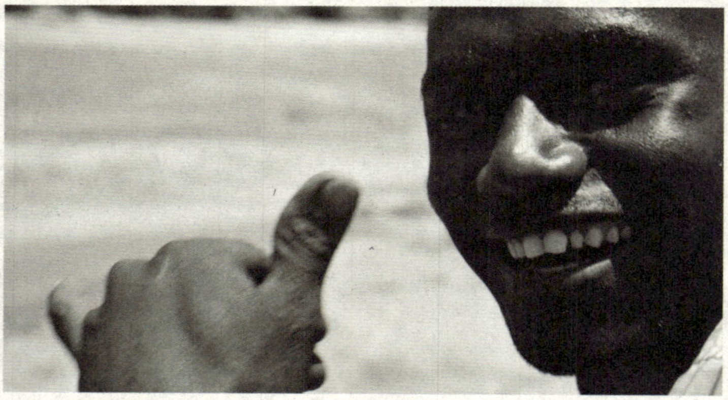

Wir werden abrupt aufgeweckt, als der Lkw hustend zum Leben erwacht. Es gießt wieder mal gewaltig, und die Straße versinkt in tiefem Schlamm. Wir haben das unglaubliche Pech, in einen Stau zu geraten. Wie das denn? Wir sind hier im absoluten Nichts. Andere Laster liegen quer auf der Straße, vom Unwetter besiegt. Wir rollen vor uns hin, noch mehr Stunden vergehen. Dann plötzlich – Asphalt. Nach 500 Kilometern endlich glatte Straße. Endlich Glückseligkeit. Aber nicht lange. Zehn Minuten später erleben wir den inzwischen vertrauten Stillstand. Diesmal ist es die Antriebswelle. Sie ist gebrochen. Wir hocken und braten in der Mittagshitze und bestaunen die Effizienz von Juma, dem jungen »Mechaniker«. Er arbeitet unermüdlich und repariert so gut es geht, mit dem wenigen, das er hat. Nairobi ist nur noch 400 Kilometer entfernt. Das Ende der Reise ist nicht mehr fern. Davor müssen wir aber noch eine weitere Nacht auf der Ladefläche verbringen. Nachdem auf die Bohnen noch ein paar Säcke mit Holzkohle kamen, ist unser Bett geradezu himmlisch bequem. Wir schlafen sofort ein.

★ ★ ★ ★ ★

Wir erreichen das 50 Kilometer von Nairobi entfernte Thika. Auf einmal heißt es: Der Lkw wird hier entladen. Hallo? Entschuldigung? Was ist mit Nairobi? Ach, da kämen wir auch noch hin, ist die Antwort. Jetzt müssen wir erst mal Frank hin und her schieben, damit die Bohnensäcke ins Depot geschafft werden können. Die Ladefläche leert sich, und Frank bietet einen jämmerlichen Anblick. Wir gehen nach vorn, um den Fahrer an sein Versprechen zu erinnern, uns in Nairobi abzusetzen. Er murmelt irgendetwas. Wir verstehen überhaupt nichts. Endlich erreichen wir Nairobi und finden uns in einer dreckigen Gasse wieder. Matt steigt aus und versinkt fußtief im Moder. Wo sind wir überhaupt? Wir wollen mit dem Fahrer sprechen, aber der ist verschwunden. Wortlos.

Wir stehen allein mitten in Nairobi, haben so gut wie kein Geld und eine klapprige Maschine, die dringend repariert werden muss. Wir können uns nur aufraffen, noch einen Plan zu machen, weil uns wieder einmal völlig fremde Menschen großzügig ihre Hilfe anbieten. Wir erzählen ein paar jungen Männern, was passiert ist, und sie helfen uns, ohne irgendetwas dafür zu verlangen. Sie finden unsere missliche Lage urkomisch und organisieren etwas. Wir verfrachten Frank in einen kleinen Laster. Der ist glücklicherweise leer. Der Fahrer erklärt sich freundlich bereit, uns für das bisschen Bargeld, das wir haben, mitzunehmen. Eine Stunde später kommen wir bei einer Werkstatt an und heben Frank triumphierend von der Ladefläche und an den Ort seiner potenziellen Auferstehung. Wir sind müde und pleite. 52 Stunden ohne Pause auf der Ladefläche eines LKWs auf der einzigen ungepflasterten Straße zwischen Kairo und Kapstadt. Wir sind in einem neuen Land – und müssen schon wieder ein Motorrad flottmachen.

DRECKIG, ERSCHÖPFT UND HUNGRIG. MASSLOS ZUFRIEDEN. WAS FÜR EINE FAHRT!

GEGRILLTES NG'OMBE NYAMA CHOMA

– würzige Rinderrippchen mit Ugali, Sukuma Wiki & Kachumbari }

Für die Zubereitung und den Verzehr von Nyama Choma gilt wie für fast alles in Kenia: *pole pole* – langsam, langsam. Das ist kein Fast Food, das man auf die Schnelle isst. Der Tag ist so lang, warum also die Eile … Man setzt sich hin, unterhält sich, trinkt viel kaltes Tusker-Bier und macht sich über alles, was nicht mit dem Magen zu tun hat, keine Sorgen.

Das ist kein Fleisch, das fein zerteilt wurde und dann wochenlang abhing. Das Tier wurde am selben Morgen eingefangen und geschlachtet, dieses Fleisch soll langsam braten. Hier gibt es keine großen Kühlschränke oder Kühlräume, um das Fleisch darin zu lagern. Diese Art der Fleischzubereitung entstand aus reiner Notwendigkeit. Vom Schlachttier wird so gut wie nichts verschwendet. Jedes Fitzelchen Fleisch und jede Innerei wird auf die eine oder andere Weise verwendet. Beim Schlachter liegen Keule, Bauch, Nacken, Füße und mehr, und die Kunden suchen sich das passende Stück aus. Dann wird das Fleisch gewürzt, oft reibt man es mit einer Currymischung ein, und dann wird endlich gegrillt.

Die Kohlen dürfen nur schwach glühen und werden sogar mit Asche bedeckt, damit das Fleisch nicht zu schnell gart. Die Grills sind selbst gebaut, oft wird ein Stück von einem Metallzaun über die Kohlen gelegt. Darauf kommen dann große Fleischstücke. Das Fleisch wird nur selten vom Fett gesäubert, denn für die meisten ist es eine heiß begehrte Leckerei, und deshalb tropft ständig etwas in die Kohlen und lässt eine Flamme aufschießen, in der das Fleisch brutzelt. Die Garzeit hängt vom Fleischstück ab; weil die meisten Stücke zäh sind, können sie bis zu einer Stunde gegrillt werden. Das ist kein Steak, das auf der Zunge zergeht, das ist echtes Fleisch, das man mit den Fingern isst und kräftig kauen muss. Wenn der Schlachter mit dem Garzustand zufrieden ist, legt er das Fleisch auf ein großes Schneidebrett – meistens auf den Schlachtblock – und hackt es einfach in mundgerechte Stücke. Dazu gibt es bergeweise Ugali, Sukuma Wiki, Kachumbari (Tomaten-Zwiebel-Salat), extra Salz und reichlich scharfe Piri-Piri-Sauce. Ein Muss für wahre Fleischliebhaber.

{ Für 4 Personen }

- 1 kg RINDERRIPPCHEN {vom Mittelstück}
- 1 TL CURRYPULVER
- 1 TL PAPRIKAPULVER
- 1 TL GEMAHLENE KURKUMA
- 1 GEMAHLENER KORIANDER
- 2 TL GEMAHLENER KREUZKÜMMEL
- 3 KNOBLAUCHZEHEN {geschält & fein gehackt}
- 2 ZITRONEN {Saft}
- PFLANZENÖL
- 6 große PFLAUMENTOMATEN {grob gehackt}
- 2 große ROTE ZWIEBELN {in feine Scheiben geschnitten}
- 1 große Handvoll KORIANDERKRAUT {grob gehackt}
- 1 ROTE CHILISCHOTE {fein gehackt}
- 2 LIMETTEN {Saft}
- ERDNUSSÖL
- 2 große Handvoll GRÜNKOHL {grob gehackt}
- 325 g MAISMEHL
- SALZ & FRISCH GEMAHLENER SCHWARZER PFEFFER

Zuerst Feuer anzünden und die Kohlen zum Glühen bringen – hierfür gibt es kein Rezept, tun Sie's einfach. Am Anfang sollte die Glut nur mäßig warm sein. Die Rinderrippchen in einer flachen Schale mit Curry, Paprika, der Hälfte von Kurkuma, Koriander und Kreuzkümmel und dem ganzen Knoblauch mischen und Zitronensaft sowie etwas Öl darübergießen. Kräftig mit Salz und Pfeffer würzen und alles gut vermengen. Etwa zehn Minuten beiseitestellen und ziehen lassen. Das Fleisch auf den Rost legen und 25 bis 30 Minuten grillen, bis das Fett ausgelassen und das Fleisch goldbraun ist.

Inzwischen für den Kachumbari-Salat vier Tomaten mit einer Zwiebel, dem ganzen Korianderkraut, dem Chili, dem Saft von einer Limette, einem Spritzer Erdnussöl sowie Salz und Pfeffer in einer Schüssel gut vermengen. Für das Sukuma Wiki die übrige Zwiebel und Tomaten in etwas Erdnussöl bei mittlerer Hitze in einem Topf dünsten. Wenn beides weich ist, den übrigen Kurkuma, Koriander und Kreuzkümmel zugeben und eine Minute mitdünsten. Den Grünkohl hinzufügen und kräftig mit Salz und Pfeffer würzen. Den Grünkohl einige Minuten zusammenfallen lassen, dann den Topf vom Herd nehmen, den übrigen Limettensaft dazugießen und das Gemüse in eine Servierschüssel füllen.

Zum Schluss für das Ugali in einem großen Topf einen Liter gesalzenes Wasser zum Kochen bringen. Das Maismehl einrieseln lassen und die Temperatur stark reduzieren. Die Mischung rühren und größere Klumpen mit dem Kochlöffel zerdrücken. Das Maismehl dickt dabei stark an und hat nach zehn Minuten alles Wasser aufgenommen, sodass es sich leicht aus dem Topf schaben lässt. Mit feuchten Händen grob in Kugelform bringen und mit den Beilagen zum Grillfleisch servieren.

»pole pole ndio mwendo«

– LANGSAMKEIT IST DIE BESTE GANGART.

– { SUAHELI-SPRICHWORT }

Es ist mir eine große Ehre, Ihnen die wunderbare Robista vorzustellen: unsere Lehrerin, Gastgeberin und Freundin. Nach der wilden Jagd durch das südliche Äthiopien und unserer 52-Stunden-Odyssee auf der Ladefläche eines Lkws hatten wir das Riesenglück, in Karichota ausspannen zu können, einer fantastischen kleinen Künstlerpension am Fuß des Mount Kenya.

★ ★ ★ ★ ★

An diesem verwunschenen Ort mitten im dichten Wald brachte uns unsere Lieblingsersatzmutter Robista alles über die traditionelle kenianische Küche bei. Robista wurde im Westen Kenias geboren und wuchs auch dort auf, heute ist sie Theaterschauspielerin und studiert Botanik – sie ist ein vielseitiges Talent. Sie liebt das Essen und seine Zubereitung leidenschaftlich. Kochen gelernt hat sie bei ihrer Mutter, die ihr auf diese Weise ihre Wildheit austreiben wollte. Ihre Liebe ist ansteckend, wir hätten keine bessere Einführung in die kenianische Küche bekommen können.

KAROTTEN-KORIANDERKRAUT-CHAPATI

– mit Chili-Ingwer-Kreuzkümmel-Kürbis & Rote-Linsen-Füllung }

Ich liebe dieses Rezept! Es ruft so viele schöne Erinnerungen wach. Es ist sehr einfach zuzubereiten, und wenn man es am Lagerfeuer macht, bekommt es eine romantische Note. Die fantastischen Chapatis gibt es in Kenia an fast jeder Ecke. Zum Frühstück mit etwas frischem Chili, Zitronensaft und Salz, dazu eine große Tasse starken kenianischen Tee – das ist wahnsinnig einfach und lecker. Wir haben unsere Variante mit Karotten und Koriander aufgepeppt. Für den Chapati-Teig braucht man keine Hefe, man muss also nicht warten, bis er aufgegangen ist. Einfach kneten und los geht's ...

Für die Chapatis { 12 Stück }

- 1 kg WEIZENMEHL Type 550
- 100 g FEINSTZUCKER
- 2 TL GEMAHLENER ZIMT
- SALZ
- KREUKÜMMELSAMEN {nach Geschmack}
- PFLANZENÖL
- GHEE {ersatzweise Butterschmalz oder Butter}

Für die Chapatis alle trockenen Zutaten in eine große Schüssel oder auf eine Arbeitsfläche geben. Eine Mulde in die Mitte drücken und etwas lauwarmes Wasser hineingießen. Das Wasser von innen nach außen unter das Mehl arbeiten und so lange Wasser nachgießen (insgesamt etwa 750 Milliliter), bis ein fester Teig entsteht. Dabei können auch, für eine spezielle Würznote, ein paar geröstete Kreuzkümmelsamen untergerührt werden.

Den Teig etwa fünf Minuten kneten und dann in faustgroße Portionen für je vier Chapatis teilen. Diese wieder vierteln und die kleineren Kugeln etwa zwei Millimeter dünn auf Esstellergröße ausrollen. Die Oberflächen mit wenig Öl einstreichen.

Eine flache Pfanne (am besten eine Pfannkuchenpfanne) ohne Öl so stark wie möglich erhitzen und die Chapatis nacheinander darin mit der geölten Seite nach unten braten. Jetzt gilt es, ihnen die richtige goldgelbe Farbe zu geben, egal, wie lang es dauert, und ohne Angst vor verkohlten Stellen.

Die Chapatis können gleich gegessen oder – in der extragesunden Variante – nochmals aufgebacken werden. Dafür nach Geschmack etwas Ghee in die Pfanne geben und die Chapatis darin erhitzen. Dadurch bekommen sie einen schönen Glanz und schmecken noch besser. Los geht's, nicht kleckern, sondern klotzen!

Für die Füllung:

- 2 BUTTERNUSSKÜRBISSE {geschält & in 1 cm große Würfel geschnitten }
- 200 g ROTE LINSEN
- 2 mittelgroße ZWIEBELN {grob gehackt}
- ½ KNOBLAUCHZEHE {geschält & fein gehackt}
- 2 ROTE CHILISCHOTEN {fein gehackt}
- 3 cm FRISCHER INGWER {geschält & fein gerieben}
- 1 Handvoll KORIANDERKRAUT {Blätter abgezupft & Stängel fein gehackt}
- 2 TL GEMAHLENER KREUZKÜMMEL
- 2 TL GERÄUCHERTES PAPRIKAPULVER
- 3 PFLAUMENTOMATEN {grob gehackt}
- 1 ZITRONE {Saft}
- 1 ROTE ZWIEBEL {in feine Ringe geschnitten}
- SALZ & FRISCH GEMAHLENER SCHWARZER PFEFFER

Zwei Töpfe mit gesalzenem Wasser zum Kochen bringen. Im einen Topf den Kürbis, im anderen die Linsen etwa 12 bis 15 Minuten garen, bis beides weich ist.

Die Zwiebeln in etwas Öl bei mittlerer Hitze in einer Pfanne glasig dünsten (das ist über dem offenen Feuer natürlich schwieriger: Hier erst die Chapatis backen und beiseitestellen. Die Glut sollte dann genau richtig sein, um die Füllung zuzubereiten). Dann die Aromabringer hinzufügen: Knoblauch, Chili, Ingwer und Korianderstängel unterrühren. Einige Minuten mitdünsten und dann die getrockneten Gewürze zugeben. Die Gewürze etwa eine Minute braten, damit sie ihr Aroma voll entfalten können. Die Tomaten ebenfalls zugeben, alles gut vermengen und weiterdünsten, bis die Tomaten weich sind.

Den gekochten Kürbis und die Linsen, die beide noch etwas Biss haben sollten, abgießen und beides in einen Topf füllen. Die Sauce unter den Kürbis und die Linsen rühren. Mit Salz, reichlich Pfeffer und dem Saft einer ganzen Zitrone abschmecken.

Zum Servieren etwas Füllung auf ein Chapati geben und mit Korianderblättern und Zwiebelringen bestreuen. Eine tolle Ergänzung zu den großartigen Chapatis!

"IT WAS SO PREPOSTEROUSLY OUT OF PLACE THERE THAT IT WAS SUGGESTIVE OF A TATTERED EXILED KING AMONG BARBARIANS; AND THE MAJESTY OF ITS NATIVE POSITION COMPELLED RESPECT EVEN IN ITS DEGRADATION."

{ MARK TWAIN }

– *Durch dick und dünn*

ANGST & SCHRECKEN

– IM GREAT RIFT VALLEY –

Als es Zeit war, Nairobi zu verlassen, kündigte der Kalender das Ende der Regenzeit an. Ein paar unglaubliche Helfer hatten unermüdlich an Franks Kadaver herumhantiert und ihn irgendwie aus seinem komatösen Zustand geweckt. Das würde nicht ewig so bleiben, aber vorläufig war großer Optimismus angesagt. Als wir zusammenpackten und aus der Stadt in Richtung des Großen Afrikanischen Grabenbruchs, des Great Rift Valley, fuhren, waren oben am blauen Himmel nur weiße Flecken. Es dauerte aber nicht lange, bis ich daran erinnert wurde, wie schnell sich das ändern konnte. Bis ich wieder mal zu spüren bekam, wie sich Hochs und Tiefs auf dieser Tour abwechselten. Ich hatte ja keine Ahnung, dass ich ein paar Stunden später vor Angst zitternd am Straßenrand kauern würde.

★ ★ ★ ★ ★

Kenia hat wunderschöne Landschaften: endlose Savannen, weites Grasland, sagenumwobene und Ehrfurcht gebietende Berge, kristallklare Seen, in denen sich Hügel und Hochland spiegeln. Die Küstenregion, die Kultur, der Kontrast von Tradition, Technologie und Tribalismus – sie treiben die Modernisierung voran und werfen gleichzeitig große politische Gräben auf. Das alles macht das Land faszinierend, energiegeladen und spektakulär – aber es hat eindeutig einige der schlechtesten Straßen, über die wir je gefahren sind.

Wir hatten die makellosen Straßen der äthiopischen Hochebene für die gefährlichste aller Oberflächen aufgegeben: die unberechenbare. Ohne Vorwarnung klaffte in glattem Asphalt urplötzlich ein wagenradgroßes Schlagloch. Und dann ein noch größeres, noch tieferes. Doch auf dieser Straße oben am Steilhang ging es nicht nur um ihren eigenen miesen Zustand. Wirklich Angst einflößend war die gefährlichste aller Fahrer-Eigenschaften: übergroßes Selbstvertrauen, gepaart mit minimalem Können. Kenianische Lkw-Fahrer scheinen diese Eigenschaft zu einer Kunstform entwickelt zu haben.

Und dann begann es zu regnen …

Nicht einfach nur zu regnen, sondern zu schütten. So erlebt man einen Wolkenbruch wahrscheinlich nur an so einem Ort – den gewaltigen Elementen auf dem Dach dieses bemerkenswerten Kontinents schutzlos ausgeliefert. Und auch Frank war etwas wehrlos, das Schutzblech hatte ich unklugerweise in Khartum eigenhändig entfernt, weil es so verbogen war, dass Frank keine Linkskurven fahren konnte. Jetzt krochen wir also im Monsunregen den Steilhang hinunter, und vom Vorderrad gischtete Wasser auf. Natürlich traf mich der Schwall mit grandioser Zielsicherheit mitten ins Gesicht. Ich musste die Augen zusammenkneifen und konnte deshalb gerade mal ein paar Meter weit sehen.

Unter solchen Bedingungen ist man natürlich sehr angespannt, man scannt, so gut es geht, die direkt vor einem liegende Straße nach Schlaglöchern ab und versucht, große Ansammlungen stehenden Wassers zu umfahren. Womit man nicht rechnet, nicht rechnen kann, vor allem nicht, wenn man in einem gewaltigen Wolkenbruch halb blind ins Rift Valley hinunterfährt, ist ein Sattelzug, der bergauf zu einem Überholmanöver an zwei anderen Sattelzügen vorbei ansetzt. Er schwenkte nicht einfach nur auf die andere Spur, meine Spur, er nahm ihre ganze Breite ein.

Ich sah ihn erst spät. Sehr spät.

Ich richtete mich auf und stellte mein ganzes Gewicht auf die Fußbremse. Das Motorrad grub sich in den Asphalt und geriet dann ins Rutschen. Die Wand aus verschwommenen Lichtern und irrwitziger Inkompetenz kam immer näher. Das Rad des Beiwagens war in eine Pfütze geraten, und Frank brach jetzt zur Seite aus. Das ist das Gefährlichste bei einem Motorrad mit Beiwagen – eine Vollbremsung hat unberechenbare Folgen. Ich trat ein paar Mal kurz aufs Fußpedal und hoffte, dass etwas passierte. Irgendwas. Diese kurzen Bremsintervalle richteten Frank wieder etwas auf. Die Lichter blinkten jetzt. Blinkten wild, aber die Lichthupe sagte nicht: Entschuldigung, sie tönte: Platz da, hier komm ich! Bei dem Gewicht und dem Regen und dem Gefälle würde Frank niemals rechtzeitig zum Stehen kommen. Ich brauchte dringend einen Ausweichplan.

★★★★★

Der Fahrer, ein Muster an Rücksichtnahme, beschloss, dass ein langes Verweilen auf der Hupe ausreichen würde, um mich von seiner dräuenden Ankunft in Kenntnis zu setzen – als ob mir das bei meiner wilden Schleuderei nicht auch schon aufgefallen wäre. Ich lenkte mit aller Kraft nach links. Weil die Lenkstange völlig schief war, eine besonders einnehmende Eigenart von Frankies Fahrstil, war eine scharfe Linkskurve aber einfach nicht drin. Frankie geriet ins Trudeln. Der Lkw fuhr stur geradeaus. Aus zehn Metern wurden fünf. Da dämmerte mir schlagartig, dass ich keine Ahnung hatte, in welchem Zustand der Randstreifen war. Und in diesem Moment überkamen mich die Angst und Übelkeit, die man nur in einer so völlig außer Kontrolle geratenen Situation empfinden kann. Wer die Kontrolle verloren hat, muss sich aufs Glück verlassen. Auf einer kenianischen Straße in verheerendem Zustand ist das nicht unbedingt das Klügste. Ich schielte nach links und erwartete, nichts als einen tiefen Abgrund zu sehen. – Nie sah eine verbogene alte Leitplanke verheißungsvoller aus. Wenn wir uns zu ihr retten, dachte ich, haben wir's geschafft.

Ich weiß wirklich nicht, wie knapp es war, beim Geschichtenerzählen neigt man zur Übertreibung und Ausschmückung, aber es war immerhin so knapp, dass ich hinterher nur noch als zitterndes, fluchendes Wrack auf dem vorher so sträflich missachteten Randstreifen stand. Als der Lkw unbekümmert in der Ferne verschwand, wurde mir klar, dass ich wieder eine wertvolle Lektion gelernt hatte: Jedes Teil eines Motorrads ist an seinem Platz, weil es da sein muss. Als ich mal eben das vordere Schutzblech entfernt hatte, hatte ich Frankie schlechtwetteruntauglich gemacht.

UND ICH HATTE MICH GEFRAGT, WARUM NUR ICH PROBLEME BEI DIESEM REGEN HATTE …

– Willkommen in –

UGANDA

Das Erste, was uns auffiel, als wir von der östlichen Grenzstadt Busia nach Uganda hineinfuhren, war, dass plötzlich die Vegetation viel dichter und üppiger war. Der Monsunregen hatte der Landschaft wieder satte Farben verschafft, und die Straße war ringsum von einem dicken Grünteppich umhüllt. Zwischen den Hügeln erstreckten sich fruchtbare Täler mit scheinbar endlosen Plantagen und vielen kleinen Farmen. Überall waren Kaffee-, Tee- und Maisfelder und außerdem Bananen- und Kochbananenanpflanzungen, die, wie wir bald erfuhren, für diese Region Ostafrikas typisch sind.

★★★★★

Wenn man durch ein Entwicklungsland reist, springt einem sofort ins Auge, wie viel Einfallsreichtum in den diversen Transportmitteln steckt. Die meisten dieser abenteuerlichen Apparate sehen aus, als wären sie nicht verkehrstauglich und von einem Verrückten gebaut. Aber diese unkonventionellen Maschinen setzen sich fast ausnahmslos über die Gesetze von Vernunft und Logik hinweg und erweisen sich als hervorragend an ihre spezifische Aufgabe angepasst. Ein Paradebeispiel sind die Bananenräder in Uganda. Wir dachten ja, wir sähen mit unseren überladenen Drahteseln ausgesprochen merkwürdig aus. Wo wir auch hinkamen, blieben die Leute stehen und starrten uns an – wir hatten etwas von außerirdischen Wesen. Aber als wir zum ersten Mal einen dieser bizarren Bananentransporter sahen, taten wir genau dasselbe. Wenn unter der schwankenden Fracht nicht zwei stark beanspruchte Reifen und ab und an ein abgewetzter Sattel auszumachen wären, könnte man sie kaum als Fahrräder identifizieren. Es ist ein grotesker und faszinierender Anblick, sie voll beladen auf dem Randstreifen rollen zu sehen und nicht einmal zu erkennen, ob unter dem Früchteberg tatsächlich ein Fahrer sitzt. Wir haben mit ein paar Obstkurieren gesprochen, und sie haben uns erzählt, dass sie bis zu 100 Kilogramm Bananen pro Fuhre transportieren. Die Fahrräder sind alt und klapprig, die Gepäckträger selbst gebastelt und die Bremsen kaum funktionsfähig. Diese Männer nehmen täglich ungeheure Strapazen auf sich und riskieren viel, nur um einen mageren Lohn zu verdienen – das ist wirklich bewundernswert.

Es ist unglaublich, aber der durchschnittliche Ugander isst knapp 300 Kilogramm Bananen und Kochbananen im Jahr, nirgendwo auf der Welt ist der Konsum so hoch. Die Bananen werden aber nicht nur gegessen, sondern auch zu Bier gebraut und zu einem ziemlich starken Gin destilliert. Man kann ihnen einfach nicht entkommen. Die beliebteste der 153 angebauten Sorten in Uganda ist ohne jede Frage die Matoke – eine große grüne Kochbanane, die man zu allen möglichen Gerichten verarbeiten kann.

Gekocht, gedämpft, zu Brei verarbeitet oder frittiert, ohne Matoke geht in Uganda fast gar nichts. Und Matoke wurde auch für uns nach einem langen Tag ein heißersehntes Lieblingsgericht, das wir mit mehreren Flaschen Bier herunterspülten.

STRASSEN-RAND-ROLEX

– Chapati-Rolle mit Weißkraut-Karotten-Omelett, Avocado & scharfer Piri-Piri-Sauce }

Auf fast jeder Straße in Uganda hört man die Straßenverkäufer hinter ihren fliegenden Ständen »Rolex, Rolex« rufen. Aber in diesem Teil der Welt ist »Rolex« nicht nur eine Uhr zweifelhafter Herkunft. Wenn man genau hinhört, erkennt man, dass sich dahinter »Rolled eggs« mit ugandischem Akzent verbergen, eine Art Omelette-Wrap. Als Herd dient ein Fass, in dem ein Feuer entzündet wird, auf die Öffnung kommt ein Blech, und schon kann man fantastisches ugandisches Street-Food zubereiten. Dazu etwas scharfe Piri-Piri-Sauce und eine Flasche Cola, die den ganzen Tag in der Sonne gestanden hat – einfach himmlisch.

{ Für 1 Person }

- 50 g WEISSKOHL {in feine Streifen geschnitten}
- 50 g KAROTTE {geraspelt}
- 50 g ROTE ZWIEBEL {in feine Scheiben geschnitten}
- 2 große EIER
- PFLANZENÖL
- 1 CHAPATI
- ½ AVOCADO {in Scheiben geschnitten}
- 1 kleine Handvoll KORIANDERKRAUT
- PIRI-PIRI-SAUCE
- SALZ & FRISCH GEMAHLENER SCHWARZER PFEFFER

Verwenden Sie als Mischgefäß für das Omelett beispielsweise einen großen Kaffeebecher. Die Hälfte von Weißkohl, Karotte und Zwiebel hineingeben, beide Eier hineinschlagen, alles mit Salz und Pfeffer würzen und vermengen.

In einer Pfanne bei mittlerer Temperatur etwas Öl erhitzen, den Tasseninhalt spiralförmig hineingießen und gleichmäßig verteilen. Wenn die Masse gestockt ist, das Omelett wenden und die andere Seite backen. Ein Chapati (siehe Seite 227) auf das fertige Omelett legen und beides nochmals wenden. Das Chapati muss lediglich etwa 30 Sekunden aufgewärmt werden.

Beides auf eine Arbeitsfläche gleiten lassen und den übrigen Kohl, die übrige Karotte und Zwiebel mit der Avocado, dem Korianderkraut und reichlich Piri-Piri-Sauce in die Mitte setzen. Nach Geschmack mit Salz und Pfeffer würzen.

Dann folgt der Arbeitsschritt, der dem Gericht seinen Namen gibt: Chapati, Omelette und Füllung zusammen aufrollen – und schon haben Sie eine echte »Rolex«.

Wieder einmal lief uns der glückliche Zufall über den Weg. Wir waren in Masaka, in Uganda, einer Stadt von vernachlässigenswerter Attraktivität, wäre da nicht das Kontor unseres Kumpels gewesen, des Kaffeebohnenaufspürers mit dem Stift in der Hemdtasche, des Safariboot-Fans, des Mannes der Felder und Berge, kurz: des einzigartigen Monty. Er war eine einflussreiche Persönlichkeit in der boomenden Welt des ugandischen Kaffees. Nach einem Besuch in seinem Kontor, in dem sich riesige Säcke voll Kaffeebohnen und Rechenmaschinen bis an die Decke stapelten, ergab sich eine wunderbare glückliche Fügung.

FRANKIE VERLIEBTE SICH BLITZARTIG, INNIG UND UNSTERBLICH.

Seit ein paar Tagen verfluchte ich Franks Verlässlichkeit beziehungsweise seine Unzuverlässigkeit. Sein Auspufftopf war mitten in Kampala abgefallen, und ich hatte langsam die Nase voll von ihm. Ganz bestimmt gibt es auf dem ganzen Kontinent kein Motorrad, das sich schlechter benimmt, dachte ich. Außer mir wäre doch niemand so blöd, sich so eine Maschine zu kaufen …

Die Antwort auf diese Frage bekam ich bald. Besitzer des Grundstücks, das wir zu unserem Basislager gemacht hatten, um uns zu erholen, schon wieder Ersatzteile zu suchen und schon wieder zu reparieren, war der zurückhaltende Vincent. Er besaß die Intelligenz eines großen Denkers, und sein Wesen war so großzügig, wie sein Lächeln breit war. Kaum aber wurde er Franks ansichtig, wich sein stilles Verhalten erst der großen Ver- und dann der nostalgischen Bewunderung.

»DA KOMME ICH VON DER ARBEIT NACH HAUSE UND FRAGE MICH: ›WER HAT DENN MEIN MOTORRAD AUS DEM SCHUPPEN GEHOLT‹? DAS DING IST DOCH FÜNF JAHRE LANG NICHT MEHR BEWEGT WORDEN!«

Jetzt war ich verwirrt. Was heißt hier bitte »dein Motorrad«? Das ist ja wohl kaum ein Motorrad, das man einfach mal für sein eigenes hält. Die meisten Menschen glaubten, sobald sie Frank sahen, von Wahnvorstellungen befallen zu sein, aber diese Reaktion war doch ziemlich überraschend.

»UND DANN AUCH NOCH 350 KUBIK. ZWEI ZYLINDER. KICKSTARTER UND SCHALTUNG AUF DEMSELBEN FUSSHEBEL. ICH HAB SEIT ÜBER 25 JAHREN KEINE ANDERE JAWA MEHR GESEHEN. UND MIT BEIWAGEN. ICH DACHTE, SO EINE GIBT'S IN UGANDA NICHT ZWEIMAL! ICH DACHTE, ICH WÄR DER EINZIGE MANN AUF DEM KONTINENT, DER SO EINE MASCHINE BESITZT!«

An »zweimal geben« hatte ich in Bezug auf Frankie noch nie gedacht. Außer vielleicht in einem Satz mit »verdammte Panne«. In meinem Kopf hatte sich die Vorstellung festgesetzt, dass Frankies Konstruktionspläne nach seiner Fertigstellung zum Wohle der Motorradwelt umgehend vernichtet worden waren. Aber offenbar wurde die Produktionsreihe nicht nach dem ersten Modell eingestellt. Offenbar gab es noch ein zweites.

»KOMM, ICH ZEIG SIE DIR. SIE STEHT IN MEINER WERKSTATT. ES WIRD ZEIT, DASS SIE MAL RAUSKOMMT. SIE STAND SCHON VIEL ZU LANGE HERUM. ICH SAMMLE ERSATZTEILE, ICH SAMMLE SO LANGE, BIS ICH SIE KOMPLETT ÜBERHOLEN KANN. MEINE TOCHTER BRINGT MIR EINEN NEUEN MOTOR AUS EUROPA MIT. HIER KANN MAN KEIN EINZIGES ORIGINALTEIL AUFTREIBEN!«

Da war sie also. In ihrer ganzen überwältigenden Schönheit, mit all ihren liebenswerten Macken und Mängeln. Versteckt unter einem Haufen verschlissener Abdeckplanen und zusätzlich getarnt von einer – anscheinend unverzichtbaren – Rostschicht.

»FRANK, DARF ICH DIR IRENE VORSTELLEN?«

Irene, die nicht nur einen, sondern drei platte Reifen hatte, vor Schmutz und Öl starrte und einigen Spinnentieren ein Heim bot, wurde unter Mühen hinausgeschoben. Nach einem langen Winterschlaf stand sie endlich wieder im hellen Licht des Tages.

»SIE HAT SICH DRAN GEWÖHNT, VERSTECKT ZU SEIN. SIE HAT FAST IHR GANZES LEBEN IM VERSTECK VERBRACHT. ALS IDI AMIN NOCH REGIERTE, MUSSTE ICH SIE JAHRELANG AUF DEM KRANKENHAUSPARKPLATZ HIER IN KAMPALA VERSTECKEN. ALLE SEINE ARMEEOFFIZIERE FUHREN JAWAS, ABER KEINER HATTE EINEN BEIWAGEN! WENN SIE IRENE ENTDECKT HÄTTEN, HÄTTEN SIE SIE KONFISZIERT!

ABER ICH BIN EWIG NICHT MEHR MIT IHR GEFAHREN ... DIE LEUTE STÜRZEN SICH IN SCHAREN AUF MICH, WENN ICH MIT IHR UNTERWEGS BIN, SO ETWAS HABEN SIE NOCH NIE GESEHEN. MIT DER ZEIT WIRD DAS ZIEMLICH ANSTRENGEND ... ABER ICH WILL SIE AUF JEDEN FALL WIEDER FLOTTMACHEN. DAS IST MEIN KLEINES PROJEKT – SIE KOMPLETT ZU ÜBERHOLEN. ES IST EINFACH SO TOLL, MIT IHR ZU FAHREN!«

Und da standen sie nun also. Seite an Seite. Frank & Irene. Ich stelle mir vor, dass sie wirklich die beiden einzigen Jawa-Motorräder mit Beiwagen auf dem ganzen Kontinent waren. Wahrscheinlich stimmt das nicht, aber es macht die ganze Geschichte noch romantischer.

TILAPIA IM BANANENBLATT

– mit Blattspinat, roter Paprika, Frühlingszwiebeln & Gin-Ingwer-Kokos-Sauce }

Dieses Gericht zehrt von der langen, bewegten und leidvollen Geschichte der Inder und Pakistaner in Uganda. Einer Geschichte, die im Licht der Gräueltaten und Verbrechen von Idi Amins Terrorregime etwas in Vergessenheit geraten ist. Einer Geschichte, die Aufmerksamkeit verdient. Die Inder wurden von den britischen Kolonialherren nach Ostafrika gebracht, nach deren Willen sie in der Verwaltung und als Bauarbeiter eingesetzt wurden. Die ugandische Eisenbahn verdankt ihren Bau 32 000 Arbeitern aus Britisch-Indien (heute: Indien, Pakistan, Bangladesch). Viele kehrten nach der Fertigstellung in ihre Heimatländer zurück, doch einige zogen es vor, in Afrika zu bleiben, und siedelten sich an den großen Seen an. Die indische Bevölkerungsgruppe wuchs, und auch ihr Anteil am ugandischen Wirtschafts- und Finanzsektor stieg. Allerdings war das Wachstum nicht proportional. Verhältnismäßig wenige indische Ugander trugen zu verhältnismäßig viel Wachstum bei und besaßen daher verhältnismäßig viel. Mancher afrikanische Ugander sah das mit Unzufriedenheit.

Nachdem Präsident Milton Obote bei einem Militärputsch von Idi Amin gestürzt worden war, wurde die antiindische Stimmung angeheizt. Im August 1972 spitzten sich die Ereignisse zu, Idi Amin ordnete die Ausweisung der asiatischen Minderheit aus Uganda an. Den Menschen blieben 90 Tage, um das Land zu verlassen und ins Exil zu gehen. Zehntausende ersuchten in anderen Staaten um Asyl. Nach dem Sturz von Amin kehrten manche Vertriebene zurück und suchten im komplexen sozialen Gefüge Ugandas einen sicheren Platz. Doch auch nach über 40 Jahren haben sie nicht vergessen.

{Für 2 Personen}

- 4 TILAPIA-FILETS {ersatzweise anderer weiß- und festfleischiger Fisch}
- 3 cm FRISCHER INGWER {geschält & fein gerieben}
- 125 ml KOKOSMILCH
- 4 TL KOKOSFLOCKEN
- 4 TL GIN
- 1 TL SESAMÖL
- 1 TL BRAUNER ZUCKER
- 2 LIMETTEN {Saft}
- SALZ & FRISCH GEMAHLENER SCHWARZER PFEFFER

- 2 große BANANENBLÄTTER {ersatzweise Backpapier}
- 1 große Handvoll BLATTSPINAT
- 2 mittelgroße FRÜHLINGSZWIEBELN {in feine Scheiben geschnitten}
- 1 ROTE PAPRIKASCHOTE {in dünne Streifen geschnitten}
- 1 ROTE CHILISCHOTE {in feine Ringe geschnitten}
- 1 Handvoll KORIANDERKRAUT {grob gehackt}, zzgl. etwas zum Bestreuen
- 4 ZAHNSTOCHER

Die Fischfilets in eine flache Form legen. Ingwer, Kokosmilch, Kokosflocken, Gin, Sesamöl, Zucker, Saft von einer Limette und eine große Prise Pfeffer in einer Tasse verrühren. Die Marinade über die Filets gießen, sodass sie gleichmäßig bedeckt sind, und 30 Minuten im Kühlschrank ziehen lassen.

Den Ofen auf 200 °C (Umluft 180 °C) vorheizen. Aus den Bananenblättern vorsichtig die holzige Mittelrippe herausschneiden, die über die gesamte Länge verläuft. Die beiden Seitenteile grob in Quadrate mit etwa 20 Zentimeter Seitenlänge schneiden. Sie brauchen mindestens vier davon. In einem großen Topf Wasser zum Kochen bringen. Die Blattquadrate nacheinander hineinlegen und je eine Minute blanchieren. Wieder herausnehmen und eine Minute unter kaltem Wasser abschrecken, dann trocken tupfen. Die Blätter werden dadurch geschmeidiger und die Filets lassen sich besser einwickeln.

Ein Blattquadrat mit der glatten Seite nach oben auf die Arbeitsfläche legen. Um 90 Grad gedreht, ein zweites Blatt darauflegen. Die Hälfte des Blattspinats in die Mitte geben, zwei Filetstücke daraufsetzen und die Hälfte der Frühlingszwiebeln, der Paprika, der Chili und des Korianderkrauts darauf verteilen. Dann großzügig Marinade darüberträufeln.

Erst eine Seite des oberen Blatts über dem Fisch einschlagen, dann die andere fest darüberlegen und beide Seiten gut fixieren. Jetzt das untere Blatt auf die gleiche Weise über der Füllung einschlagen, sodass ein Päckchen entsteht, aus dem der Saft nicht auslaufen kann. Mit Zahnstochern verschließen und in eine ofenfeste Form setzen. Das andere Päckchen mit den übrigen Zutaten auf die gleiche Weise zusammenstellen und neben das erste Päckchen in die Form setzen.

Den Fisch im Ofen etwa 25 Minuten backen. Der Fisch dämpft dabei sanft in den Bananenblättern. Die Form aus dem Ofen nehmen und jedes Päckchen auf einem Teller anrichten. Die Zahnstocher entfernen und die Päckchen oben aufschneiden. Den Fisch mit Salz und Pfeffer sowie etwas Limettensaft würzen und noch etwas Korianderkraut darüberstreuen.

UGANDA
VIKTORIASEE
KIVUSEE
Kigali
Rusumu-
Wasserfall
RUANDA
BURUNDI
SERENGETI-
NATIONALPARK
TANSANIA
TANGANJIKASEE
DEMOKRATISCHE
REPUBLIK
KONGO
Mbeya
SAMBIA
MALAWI

SOMALIA
Nairobi
KENIA
EAST AFRICA
Singida
SANSIBAR
STONE TOWN
Dodoma
INDISCHER OZEAN
Daressalam
HNSTRECKE
ZARA
MAFIA
SELOUS
AME RESERVE

– Willkommen in –

RUANDA

Im Allgemeinen machten wir unser Planungsmanagement vom Prinzip »Zufall & Chancen« abhängig, aber für unsere Zeit in Ruanda waren wir von diesem Vorgehen abgewichen und hatten organisiert, als Freiwillige in eine Grundschule in der Hauptstadt Kigali zu gehen. Ruanda hatte uns schon immer fasziniert, und deshalb wollten wir unbedingt längere Zeit dort verbringen, um die Geschichte und die politische Rolle, die das Land in dieser krisengeschüttelten Region spielt, ein bisschen besser zu verstehen.

★ ★ ★ ★ ★

Ruanda ist ein Land, dessen jüngste Geschichte von unfassbaren Gräueln und Umwälzungen gezeichnet ist. Ein Land, das in den letzten 20 Jahren vor der gewaltigen Aufgabe stand, Verwaltung, Wirtschaft und eine geeinte, versöhnte Gesellschaft neu aufzubauen. Nach dem Völkermord 1994 stand das Land am Abgrund. Zwei ethnische Gruppen – Hutu und Tutsi. Fremde, Nachbarn, Freunde, selbst Familienmitglieder gingen aufeinander los. Denunzierten einander. Töteten einander. Die Brutalität war unfassbar, kein Dorf, keine Stadt, keine Region konnte ihr entgehen.

Die Entwicklung, die das Land seitdem genommen hat, wird von westlichen Beobachtern sehr gelobt. Oberflächlich betrachtet, geht es Ruanda sehr gut. Es ist in dieser Region eines der sichersten, am besten verwalteten, effizientesten Länder, durch die wir gefahren sind. Es wird nicht umsonst »Singapur Afrikas« genannt, die technologische Modernisierung wird kräftig vorangetrieben, und man legt sehr großen Wert auf die Bildung aller Kinder. Deshalb wirkt Kigali wie eine Stadt, die sich ständig neu erfindet, die sich diszipliniert auf ein klares Ziel zubewegt. Es ist auch eine unglaublich saubere Stadt mit blitzblanken Straßen. Plastiktüten sind im ganzen Land verboten, und einmal im Monat gibt es einen gemeinschaftlichen »Aufräumtag«, an dem alle teilnehmen müssen, um die Straßen makellos zu halten.

Wenn man aber in die Dörfer fährt und sich eingehender mit dem aktuellen politischen Klima beschäftigt, sieht man eine andere Seite dieses faszinierenden Landes. Die Wunden von 1994 sind noch lange nicht verheilt. Auch die Nachbarstaaten leiden noch immer unter dem Flüchtlingsproblem und den nicht enden wollenden Auseinandersetzungen zwischen radikalen Hutu und Tutsi.

Das Mittagessen ist das wichtigste kulinarische Ereignis des Tages, und für viele Stadtbewohner heißt das: auf zum nächsten Büfett. Diese Art der Essensdarreichung ist ein Erbe der Kolonialzeit, und man findet sie überall – vom teuersten Hotel bis zum schäbigsten Imbiss. Die Ruander lieben ein gutes Büfett. Die Preisspanne reicht von sehr erschwinglich bis erschwinglich. Wir hielten uns an die goldene Mitte. Man bezahlt für einen Teller und stapelt darauf das Essen so hoch wie möglich, weil es als unfein gilt, zweimal ans Büfett zu gehen. Man setzt hier auf Stärke – Kartoffeln, Kochbananen, Maniok –, aber auch auf geschmortes Gemüse, Fleisch und Bohnen sowie frische Salate aus Gurken, Tomaten, Avocado und Zwiebeln. Außerdem gibt es reichlich Chilisauce und frisches Obst.

In Kigali findet man einige der besten Märkte der Region. Auf dem Kimironko-Markt kann man über die enormen Mengen an frischen Produkten und ihre fantastische Qualität nur staunen. Der Markt ist in einer riesigen nach allen Seiten offenen Halle untergebracht, deren verrostetes Blechdach von einem Wald aus Stahlträgern gehalten wird. Durch Dachfenster strömt Licht in das Meer aus Früchten und Gemüse. Große Sackhaufen von diesem und Palettenberge von jenem werden durch den Irrgarten der Marktstände transportiert. Jeder Verkäufer, egal, ob er Gurken, Auberginen, Papayas oder Passionsfrüchte im Angebot hat, behauptet, seine Ware sei die frischeste, süßeste, leckerste. Weil es in der Markthalle keine Kühlmöglichkeiten gibt, verderben die frischen Produkte natürlich schnell, und die Verkäufer müssen zusehen, dass sie sie noch schneller an die Kunden bringen. Also kommt man um ein freundliches Feilschen gar nicht herum. Dem Verkäufer sollte man tunlichst schmeicheln. Einen guten Preis bekommt, wer überzeugen und diplomatisch sein kann. Die Preise schwanken, wie übrigens auch die Genauigkeit der Waagen. Die Käufer glauben trotzdem meist, dass sie ein Schnäppchen ausgehandelt haben. Außerhalb der Markthalle sind Gassen mit Fleisch- und Fischverkaufsständen aufgebaut. Alles ist in Familienhand. In den dunklen Tiefen dieser Stände mit den handgemalten Werbeschildern stehen große Kühltruhen, gefüllt mit massigen Fleischstücken und ganzen Hühnern. Alles läuft hier sehr entspannt ab. Die Verkäufer haben viel Zeit, sich zwanglos zu unterhalten – erst wenn sie dann Bekanntschaft mit dem Kunden gemacht haben, werden sie wirklich geschäftsmäßig.

★ ★ ★ ★ ★

Lässt man die großen Städte hinter sich, sieht alles ganz anders aus. Die meisten Menschen auf dem Land leben von Subsistenzwirtschaft. Auf den Hügeln, an den Berghängen und auf den Talböden gibt es kaum einen Flecken Erde, auf dem nicht ein Kleinbauer ein Feld angelegt hätte. Auf dem Land lebt man von dem, was man anbauen und in der Region bekommen kann. Dazu gehören Kochbananen, Hülsenfrüchte, Süßkartoffeln, Bohnen, Maniok und alle möglichen essbaren grünen Blätter. Wer es sich leisten kann, hält sich ein paar Hühner, Ziegen oder Kühe in einem kleinen Pferch. Die Tiere werden aber wegen ihrer Eier beziehungsweise ihrer Milch gehalten, nicht wegen des Fleisches, das als reiner Luxus gilt. Wenn man nach Westen an die Grenze zur Demokratischen Republik Kongo fährt, findet man am warmen Wasser des Kivu-Sees lange Sandstrände und von Palmen gesäumte Uferpromenaden. Die Landschaft ist traumhaft schön, die politischen Verhältnisse sind turbulent, und der See ist fischreich. Der beliebteste Speisefisch ist Tilapia (aus der Familie der Buntbarsche). Wenn der Koch sich, kaum ist die Bestellung aufgegeben, eine Angel schnappt und in seinen Einbaum schwingt, weiß man, dass man wirklich frischen Fisch bekommt.

Ruanda ist ein Land, das sich Besuchern nur allmählich offenbart. Man muss sich, wie anderswo auch, Zeit nehmen und ins Leben eintauchen. Das Land hat großes Potenzial, eine wunderbare Natur und eine unglaublich junge und sehr gut ausgebildete Bevölkerung. Innerhalb von 20 Jahren hat es den Wiederaufbau und bemerkenswerte Fortschritte geschafft, und die Entwicklung der nächsten 20 Jahre wird bestimmt genauso faszinierend und ehrgeizig sein.

MANZIORA & Eric's AFRICA
FEELINGS
date, 6th June 2012
Travel
happy
angry
tired
sad
intelligent
hungry
Thirsty
sleepy
Africa

...the
Gem of
Africa

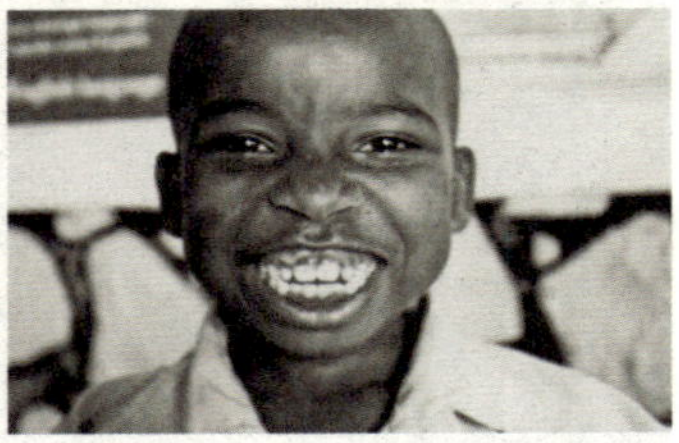

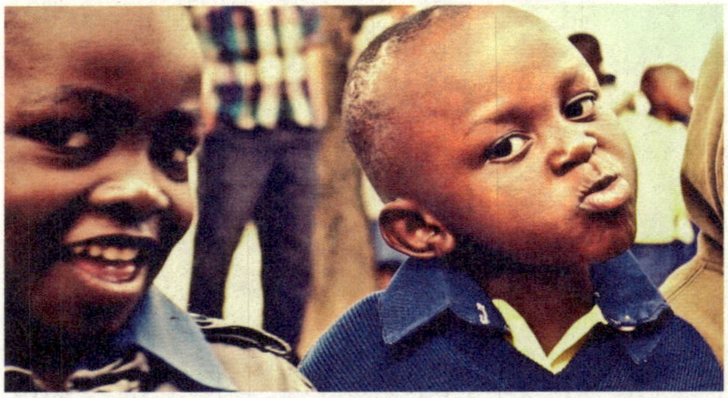

FEELINGS
June
Travel
Angry
UGLY
beautiful
Pretoria
STRONG

Name:
how old you are
qustion
of
Tom why
you
GET
coffe
I Get polidge
answer me?

– DIE MACHT DER BILDUNG –

DAS KINAMBA-PROJEKT

{Kigali}

Eine Gemeinsamkeit scheinen fast alle Kinder in dieser Region Ostafrikas zu haben: Sie sehen Bildung als ein Privileg und als eine Chance an. Schule ist keine lästige Pflicht, im Gegenteil, hier freut man sich auf sie, genießt sie und ist stolz darauf. Viele Kinder haben einen täglichen Hin- und Rückweg von zwei Stunden, und sie bewältigen ihn zu Fuß. Sie sind nicht selbstgefällig, sie beschweren sich nicht, sie stellen keine Ansprüche. Sie haben einen gesunden Ehrgeiz und wollen einfach nur lernen, lernen, lernen.

★ ★ ★ ★ ★

Und trotzdem waren die Gesichter mancher Kinder, wenn sie am Montagmorgen wieder zur Schule kamen, oft ernst und unbewegt. Diese zur Schau getragene mangelnde Begeisterung hatte aber nichts damit zu tun, dass sie nach einem schönen freien Wochenende schon frühmorgens wieder in die Schule mussten. Ganz im Gegenteil, ihre sonst ansteckend gute Laune war so gedämpft, weil sie ein paar Tage lang nicht in der Schule gewesen waren. Manche Familien konnten ihre Kinder am Wochenende einfach nicht satt bekommen. Am Montagmorgen waren sie dann schwach vor Hunger. Es erinnerte uns immer daran, dass die große Mehrheit der Ruander noch immer Tag für Tag von der Hand in den Mund lebt.

Aber sobald diese Kinder dann eine Schüssel mit Porridge oder Bohnen mit Reis bekommen hatten, begannen sie wieder zu strahlen und Unsinn zu machen. Zu den maßvollen Ansprüchen der Stiftung, für die wir glücklicherweise arbeiten durften, gehört genau das: sicherzustellen, dass diese Kinder an jedem Tag ein Mittagessen und zwei Schüsseln Porridge bekommen. Es ist ein bescheidenes Ziel, das durch das überwältigende Engagement aller, die direkt oder indirekt mit der Schule zu tun haben, erreicht wird. Aber es hat eine ungeheure Auswirkung auf das Leben und die Motivation dieser Kinder, die nur lernen und mit anderen teilen wollen.

FRANÇOISE' GEMISCHTER BOHNENEINTOPF

– mit Curry, Grünkohl & Ofen-Süßkartoffeln }

Die schöne, immer quirlige Françoise sorgte dafür, dass jeder Schüler etwas hiervon abbekam. Françoise rief alle zusammen, stellte sie zu einer hübschen kleinen Reihe auf, und dann erhielt jeder eine ordentliche Portion. Jeder war auch mal mit Geschirrspülen dran. Sie wusste ganz genau, wer sich regelmäßig davor drücken wollte. Sie war eine fantastische Köchin, die sich alles selbst beigebracht hatte, engagiert, selbstlos und wahnsinnig großzügig – noch so eine tolle Frau, die uns unter ihre Fittiche nahm. Nicht unbedingt ein Muttterersatz ... Françoise war 22.

{ *Für 4 Personen* }

- 4 große SÜSSKARTOFFELN
- 2 TL KOKOSÖL
- 1 große ROTE ZWIEBEL {grob gehackt}
- 2 SELLERIESTANGEN {grob gehackt}
- 2 mittelgroße KAROTTEN {grob gehackt}
- 4 KNOBLAUCHZEHEN {geschält & fein gehackt}
- 2 TL CURRYPULVER
- 1 TL GEMAHLENER ZIMT
- 1 TL GEMAHLENER KREUZKÜMMEL
- 2 TL TOMATENPÜREE
- 2 Dosen STÜCKIGE TOMATEN {à 400 g}
- 2 Dosen KIDNEYBOHNEN {à 400 g, abgetropft}
- 2 Dosen LIMABOHNEN {à 400 g, abgetropft}
- 2 große Handvoll GRÜNKOHL {grob gehackt}
- 1 Handvoll KORIANDERKRAUT {grob gehackt}
- 1 ZITRONE {Saft}
- SALZ & FRISCH GEMAHLENER SCHWARZER PFEFFER

Den Ofen auf 200 °C (Umluft 180 °C) vorheizen. Die Süßkartoffeln auf ein Backblech legen und die Schalen mehrmals einstechen. Im Ofen 45 Minuten backen.

Inzwischen das Kokosöl in einem großen Topf bei mittlerer Temperatur erhitzen und die Zwiebel, den Sellerie und die Karotten darin etwa zehn Minuten dünsten. Knoblauch, Curry, Zimt, Kreuzkümmel und Tomatenpüree unterrühren. Die Gewürze einige Minuten anbraten, bis sie ihr Aroma voll entfaltet haben. Dann die Dosentomaten, beide Bohnensorten und den Grünkohl zugeben. Alles kräftig mit Salz und Pfeffer würzen, gut vermengen und leise köcheln, bis die Ofenkartoffeln fertig sind. Wenn die Schalen der Kartoffeln knusprig sind und das Innere weich ist, das Korianderkraut unter den Eintopf rühren, die Zitrone darüber ausdrücken und nochmals mit Salz und Pfeffer abschmecken. Fertig! Die Ofenkartoffeln mit dem Eintopf servieren.

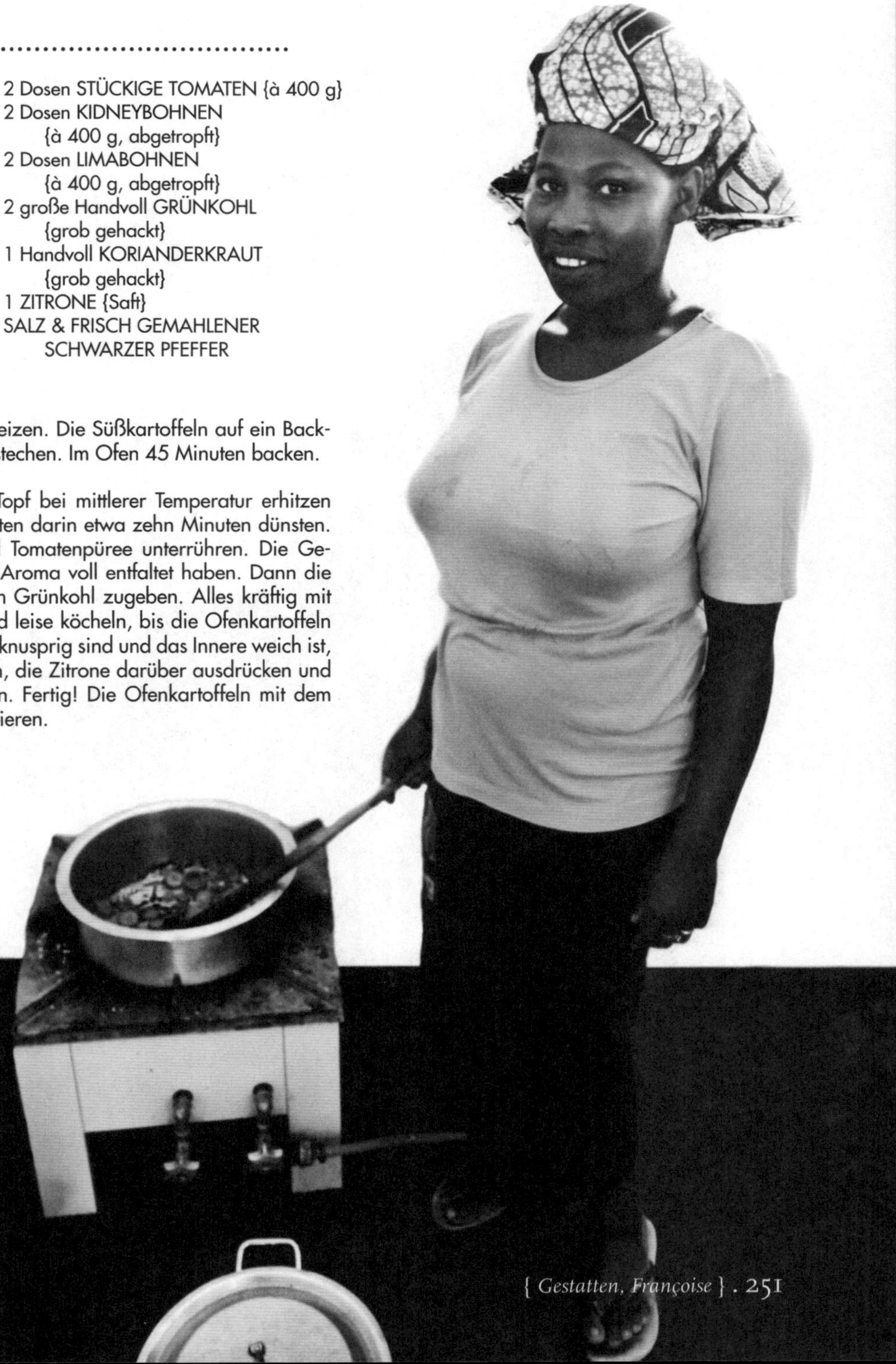

– IN DAS –

LAND DER TAUSEND HÜGEL

{& der einen flachen Straße }

Als wir schließlich die Schule in Kigali verließen und uns wieder auf den Weg machten, hinkten wir ein paar Tage hinter unserem Zeitplan her. Es war die alte Geschichte, die Stadt wollte uns einfach nicht ziehen lassen. Genauer gesagt: Wir wollten nicht schon wieder Menschen verlassen, die uns sehr ans Herz gewachsen waren. Es fiel uns schwer, uns von den kleinen Strolchen zu verabschieden, die so einen großen Eindruck auf uns gemacht hatten. Aber wir mussten los, Tansania und der schöne weite Indische Ozean warteten auf uns. Frank bekam seine übliche, aber alles andere als vollkommene Überholung und wurde mehr oder weniger ins Leben zurückgerufen. Die Grenze war nur 200 Kilometer entfernt – eine Tagesreise.

DIESMAL KONNTE DOCH EIGENTLICH GAR NICHTS SCHIEFGEHEN!

Ein paar Stunden lang lief alles mehr oder weniger prima, aber dann kam Franks ureigener Charakterzug zum Vorschein – kaum war eine Grenze auch nur entfernt in Sicht, wurde er bockig. Bis dahin, bis ich so dumm war, für einen schnellen Imbiss anzuhalten, und so den unerlässlichen Schwung abdrosselte, hatte ich den alten Frank und seine Flinkheit noch gelobt. Na gut, »flink« war nicht wirklich das passende Wort, wir hatten uns seinem Alter entsprechend bewegt und waren über 1000 Hügel und in 1000 Täler dieser wunderschönen Gegend Afrikas gerumpelt. Aber was für ein Spaß!

★★★★★

Nachdem der Schwung jetzt weg war, tat Frank keinen Mucks mehr. Ich versuchte es mit einem Kickstart. Nichts. Noch mal. Ich wechselte die Zündkerzen aus. Immer noch nichts. Ich versuchte es mit Anschieben. Dabei musste Frank wie eine Art fettes Skateboard behandelt werden: ersten Gang einlegen, Kupplung loslassen und dann mit aller Kraft rennen und schieben. Rein theoretisch müsste dann der Motor anspringen, und man selbst müsste aus dem vollen Galopp auf den Sattel des hustenden Blechrosses hechten. Und dann die Zügel wieder in die Hand nehmen, sprich Gaspedal und Bremsen unter Kontrolle bringen.

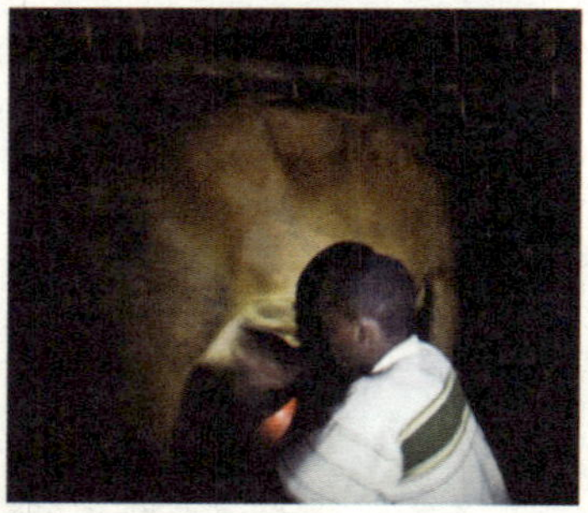

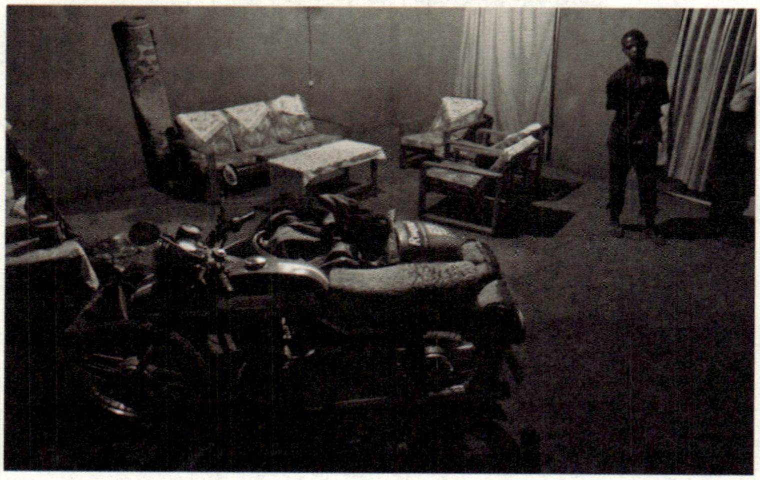

Das ist eine mühselige Prozedur, und wenn man nicht aufpasst, landet man zappelnd hart auf der Straße und sieht sein fahrerloses, völlig außer Kontrolle geratenes Motorrad entschwinden. Wesentlich einfacher gestaltete sich die Sache natürlich, wenn ein Hügel zur Hand war, aber ich hatte es geschafft, auf dem einzigen geraden, flachen Stück Straße in ganz Ruanda liegenzubleiben. Bis zur Grenze waren es immer noch über 70 Kilometer, und da wartete – wie gewöhnlich – Matt schon auf mich. Ich rannte und schob hin, ich rannte und schob her. Es war zwei Uhr nachmittags.

★★★★★

Mit jedem gescheiterten Versuch wuchs die Menge der interessierten und verwirrten Beobachter. Erst starrten sie uns an, dann zeigten sie auf uns, dann lachten sie über uns. Die Stunden vergingen, und meine Verzweiflung wuchs. Es war jetzt nach 18 Uhr, die Sonne würde bald untergehen, ich war kilometerweit schiebend neben Frank hin und her gerannt und völlig fertig. Ich saß wieder mal allein und deprimiert am Straßenrand. Und wieder einmal war die Frage nur, wann, nicht ob, der nächste Nothelfer auftauchen würde. Ein großer, junger, beruhigend selbstsicherer Typ schob sich durch die gaffende Menge.

»Ist irgendwas an dem Ding kaputt? Sag mal, was ist das überhaupt? Kann ich helfen?«, fragte er.

»Lange Geschichte!«, antwortete ich trübsinnig. »Das Ding ist hinüber, und mir rennt die Zeit weg. Ich weiß einfach nicht weiter. Du hast nicht zufällig ein Fleckchen, auf dem ich mein Zelt aufstellen kann?« Seine Antwort kam wie aus der Pistole geschossen. »Nichts da. Kein Zelt. Du kommst mit zu mir. Du bist mein Gast. Ich wohne gleich da hinten ... ich helf dir schieben. Zusammen schaffen wir das schon.«

ZUSAMMEN SCHAFFEN WIR DAS SCHON. Und das sagt einem ein völlig Fremder.
Um irgendetwas ordentlich anzupacken, musste man sich offensichtlich nicht gut kennen.
Auf einmal sah alles viel rosiger aus. Wir schaffen das.

»Sorry, Mann. Ich hab nicht mal gefragt, wie du heißt. Ich bin Thomas.«
»Schön, dich kennenzulernen, Thomas. Ich heiße Frank.«

Frank schlägt vor, dass wir das Motorrad über Nacht ins Haus stellen. Ich sehe mir die Haustür an. Der Rahmen sieht schmal aus, eigentlich zu schmal. Ich habe meine Zweifel, aber Frank ist sich seiner Sache sicher. Er holt Werkzeug und nimmt die Türflügel raus. Dass jemand sein Haus für unsere Bedürfnisse auseinandernimmt, ist ein noch nie dagewesener Akt der Gastfreundschaft. Frank ruft einen Kumpel im Nachbardorf an, der Mechaniker ist. In beschämend kurzer Zeit hat der das Problem identifiziert und behoben. Irgendein Kabel hatte sich gelöst, und deshalb war der Motor nicht angesprungen. Im Verlauf einer halben Stunde hatte sich auch der letzte Trübsinn verflüchtigt und war Optimismus und Erleichterung gewichen. Frank – das Motorrad – parkte sicher im vorderen Zimmer bei einem Fremden. Im Hinterzimmer muhten ein paar Kühe und sorgten für eine interessante Duftmischung. Auf dem Feuer wurde Wasser warm für eine Eimer-Dusche, und auf dem Tisch stand ein dampfender Ziegenfleischeintopf.

»Alles kein Problem. Fühl dich hier wie zu Hause. Hier, bitte«, sagte Frank und reichte mir zwei kalte Limos.
»Eine ist für dich. Bitte, nimm die da«, antwortete ich.
»Nein, nein Thomas, die sind beide für dich. Du siehst zwei-Limos-durstig aus.«

Also fühlte ich mich wie zu Hause und sauwohl. Und wunderte mich wieder einmal,
wie viel Mühe sich ein völlig Fremder machte, um uns die Reise zu erleichtern.

OB WIR WOLLTEN ODER NICHT, WIR WAREN NIEMALS ALLEIN AUF DIESER TOUR.

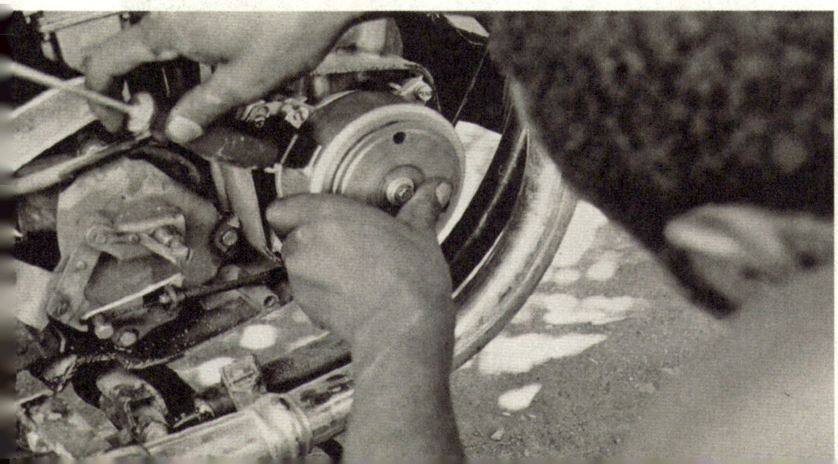

FRANKS ZIEGENFLEISCH-ERDNUSS-TOPF

– geschmortes Ziegenfleisch in scharfwürziger Erdnusssauce mit Süßkartoffeln & Matoke }

Dankbarer als diese ist selten eine Mahlzeit gegessen worden. Und Frank sah mächtig stolz aus, als er mir dieses Gericht vorsetzte. Die Ziege war am selben Nachmittag geschlachtet worden, und dazu gab es Matoke. Matoke ist in Ruanda ein Grundnahrungsmittel und wird in diesem Teil Ostafrikas fast überall angebaut. Diese Kochbananensorte hat einen wesentlich höheren Stärkeanteil als gelbe Bananen und ähnelt in dieser Hinsicht eher einer Kartoffel. Man isst sie gedünstet, gekocht oder gebraten. Als Beilage zu einem Eintopf, zu Bohnen oder nur als einfacher Brei gehört sie zum täglichen Essen in Ruanda.

{ Für 4 Personen }

- 1 kg ZIEGENFLEISCH {mit Knochen, in mundgerechte Stücke gehackt}
- 2 TL CAYENNEPFEFFER
- 2 TL GEMAHLENER KORIANDER
- 1 TL GEMAHLENER KREUZKÜMMEL
- ¼ TL GEMAHLENE NELKEN
- 1 LIMETTE {Saft}
- ERDNUSSÖL
- 1 große ZWIEBEL {grob gehackt}
- 4 KNOBLAUCHZEHEN {geschält & fein gehackt}
- 3 cm FRISCHER INGWER {geschält & geraspelt}
- 2 TL TOMATENPÜREE
- 1 Dose STÜCKIGE TOMATEN {400 g}
- 1 gehäufter EL ERDNUSSBUTTER
- 250 ml RINDERBRÜHE
- 2 SÜSSKARTOFFELN {in 2 cm große Würfel geschnitten}
- 8 mittelgroße KOCHBANANEN {Schalen gründlich abgespült}
- 90 g UNGESALZENE ERDNUSSKERNE
- SALZ & FRISCH GEMAHLENER SCHWARZER PFEFFER

Das Ziegenfleisch in eine große Schüssel geben. Cayennepfeffer, Koriander, Kreuzkümmel, Nelken, Limettensaft, einen Schuss Erdnussöl und reichlich Salz und Pfeffer hinzufügen. Alles gut vermischen und das Fleisch bis zu zwei Stunden marinieren.

Etwas Erdnussöl in einem großen Schmortopf bei mittlerer Temperatur erhitzen und das Ziegenfleisch darin etwa zehn Minuten anbraten. Dann das Fleisch herausnehmen und beiseitestellen. Die Temperatur reduzieren und die Zwiebel im Bratfett dünsten, bis sie beginnt zu bräunen. Nun Knoblauch, Ingwer und Tomatenpüree unterrühren und eine Minute mitdünsten. Das Fleisch zurück in den Topf geben. Dosentomaten, Erdnussbutter und Brühe unterrühren. Alles aufkochen, dann die Temperatur wieder reduzieren und die Mischung eineinhalb Stunden sanft köcheln.

Etwa 25 Minuten vor Ende der Kochzeit die Süßkartoffeln in den Topf geben. Alles gut vermischen und mit Salz und Pfeffer abschmecken. In einem Topf reichlich gesalzenes Wasser zum Kochen bringen. Stängel- und Blütenansätze der Kochbananen abschneiden und die Schalen mehrmals einkerben. Dann die Bananen im Salzwasser etwa 15 Minuten kochen, bis sie weich sind. Abgießen und abkühlen lassen und anschließend schälen. Eine Pfanne bei mittlerer Temperatur erhitzen und die Erdnüsse darin trocken rösten, dann beiseitestellen. Einen Schuss Erdnussöl in die Pfanne geben und die Kochbananen portionsweise darin braten, bis sie braun sind und eine schöne Kruste haben. Zum Schluss den Eintopf auf Teller anrichten, die Erdnusskerne darüberstreuen und mit zwei Kochbananen pro Person servieren.

PRODUCE OF TANZANIA
DAR ES SALAAM

– Willkommen in –

TANSANIA & SANSIBAR

Es kann ziemlich gefährlich sein, wenn man von einem Ort allzu hohe Erwartungen hat. Wenn man ihn vor sich sieht, von ihm träumt, wenn sich ein Bild im Kopf festgesetzt hat, bevor man überhaupt dort war. Das läuft mit hoher Wahrscheinlichkeit auf eine bodenlose Enttäuschung hinaus. Unsere Erwartungen an Tansania und den märchenhaften Sansibar-Archipel kollidierten jedenfalls mit der Wirklichkeit. Wir hatten uns von dieser berühmten Ecke Ostafrikas so wahnsinnig viel versprochen. Und dann hatten wir das unmäßige Glück, dass alles so ganz anders war als gedacht: noch viel schöner, mit einer noch viel faszinierenderen Geschichte. Außerdem liegt dort der unentdeckte Himmel auf Erden für Esser und Genießer.

★ ★ ★ ★ ★

Wie in vielen Staaten in diesem Teil der Welt ist die ethnische und kulturelle Vielfalt in Tansania und dem Archipel irrsinnig groß. Diese Vielfalt hat die moderne Gesellschaft geformt und wirkt außerdem wie ein Objektiv, durch das man einen Blick auf die Vergangenheit des Landes werfen kann. Seit dem 9. Jahrhundert standen weite Landstriche an der ostafrikanischen Küste und der Sansibar-Archipel unter der Herrschaft verschiedener Kolonialmächte. Zuerst kamen die Araber und Perser, dann die Portugiesen, danach unterstand die Region jahrhundertelang dem Sultanat von Oman. Ende des 19. Jahrhunderts hatte das Deutsche Reich weite Teile Ostafrikas kolonisiert, und danach kamen die Briten, die das Land 1963 schließlich in die Unabhängigkeit entließen. All diese fremden Mächte haben ihm und seinen Bewohnern ihr eigenes Vermächtnis und Erbe hinterlassen und so – im Guten wie im Bösen – Einfluss auf die moderne Gesellschaft genommen.

Sansibar und Tansania beschwören wie kaum ein anderer Ort auf der Welt das Bild eines Inselparadieses und der romantischen Verlockungen der weiten afrikanischen Savanne herauf. Und die Realität? Entspricht diesem traumhaften Bild durchaus: endlose weiße Sandstrände, Palmen, ein Labyrinth von Kopfsteinpflastergassen in Stone Town, der weiß leuchtenden Altstadt von Sansibar-Stadt, exotische Gewürze, Fruchtplantagen und fantastische Safaris. Heute empfindet man Sansibar als Inselparadies, aber seine bewegte Geschichte hat eine sehr dunkle Seite. Wie überall auf der Welt muss man auch hier die Vergangenheit verstehen, um die Dynamik und das Wesen der modernen Gesellschaft begreifen zu können. Wie wichtig das ist, wird einem erschreckend deutlich, wenn man sich mit den Gräueln und der Menschenverachtung des Sklavenhandels beschäftigt. Im 19. Jahrhundert wurden jährlich 50 000 Menschen auf dem Sklavenmarkt von Sansibar wie Vieh angeboten und verkauft. Dieser Handel machte aus Stone Town eine der reichsten und einflussreichsten Städte des Kontinents.

★ ★ ★ ★ ★

Unter der omanischen Herrschaft begann die Plantagen-Wirtschaft zu blühen. Das tropische Klima des Archipels und seine fruchtbaren Böden ermöglichten – in Kombination mit der Sklavenarbeit – die Anlage ausgedehnter Gewürzplantagen. Vor allem Gewürznelken, Kardamom, Muskat, Zimt, Schwarzer Pfeffer und Zitronengras wurden angebaut, aber auch Kokosnüsse, Mangos und andere exotische Früchte. Sansibar entwickelte sich deshalb zu einem der größten Handelshäfen der Welt und zum führenden Produzenten einer der heiß begehrten Waren jener Zeit: der Gewürze. Nicht umsonst trägt der Archipel auch den Namen »Gewürzinseln«.

Man muss wenigstens einen der vielen Märkte auf den Inseln oder dem Festland gesehen haben. Dort zeigt sich besonders deutlich, dass Tansania ein multikultureller Schmelztiegel ist. Die Produkte sind exotisch, farbenfroh und einzigartig, man sieht Berge von Früchten, von denen man nicht einmal wusste, dass es sie gibt: Bungo, Cherimoya (auch: Zucker- oder Zimtapfel), Rambutan, Durian. In einer Ecke des Markts fühlt man sich, als ob man in Indien gelandet wäre – überall Gewürze und Currymischungen, Samosa-Händler, die ihrem Gewerbe nachgehen, Chapatis in großen Metallpfannen. In der nächsten Ecke werden frisch gefangener Fisch und die unterschiedlichsten Meeresbewohner, die man sich nur vorstellen kann, angeboten: Langusten, Thunfisch, Austern, Haie – aussuchen, mit dem Finger darauf zeigen und bezahlen. Aus dem Meer in den Mund. Wenn man noch weiter über den Markt schlendert, sieht man ganze Schlachttiere an Haken hängen, meist Rinder und Ziegen. Diese außergewöhnliche Mixtur von Aromen und Produkten aus allen Enden der Welt verdankt sich dem ständigen Zustrom fremder Zutaten und kulinarischer Traditionen, der über die Jahrhunderte hinweg das Bantu-Repertoire erweitert und bereichert hat. Somit ist die Esskultur Tansanias und Sansibars ein weiteres fantastisches Beispiel für Fusionsküche.

LANGUSTEN-CURRY AUS SANSIBAR

– mit Kokosflocken, Korianderkraut, Kümmel & Tamarinde }

Welches Gericht könnte dem unglaublichen Angebot von Meeresfrüchten und Gewürzen, das es auf den Inseln gibt, angemessener sein als ein Langusten-Curry? Ein Besuch auf einer der Gewürzplantagen ist ein fantastisches Erlebnis. Wenn man aus einer gerade geköpften Frucht erfrischendes Kokosnusswasser schlürft, während man zusieht, wie die exotischen Gewürze geerntet, getrocknet und gemahlen werden, schwirrt einem der Kopf vor Ideen und kulinarischen Inspirationen.

Von der Plantage geht man auf einen der berühmten Fischmärkte Sansibars und feilscht um eine der frisch gefangenen Schönheiten. Hier gibt es so viele leckere Langusten – die muss man einfach essen. Man kann sie auf viele Arten zubereiten, ich finde, sie schmecken am besten, wenn man sie über dem offenen Feuer oder unter dem Grill brät. Der Aufwand ist etwas größer, aber er lohnt sich!

{ Für 4 Personen }

- 50 g KOKOSFLOCKEN
- ½ ZWIEBEL {grob gehackt}
- 2 GRÜNE CHILISCHOTEN
- 3 cm FRISCHER INGWER {geschält}
- 3 KNOBLAUCHZEHEN {geschält}
- 1 Handvoll KORIANDERKRAUT {Stängel für die Würzpaste, Blätter zum Garnieren}
- 2 Dosen KOKOSMILCH {à 400 ml}

- 2 TL KOKOSÖL
- ½ TL GELBE SENFKÖRNER
- 6 CURRYBLÄTTER
- 2 TL GEMAHLENER FENCHELSAMEN
- 1 TL GEMAHLENER KORIANDER
- ½ TL GEMAHLENER KREUZKÜMMEL
- ¼ TL GEMAHLENER KARDAMOM
- ½ TL GEMAHLENER BOCKSHORNKLEESAMEN
- ½ TL GEMAHLENE KURKUMA
- 2 TL SEAFOOD MASALA {indische Gewürzmischung für Meeresfrüchte}
- 2 TL TAMARINDENPASTE
- 2 TL ZUCKER
- 1 LIMETTE {Saft}

- 1 EL BUTTER
- 8 mittelgroße LANGUSTENSCHWÄNZE {küchenfertig, Darm entfernt, aber mit Panzer & längs halbiert}
- GEDÄMPFTER BASMATIREIS zum Servieren
- SALZ & FRISCH GEMAHLENER SCHWARZER PFEFFER

Bei der Herstellung der Würzpaste gilt: glücklich diejenigen, die einen Universalzerkleinerer ihr Eigen nennen. Alle anderen müssen Kokosflocken, Zwiebel, Chilis, Ingwer, zwei Knoblauchzehen und Korianderstängel mit dem Messer fein hacken und mit 100 Milliliter Kokosmilch im Mörser zu einer Paste verarbeiten.

Das Kokosöl in einer großen, tiefen Pfanne bei mittlerer Temperatur erhitzen. Senfkörner und Curryblätter eine Minute anbraten. Die Senfkörner sollten dabei aufplatzen. Fenchel, Koriander, Kreuzkümmel, Kardamom, Bockshornkleesamen, Kurkuma und Masala ebenfalls eine Minute anrösten und alle Gewürze gut vermengen. Die Kokosmilch-Würzpaste unterrühren und alles zwei weitere Minuten braten. Die übrige Kokosmilch mit Tamarindenpaste, Zucker, Limettensaft und reichlich Pfeffer sowie einer Prise Salz unterrühren. Dann die Sauce 20 Minuten sanft köcheln, bis sie eindickt und die Aromen sich vollständig entfaltet haben.

Die Butter bei geringer Hitze in einem Topf zerlassen. Den übrigen Knoblauch fein hacken und zugeben. Die fleischige Seite der Langustenschwänze mit der Buttermischung bestreichen und die »Stars der Show« mit den Panzern nach unten etwa vier Minuten auf den Grillrost legen oder unter den bei mittlerer Hitze vorgeheizten Ofengrill geben. Die Panzer verfärben sich dabei zu einem wunderschönen Rot. Die Langustenschwänze wenden und auf der anderen Seite nochmals zwei Minuten grillen. Vorsicht, lassen Sie das Fleisch nicht übergaren: Es sollte weiß und zart, aber noch fest sein.

Die Langustenschwänze mit Panzer in die Sauce setzen. Falls nötig, mit Salz und Pfeffer nachwürzen. Das Curry mit gedämpftem Basmatireis und mit Korianderblättern bestreut servieren.

– BESSER GEHT'S NICHT –

DER NACHTMARKT IN FORODHANI

{Stone Town}

Auf der ganzen Welt findet man wohl kaum einen schöneren Straßenmarkt mit mehr Atmosphäre. Der Nachtmarkt in Forodhani lockt im Schatten des historischen Forts in der Altstadt von Stone Town vor den azurblauen Wassern des Indischen Ozeans mit Sinnlichkeit und kulinarischen Köstlichkeiten.

★ ★ ★ ★ ★

Am besten kommt man so früh, dass man die Sonne im Ozean versinken sieht und miterlebt, wie das Treiben richtig losgeht. Wenn es dunkel und kühler wird, legen die Verkäufer ihre Waren aus. Gaslaternen flackern auf und verstärken den Reiz und die Aura des Marktes noch. Grills werden entfacht, warme Gerichte vorbereitet. Aus Zuckerrohr wird frischer Saft gepresst und in großen angeschlagenen Bechern serviert. Köche ziehen sich weiße Jacken an und setzen sich hohe Mützen auf, sie wirken in dieser lockeren Umgebung merkwürdig formell.

Aufgebockte Tische biegen sich unter der reichen frischen Ernte aus dem Meer: Oktopusse, Kalmare, Garnelen, Krebsscheren, Hummer. Auch Fisch-Kebabs werden angeboten. Man sieht sich die Auslagen an, trifft seine Wahl, deutet darauf und lässt sie grillen. Dazu gibt es gebratenen Maniok, kräftig gewürzte Salate und scharfe Saucen. Die Duftschwaden sind berauschend. Es ist laut, wie ein dröhnendes Summen klingen die Lockrufe der Verkäufer zu ihren potenziellen Kunden. In Fässern mit sprudelnd heißem Öl brutzeln Samosas, die mit Kokosraspeln und Chutney serviert werden. Teigkugeln werden zu dünnen Blättern ausgerollt, in Butter ausgebacken, mit Tomaten, Zwiebeln, Ei und Rinderhack belegt – Sansibar-Pizza. Dann sucht man sich einen Platz an den niedrigen Steinmauern oder auf der Pier, verspeist seine Köstlichkeit und sieht einfach nur zu.

SCHNÖRKELLOS, BODENSTÄNDIG – PURER SANSIBARISCHER ZAUBER.

THUNFISCHSTEAKS IN SESAMKRUSTE

– mit Lychee-Avocado-Rucola-Salat mit Honig-Chili-Dressing & Sojasauce }

Das ist eins dieser Gerichte, in dem sich einige der unzähligen Komponenten der unglaublich vielfältigen tansanischen Küche vereinigen. Es war ein Geburtstagsessen, das wir auf einem Dach in Daressalam mit Blick über den Indischen Ozean zubereiteten. Wir haben an vielen besonderen Orten gekocht, dieser zählte eindeutig zu den schönsten.

Wir hatten bei ein paar Fischern einen ganzen prachtvollen Thunfisch direkt vom Boot gekauft. Sie nahmen ihn gleich aus und filetierten ihn. Frischer geht es nicht, und das Fleisch war von erstklassiger Qualität. Die salzige Note der Soja-Marinade unterstreicht die süßliche Säure der Lychees, und zuletzt flammen die frischen Chilis am Gaumen auf. Wenn man so einen fantastischen Thunfisch hat, kann man ihn ruhig roh genießen.

{ Für 4 Personen }

- 4 THUNFISCHSTEAKS {à 200 g, 2 cm dick}
- 6 EL SOJASAUCE
- 4 EL OLIVENÖL
- 2 EL FLÜSSIGER HONIG
- 4 TL SESAMSAMEN, zzgl. etwas zum Bestreuen
- 4 FRÜHLINGSZWIEBELN {in feine Scheiben geschnitten}
- 2 unbehandelte LIMETTEN {Schale von 1 Limette & Saft von beiden}
- 2 ROTE CHILISCHOTEN {Samen entfernt & in feine Ringe geschnitten}
- 2 große Handvoll RUCOLA
- 1 große Handvoll MINZE {grob gehackt}
- 1 große Handvoll KORIANDERKRAUT {grob gehackt}
- 16 LITSCHIS {geschält, entsteint & halbiert}
- 2 AVOCADOS {geschält, entsteint & in Scheiben geschnitten }

Die Thunfischsteaks in eine flache Form legen. Sojasauce, Olivenöl, Honig, Sesamsamen, Frühlingszwiebeln, Limettensaft (etwas Saft für später aufheben) und -schale sowie Chilis in einer Tasse verrühren. Die Thunfischsteaks gleichmäßig damit übergießen und im Kühlschrank 30 Minuten marinieren.

Eine Grillpfanne stark erhitzen und den Fisch hineingeben. Auf allen Seiten (auch auf den schmalen) eine Minute anbraten, sodass das Fleisch noch blutig ist *(rare)*. Nach Geschmack noch eine Minute weiterbraten, wenn es stärker durchgegart sein soll. Dann die Steaks auf einem Schneidebrett ruhen lassen.

Für den Salat Rucola, Minze und Korianderkraut vermengen und auf vier Tellern verteilen. Litschis und Avocado darübergeben. Jedes Thunfischsteak in ein Zentimeter dicke Scheiben schneiden und auf den Salat setzen. Mit der übrigen Sojamarinade begießen. Zum Schluss etwas Limettensaft über den Salat träufeln und Sesam darüberstreuen.

MEHRAB TRA

COMMUNITY DEVELOPMENT FOR
POVERTY ALLEVIATION (CODEPA)
JAWA

– FRANKIES ENDGÜLTIGER ABGANG –

WEM DIE STUNDE SCHLÄGT

– Südtansania –

Wie viel systematisches und schmerzhaft absehbares Pech muss man eigentlich haben, bevor man zugibt, dass das alles kein Zufall ist? Das ist schlicht eine Frage des miesen Urteilsvermögens. Mit Frank war ich an einem Punkt angekommen, an dem es nicht mehr um richtig oder falsch ging, sondern nur noch um das Danach. Wie lange sollte ich noch mit dieser kaputten Maschine herumfahren? Bis sie irgendwann gar nicht mehr ansprang und ich wieder mal allein am Straßenrand stand? Jetzt war es jedenfalls so weit – Frank konnte einfach nicht mehr.

★ ★ ★ ★ ★

Ja, schön, Frank damals in Khartum zu kaufen war vielleicht nicht die rationalste, vernünftigste und solideste Entscheidung gewesen. Sie war undurchdacht, sehr gewagt und ziemlich kurzsichtig. Diese Option hatte ein drohendes Verfallsdatum, weil die Maschine nicht in Ordnung war, wir von Technik keine Ahnung und wenig Geld hatten und uns die nötigen Papiere fehlten, um auf legalem Weg den Kontinent zu durchqueren.

Und habe ich diese Entscheidung jemals bereut? Nein, niemals. Sie macht mich stolz und glücklich, und daran wird sich auch nichts ändern. Sie erforderte einige Verrenkungen, welchen Rattenschwanz an Problemen sie nach sich zog, war mir durchaus nicht bewusst gewesen. Wir hatten keinen Zollbegleitschein, keine englischen Papiere, kein hinteres Nummernschild, keine Erfahrung mit dem Motorradfahren, praktisch kein technisches Wissen. Wie viel wir in sehr kurzer Zeit gelernt haben, ist unglaublich. Es war eine wirklich bizarre und unvergessliche Erfahrung, mit diesem alten Motorrad auf diesem großartigen Kontinent unterwegs zu sein.

Und darum ging es schließlich auf dieser Reise: sich jeden Tag auf ein neues Abenteuer einzulassen, das Unbekannte und Unbestimmbare zu genießen. Wie weit schaffen wir es wohl heute, alter Freund? Wie wär's, wenn du dich mal zusammenreißt? Tag für Tag Probleme und Kopfschmerzen, Irrungen, Wirrungen, ohne Ende. Aber sie sorgten dafür, dass man in Gang kam, sich anpasste, sich weiterentwickelte. Frank, dir gebührt uneingeschränktes Lob: In deinem herrlich klapprigen Zustand warst du eine erfrischende Ohrfeige ins Gesicht von Vernunft und Ordnung. Ich habe mich nicht eine Sekunde mit dir gelangweilt – was will man mehr?

UND JETZT … WIEDER AUF DEN FAHRRADSATTEL.

DEMOKRATISCHE
REPUBLIK
KONGO
SAMBIA
MALAWISEE
Nkata
Bay
Dwangwa
MALAWI
Lilongwe
Victoriafälle
Cape Mclear
SAMBESI
Tete
Blantyre
KARIBASEE
Harare
Vila Nova
Marondera
Gorongoza-
Nationalpark
Mutare
Masvingo
GREAT ZIMBABWE
NATIONAL MONUMENT
SIMBABWE
Breitbridge
BOTSWANA
SÜDAFRIKA

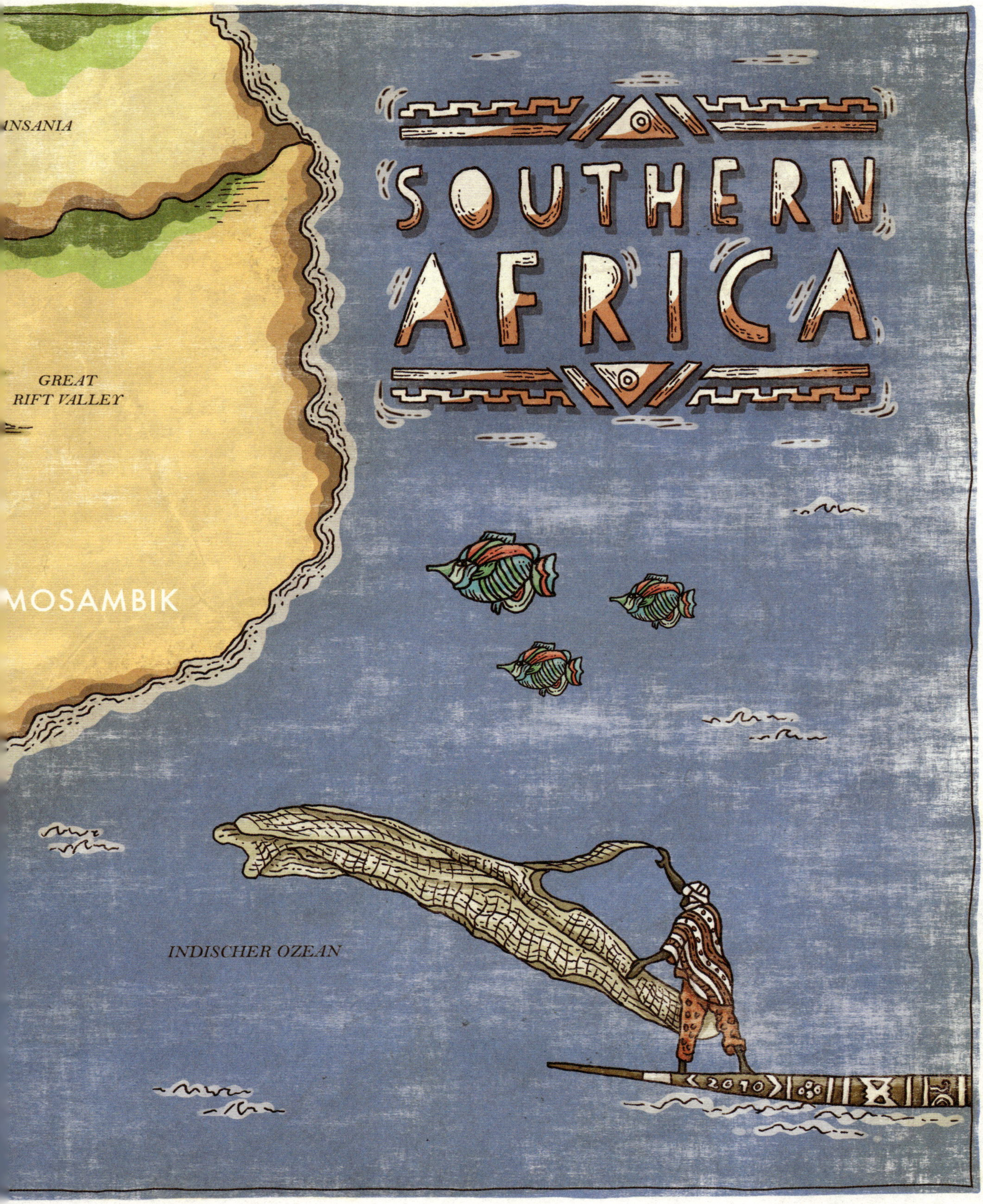
SOUTHERN
AFRICA
INSANIA
GREAT
RIFT VALLEY
MOSAMBIK
INDISCHER OZEAN
2010

– *Willkommen in* –

MALAWI

Die Sonne ging fast unter, als wir unser Tagespensum zurückgelegt hatten. Ausnahmsweise hatten wir nichts zu essen dabei, und wie immer hatten wir keine Ahnung, wo wir unsere müden Häupter hinbetten sollten. Laut Karte lag die nächste Stadt, Blantyre, 20 Kilometer hügelaufwärts. Wir waren gerade bergab gefahren und wollten das Glücksgefühl noch nicht loslassen. Rechts von uns führte eine viel benutzte unbefestigte Straße ins Unbekannte. Wir beschlossen, unser Glück zu versuchen und zu erkunden, was am Ende des Wegs lag. Nach einiger Zeit sahen wir erste Anzeichen von Dorfleben. Ein paar Häuser. Dann eine Kirche. Einen Brunnen. Fußball spielende Kinder. Eine Grundschule. Und dann den Grundschullehrer. Die Großmut in Person, wie sich zeigte. Nelson kam mit ausgestreckten Armen und breitem Grinsen auf uns zu. »Halloo, Herren und Herren. Mein Name ist Nelson, Sie sehen verirrt aus, und ich bin sehr zur Hilfe.«

★ ★ ★ ★ ★

Nelson führte uns in eines seiner Klassenzimmer und präsentierte es uns stolz als Unterkunft für die Nacht. »Hier, stellen Sie Tische und Stühle um. Die Schule fängt erst um acht an. Gar nicht früh.« Wir bekamen einen Eimer und die Anweisung, uns gründlich zu waschen. Dann verschwand Nelson singend. »Ich muss meiner Frau sagen, dass wir Besuch haben. Wir müssen vorbereiten.« Eine halbe Stunde später saßen wir auf alten Sofas und Stühlen um den niedrigen Tisch in Nelsons Wohnzimmer. »Es tut mir leid, Herren, ich bin ein sehr armer Mann, aber das habe ich für uns alle«, und damit stellte Nelson eine große Schüssel mit Nsima – dem malawischen Hauptnahrungsmittel, einem festen Maisbrei, so ähnlich wie Ugali – mitten auf den Tisch. Daneben stellte er eine kleine Schüssel mit Ndiwo, einem einfachen Relish aus Tomaten und Zwiebeln, das als eine Art Schmiermittel für das trockene Nsima diente. Einfacher konnte eine Mahlzeit nicht sein. Drei Grundzutaten, das war's. Dieses Mahl verriet sehr viel über Nelson und die malawische Gesellschaft. Ich fragte ihn, ob wir wohl etwas Salz zum Essen haben könnten. Er sah mich bekümmert an. »Herren, es tut mir sehr leid, aber wir haben kein Salz. Diesen Monat haben wir kein Geld mehr für Salz. Der Preis ist groß geworden.«

Das haute uns um. Hier war ein Mann, der es sich nicht einmal leisten konnte, für sich und seine Familie Salz zu kaufen – etwas, über das die meisten von uns nicht einmal nachdenken müssen –, und der doch völlig fremde Menschen in sein Haus einlud und das wenige, was er hatte, mit ihnen teilte. Dieses eine Erlebnis sagte alles über das ganze wunderbare Land. Es wird nicht umsonst »das warme Herz Afrikas« genannt. Hier herrschen grenzenlose Freundlichkeit, Bescheidenheit und Großzügigkeit.

Malawi ist ohne jede Frage ein bescheidenes Land. Die Wirtschaft ist landwirtschaftlich ausgerichtet, die meisten Menschen sind Subsistenzbauern. Die Küche ist deshalb sehr einfach und kohlenhydratreich, Nsima und verschiedene Relishes sind die Hauptnahrungsmittel. Viele machen diese Relishes, wie Nelson, mit einfachen Zutaten, die sie selbst anbauen oder in der nahen Umgebung bekommen: Spinat, Tomaten, grüner Paprika, frische Chilis, Bohnen, Maniokblätter, Süßkartoffeln, Kürbis, Senf, Raps, Kohl und den hier allgegenwärtigen Erdnüssen. Wer es sich leisten kann, reichert die Relishes mit Ziegen-, Schaf- oder Rindfleisch an.

Bei allen, die an den Ufern des Malawisees wohnen, sieht der Speiseplan anders aus: sehr fischbetont. Der riesige See ist ein ganz besonderer Ort. Sein Wasser ist kristallklar und extrem artenreich. In keinem anderen See der Welt kommen so viele verschiedene Fischarten vor – allein von den Buntbarschen sind es fast 1000 Spezies, und einige gibt es nur hier. Die Fischindustrie ist die Nabelschnur der gesamten Region, sie sorgt für Arbeitsplätze und Nahrung. An den langen weißen Sandstränden flicken die Fischer ihre Netze. Nachmittags bessern sie Löcher und Risse aus, die der Fang des Vorabends in den alten Netzen hinterlassen hat.

Unmengen kleinerer Fische wie Usipa und Utaka werden in Ufernähe auf riesigen Gestellen in der Sonne getrocknet. Der Gestank ist unbeschreiblich. An den Geschmack muss man sich erst gewöhnen. Auch größere Fische wie Chambo, Mpasa, Kampango und Mcheni werden ungeheuer gerne gegessen, und man kauft sie direkt beim Fischer. Man schlendert einfach über den Strand, unterhält sich nett, handelt einen Preis aus und brät sie dann im Sand am eigenen Lagerfeuer.

★ ★ ★ ★ ★

Am Malawisee kann man ein Naturphänomen beobachten, das auf der Welt einzigartig sein dürfte. An einem klaren windstillen Tag scheint der See auf einmal zu brennen. Von seiner Oberfläche steigen dichte schwarze Rauchsäulen auf. Tatsächlich ist es aber kein Rauch, es sind Abermillionen von Mücken, Nkhungu, die gerade geschlüpft sind und sich nun in taumelnden Schwaden paaren. Ihre Eier legen sie auf dem Wasser ab. Sie sinken in die Tiefe, wo sie vor Fressfeinden geschützt sind. Wenn der Wind aber aus der falschen Richtung weht, haben die winzigen Mücken es mit einem viel gefährlicheren Feind zu tun – den Menschen, die an den Ufern wohnen. Frauen und Kinder kommen in Scharen an die Strände und fangen die kleinen stechenden Biester mit Körben ein. Die Mücken werden getrocknet, zu Plätzchen zerdrückt und frittiert – eine besondere Delikatesse dieser Gegend.

In vielen Regionen Afrikas (und nicht nur da) steht man allem, was krabbelt und summt, sehr aufgeschlossen gegenüber. Was uns bestenfalls exotisch erscheint, landet auf dem Speiseplan: Ana a njuchi – die getrockneten Larven von wilden Bienen, Bwamnoni – große grüne Heuschrecken, Nsensenya – Schildwanzen, Mbulika – fliegende Ameisen. Für europäische Gaumen haben sie einen unangenehmen Geschmack und eine gewöhnungsbedürftige Textur. Es ist wahrscheinlich nicht die raffinierteste Esskultur des Kontinents, aber sie lehrt Demut und regt die Geschmacksnerven an wie kaum ein opulentes Festessen. Man ist hier nicht im Mekka der Feinschmecker, aber die Menschen sind ungeheuer gastfreundlich, und ihre kulinarischen Gaben sind im wahrsten Sinne pur. Sie sind überraschend und anregend, wie aus dem Nichts gezaubert – und das macht eine gemeinsame Mahlzeit unvergesslich.

STUNDE DER IMPROVISATION

– GEPÄCKTRÄGER & -TASCHEN MARKE EIGENBAU –

Es kann nun wirklich nicht behauptet werden – wenn man denn Wert auf Wahrheit und Wahrhaftigkeit legt –, dass wir gut ausgerüstet zu dieser Reise aufgebrochen wären. Unsere Ausrüstung, Planung und innere Einstellung neigten eindeutig zur Unbeschwertheit. Diese Neigung verstärkte sich noch, als Eric zu uns stieß und die dafür nötige Metamorphose durchlief – Eric war ein Fahrrad, das die Familie Hulse uns für unsere Tour durch Malawi großzügig zur Verfügung gestellt hatte, denn mein Winston wartete erst in Simbabwe auf mich. Was den Stand unserer Ausrüstung anging, waren wir inzwischen vom Unbeschwerten zum kurios Improvisierten übergegangen.

★★★★★

Schon vom ersten Tag an wurden unsere Fahrräder von einem immer größer werdenden Sortiment von Kabelbindern, Schlauchklemmen, Bungeeseilen und Teelöffeln zusammengehalten, mit der handgemachten Kreation von Erics Gepäckträgern und -taschen schwangen wir uns dann zu ganz neuen Höhen auf. Alte Taschen, in einer Zuckermühle abgestaubte Säcke, abgefahrene Fahrradschläuche, zwei Holzleisten und mehrere Handvoll willkürlich verteilter Nägel verwandelten Eric in ein würdiges Mitglied unserer Lumpentruppe. Ich war mit dem Ergebnis jedenfalls sehr zufrieden. Was ein bisschen Einfallsreichtum und Improvisation nicht alles bewirken ...

Auf der einen Gepäcktasche klebte ein Bild der Londoner Tower Bridge, auf der anderen eins von einer Big-five-Safari – was hätte besser zu unserer Tour passen können. Die Taschen hielten auch einige Zeit ganz ordentlich, bis ich die zweite sehr unsanfte Begegnung mit einem überholenden Fahrzeug auf unserer Reise machte. Ein Bus schnitt mich, und es ist mir noch immer ein Rätsel, warum ich nicht unter die Räder geriet und schwer verletzt wurde. Nach diesem kleinen Zwischenfall waren die Gepäcktaschen jedenfalls ziemlich hinüber. Aber trotz seines heruntergekommenen Zustands ist es mir eine Ehre, Ihnen Eric vorzustellen.

UNCLE ERIC WORK

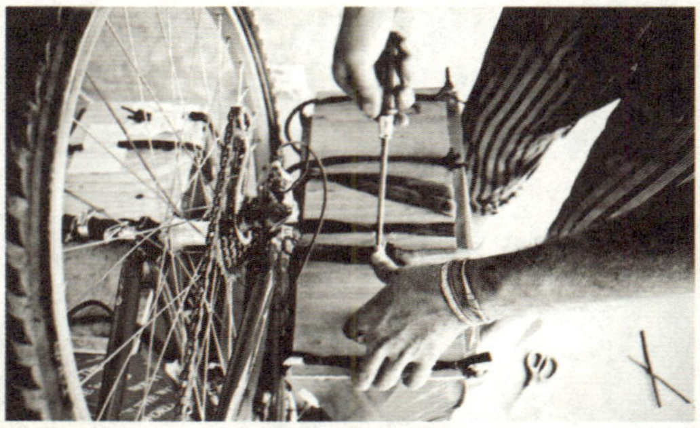

SEE THE WORLD
خ م ب
٣٦٨٧

STAN-THE-MAN'S BOBOTIE

– würziger Rinderhackauflauf mit Tamarinde, Chutney, Mandelkernen & Eierhaube }

Keine Frage, Bobotie ist ein wesentliches Element des kulinarischen Erbes von Südafrika. Warum gibt es den dann hier in Malawi? Ganz einfach, weil Stan-the-man in Malawi war – deshalb. Stanley war der Koch der Familie Hulse, unserer wunderbaren südafrikanischen Gastgeber, die uns in Malawi beherbergten und aufpäppelten. Stanley war ein toller Typ, 75 Jahre alt und echt auf Draht. Er sah es als seine Aufgabe an, uns den Geschmack der Heimat aufzutischen. Die erste Mahlzeit, die er uns kochte, war dieser leckere Bobotie.

Stanley hatte sein Leben lang für ausländische Familien gekocht, die sich in Malawi angesiedelt hatten, und im Lauf der Jahre eine große Rezeptsammlung zusammengetragen. Ich saß in der Küche und beobachtete den großen Meister, während er, Zutaten und Mengen vor sich hin murmelnd, durch die Küche wackelte. Als er seine Kreation liebevoll in den Backofen schob, sagte ich ihm, dass er ein wirklich guter Koch sei. »Nein, nein, Mr. Thomas«, erwiderte er. »Ich bin nicht gut. Nein, nein. Ich bin viel besser.« Wie recht er hatte! Der Bobotie bewies es.

{ *Für 4 Personen* }

- PFLANZENÖL
- 2 mittelgroße ZWIEBELN {grob gehackt}
- 1 kleiner APFEL {geschält, Kerngehäuse entfernt & fein gehackt}
- 1 kg RINDERHACK
- 4 KNOBLAUCHZEHEN {geschält & fein gehackt}
- 1 cm FRISCHER INGWER {geschält & geraspelt}
- 2 TL GEMAHLENER KREUZKÜMMEL
- 2 TL GEMAHLENER KORIANDER
- 1 TL GEMAHLENER ZIMT
- 1 TL GEMAHLENE KURKUMA
- ½ TL GEMAHLENE NELKEN
- 3 TL TAMARINDENPASTE
- 2 TL WORCESTER-SAUCE
- 1 EL FRÜCHTE-CHUTNEY, zzgl. etwas zum Servieren
- 2 TL MAJORAN
- 1 unbehandelte ZITRONE {abgeriebene Schale & Saft}
- 80 g ROSINEN
- 100 g MANDELKERNE {fein gehackt}
- 500 ml MILCH
- 3 EIER {verquirlt}
- 4 LORBEERBLÄTTER
- SALZ & FRISCH GEMAHLENER SCHWARZER PFEFFER

Den Ofen auf 180 °C (Umluft 160 °C) vorheizen. Einen Schuss Öl in einer großen Pfanne bei mittlerer Temperatur erhitzen. Zwiebeln und Apfel darin etwa zehn Minuten dünsten, bis sie weich sind. Das Rinderhack zugeben und anbraten. Dann Knoblauch, Ingwer und alle trockenen Gewürze unterrühren und eine Minute mitbraten. Tamarindenpaste, Worcester-Sauce, Früchte-Chutney, Majoran, Zitronensaft und -schale, Rosinen und die Hälfte der Mandelkerne zugeben. Alles mit Salz und Pfeffer abschmecken. Noch einige Minuten weitergaren, dann die Pfanne vom Herd nehmen. Die Hackfleischmischung in eine ofenfeste Form geben, etwas andrücken und glatt streichen.

Die Milch mit den verquirlten Eiern in einer Schüssel gut verrühren und kräftig mit Salz und Pfeffer würzen. Über die Hackfleischmischung gießen und mit den Lorbeerblättern belegen. Den Auflauf im Ofen 35 bis 40 Minuten backen, bis die Eiermilch eine goldbraune Kruste hat. Zehn Minuten vor Ende der Ofenzeit den Auflauf mit den übrigen Mandelkernen bestreuen und dann fertig backen. Mit etwas Früchte-Chutney servieren. Ein Stück Südafrika mitten in Malawi – danke Stan, genau das haben wir gebraucht!

MCHENI FISH & CHIPS

– *mit Kokosöl, Ingwer & Avocado-Ndiwo* }

Den Mcheni (eine Buntbarschart) kauften wir einem jungen Typen ab, der am Strand auf und ab lief. Mir fällt einfach nicht mehr ein, wie er hieß, aber ich erinnere mich, dass er zwei Taschen trug. In der einen waren Fische – alle möglichen, vom winzigen tropischen Korallenfisch bis zum fleischigeren Buntbarsch –, in der anderen Malawi-Wowi – Cannabis. Die Wahl fiel uns wirklich nicht leicht, aber der Fisch sah verdammt gut aus, und mir war es trotz beschämend vieler Versuche nicht gelungen, auch nur einen einzigen zu angeln. Außerdem schienen die unruhigen Augen des Typen anzudeuten, dass der Inhalt der zweiten Tasche für den Eigenbedarf gedacht war.

Trotz seiner Konzentrationsschwierigkeiten machte der Mann seine Sache beim Ausnehmen und Filetieren sehr gut. Egal, wo man in Malawi hinkommt, irgendjemand frittiert haufenweise Kartoffeln. Und deshalb erweisen wir dem reichen Fang aus dem Malawisee mit dieser malawischen Variante von Fish & Chips die Ehre.

{ *Für 4 Personen* }

- 4 große MCHENI-BUNTBARSCHFILETS {ersatzweise anderer fest- und weißfleischiger Fisch}
- 3 cm FRISCHER INGWER {geschält & geraspelt}
- 2 ROTE CHILISCHOTEN {fein gehackt}, zzgl. etwas zum Bestreuen
- 2 KNOBLAUCHZEHEN {geschält & fein gehackt}
- ERDNUSSÖL
- 2 ZITRONEN {Saft}
- 2 große KARTOFFELN {geschält & in 5 mm dicke Scheiben geschnitten}
- 2 TL KOKOSÖL
- 2 große AVOCADOS {geschält & entsteint}
- 2 große TOMATEN {grob gehackt}
- 1 Handvoll KORIANDERKRAUT {grob gehackt}
- SALZ & FRISCH GEMAHLENER SCHWARZER PFEFFER

Die Fischfilets in eine flache Form legen. Die Hälfte von Ingwer und Chili sowie den Knoblauch darüber verteilen und mit einem Schuss Erdnussöl und drei Viertel des Zitronensafts begießen. Mit Salz und Pfeffer würzen, mit Frischhaltefolie abdecken und beiseitestellen.

Die Kartoffeln in einen Topf mit gesalzenem Wasser geben. Das Wasser aufkochen und die Kartoffeln darin garen, bis sie weich sind, aber noch Biss haben. Eine Pfanne etwa fünf Millimeter hoch mit Erdnussöl füllen und erhitzen. Die Kartoffelscheiben darin goldgelb frittieren. Mit einem Schaumlöffel aus dem Fett heben und auf Küchenpapier abtropfen lassen, dann mit Salz und Pfeffer würzen. Das Erdnussöl entsorgen, das Kokosöl in die Pfanne geben und erneut erhitzen. Die Fischfilets mit der Hautseite nach unten hineinlegen. Zwei bis drei Minuten braten, bis die Haut eine schöne Kruste hat. Wenden und die andere Seite eine Minute braten.

Für die Avocado-Ndiwo den übrigen Ingwer und die übrige Chili in eine Schüssel geben und zusammen mit der Avocado grob mit einer Gabel zerdrücken. Einen Schuss Erdnussöl zugeben und die Tomaten, das Korianderkraut und den übrigen Zitronensaft unterrühren. Alles mit Salz und Pfeffer würzen. Die Fische, Kartoffeln und das Avocado-Ndiwo auf Teller verteilen und mit etwas frischem Chili bestreuen.

– Willkommen in –

MOSAMBIK

Das Gebiet, das wir heute als Mosambik kennen, und weite Küstenstriche Ostafrikas wurden 1498 von Vasco da Gama erkundet. Auf dieser portugiesischen Entdeckungsfahrt ging es vor allem darum, den Indischen Ozean wirtschaftlich und politisch zu erschließen. Die meisten der traditionellen Handelsrouten, die Westeuropa mit dem Orient auf dem Landweg verbanden, wurden von der Republik Venedig und dem Osmanischen Reich kontrolliert. Die Portugiesen suchten deshalb nach einem Seeweg, um ihren Handel bis nach Indien auszudehnen. Was sie vor allem suchten waren – Gewürze.

An der afrikanischen Ostküste und auf den Inseln gab es zwar schon seit Jahrhunderten Siedlungen und Handelsrouten von Bantu-, arabischen und persischen Händlern, doch die portugiesischen Kolonialisten beschlossen, dass nun endlich sie an der Reihe wären, von den reichen Rohstoffquellen und den fantastischen natürlichen Häfen zu profitieren. 1505 errichteten sie erste Stützpunkte an der Küste, 1725 erklärten sie Mosambik offiziell zur Kolonie. Die portugiesische Herrschaft dauerte mehr als 400 Jahre an, die Kolonisierung wurde aber erst gegen Ende des 19. Jahrhunderts konsequent betrieben. Damals begann man, vor allem durch die Arbeit von Missionaren, der Bantu-Bevölkerung portugiesische Sitten und Kultur aufzudrängen. Im Grunde ging es um eine Europäisierung der einheimischen Bevölkerung – weiße Fesseln für den Schwarzen Kontinent.

Bis das Land 1975 schließlich unabhängig wurde, litt Mosambik zehn Jahre lang unter Kämpfen zwischen den Kolonialtruppen und der Freiheitsbewegung Frelimo. In den Jahren nach der Unabhängigkeitserklärung flohen etwa 250 000 portugiesischstämmige Mosambikaner aus dem Land. Die Frelimo etablierte schnell eine marxistische Einparteienherrschaft. Mit der Gründung der antikommunistischen Bewegung Renamo begann 1977 ein brutaler und viele Jahre andauernder Bürgerkrieg. Das Land war jahrzehntelang zerrissen. Die Infrastruktur wurde zerstört, die Wirtschaft brach zusammen, und ein Großteil der Bevölkerung verarmte. Inzwischen herrscht seit Langem Frieden, und obwohl die meisten Menschen noch immer arm sind und von Subsistenzwirtschaft leben, entwickelt sich das Land mit einer ungeheuren Energie.

★ ★ ★ ★ ★

Der Einfluss der importierten europäischen Kultur ist in der mosambikanischen Küche deutlich zu spüren. Viele Zubereitungsarten, Zutaten und Aromen verdanken sich einer Vermischung von heimischen Gewächsen und fremden Gebräuchen, man erlebt das am Esstisch, am Lagerfeuer und auf dem Markt. Maniok und Cashewnüsse – Mosambik war einmal einer der größten Cashew-Produzenten auf dem Weltmarkt –, Pãozinhos (portugiesische Brötchen), Zwiebeln, Lorbeer, Koriander, Paprika, Zuckerrohr, Hirse, Sorghumhirse und vieles andere wurde von den Portugiesen eingeführt. Die Pflanzen gediehen in dem warmen Klima und auf den fruchtbaren Böden prächtig. Die hier angebauten Früchte sind Weltklasse. Wenn man die erste am Straßenrand gekaufte Mango oder Ananas probiert hat, will man nie mehr eine aus einem anderen Land essen. Sie wäre nur ein magerer Ersatz und würde nicht halb so frisch und so natürlich schmecken.

Fast überall, wo wir gewesen waren, gab es eine typische Gewürzmischung oder -paste, eine Sauce, die dem jeweiligen Land seinen ureigenen Geschmack verlieh, und so war es auch hier: Piri-Piri ist Mosambik oder umgekehrt. Dieser unglaubliche kleine Chili wird hemmungslos in vielen Gerichten verwendet und gibt ihnen einen ungeheuren Kick. Egal, ob Garnelen, Hähnchen, Kartoffeln, Krabbenküchlein oder Steaksandwiches serviert werden, eine Flasche mit superscharfem Piri-Piri ist immer griffbereit. Sie sollten dieses Land unbedingt besuchen: Es ist ursprünglich, natürlich und unverdorben. Wer weiß, wie lange das noch so bleibt.

FRANGO INTEIRO & CAMARÕES COM Piri-Piri

– Piri-Piri-Brathähnchen & Piri-Piri-Garnelen mit Mango-Cashew-Kokosreis }

{ *Für 4 Personen* }

- 1 ganzes HÄHNCHEN
- 6 EL PIRI-PIRI-SAUCE {siehe Seite 17}
- 60 ml DUNKLER RUM
- 12 ganze große GARNELEN {in der Schale, küchenfertig & Darm entfernt}
- 4 LIMETTEN {Saft}
- 1 Dose KOKOSMILCH {400 ml}
- 250 g BASMATIREIS {abgespült}
- 1 MANGO {geschält, ensteint & in 1 cm große Würfel geschnitten}
- 80 g CASHEWKERNE {grob gehackt}
- 1 große Handvoll KORIANDERKRAUT {grob gehackt}
- SALZ & FRISCH GEMAHLENER SCHWARZER PFEFFER
- PFLANZENÖL
- 2 große HOLZ-KEBABSPIESSE {in Wasser eingeweicht}

Mosambik hat die viertlängste Küstenlinie des gesamten Kontinents – länger sind nur die Küsten Madagaskars, Somalias und Südafrikas – und kann deshalb aus dem reichen Angebot des Meeres schöpfen, zum Beispiel Garnelen. Man muss nur auf einen Fischmarkt gehen, und schon wird man von den Mengen schier erschlagen; die Viecher liegen bergeweise zum Verkauf aus. Sie werden eimerweise abgewogen und in Zeitungspapier eingeschlagen. Am besten kauft man sie am frühen Morgen, dann ist es noch nicht so heiß, und sie stinken noch nicht. Kühlhäuser sind in diesem Teil der Welt teurer Luxus und Mangelware.

Die Garnelen bereitet man traditionell über einem offenen Feuer mit reichlich Piri-Piri-Sauce und frischem Zitronensaft zu. Das Grillhähnchen bekommt eine Marinade aus dunklem einheimischem Rum (und Piri-Piri ...) – leckerer geht's nicht. Dazu gibt es Kokosreis mit Mangos, Cashews und Koriander. Eine sehr gelungene Kombination von Zutaten, die untrennbar mit der kulinarischen Identität Mosambiks verbunden ist.

Zunächst das Hähnchen in Schmetterlingsform schneiden. Dafür das Hähnchen mit der Brustseite nach unten auf eine Arbeitsfläche legen. Das überflüssige Fett mit einer scharfen Küchenschere entfernen und von unten beginnend neben dem Rückgrat die Wirbel bis zum Hals durchtrennen. Den gleichen Schnitt auf der anderen Seite führen und das Rückgrat herausheben. Das Hähnchen wenden und mit der Hand kräftig auf das Brustbein drücken, sodass das Hähnchen aufklappt. Einen der Kebabspieße an einem Bein einführen und die ganze Seite hochschieben, bis er an der Brust austritt. Den zweiten Spieß auf der anderen Seite durchfädeln. Nun das Hähnchen mit einem scharfen Messer rundum tief einstechen. Das Hähnchen in eine Schale legen, zwei Teelöffel Piri-Piri-Sauce und Rum darüberträufeln. Das Hähnchen gleichmäßig mit beidem Flüssigkeiten bestreichen. Mit Frischhaltefolie abdecken und im Kühlschrank mindestens zwei Stunden marinieren. Die Garnelen in einer zweiten Schüssel in zwei Teelöffeln Piri-Piri und dem Saft einer Limette wenden. Ebenfalls mit Frischhaltefolie abdecken und im Kühlschrank marinieren.

Ein Grillfeuer anzünden und warten, bis eine mittelstarke Glut entsteht. Das Hähnchen auf den Rost direkt über die Kohlen legen und 15 Minuten pro Seite grillen, bis die Haut schön gebräunt ist. Die Garnelen ebenfalls auf dem Rost eine Minute pro Seite grillen. Wenn die Schalen sich rosa-orange färben, sind sie fertig. Hähnchen und Garnelen während des Grillens regelmäßig mit der übrigen Piri-piri-Sauce bestreichen.

Alternativ den Ofen auf 200 °C (Umluft 180 °C) vorheizen. Eine Grillpfanne mittelstark erhitzen und das Hähnchen darin etwa zwei Minuten pro Seite Farbe annehmen lassen. Mit der Brustseite nach oben auf ein Backblech legen und 30 Minuten im Ofen goldbraun braten. Eine zweite Pfanne mit einem Schuss Öl bei mittlerer Temperatur erhitzen und die Garnelen zwei Minuten darin braten. Die Pfanne dabei mehrmals schütteln und die Garnelen wenden.

Inzwischen die Kokosmilch mit 250 Milliliter Wasser, dem Basmatireis und einer Prise Salz in einem großen Topf zum Kochen bringen. Den Deckel aufsetzen, die Temperatur stark reduzieren und den Reis bei geringer Hitze 15 Minuten *al dente* köcheln.

Bei geschlossenem Deckel den Reis vom Herd nehmen und noch etwa fünf Minuten ziehen lassen. In eine Servierschüssel geben, die Mango und die Cashewkerne darüber verteilen und eine Limette über dem Reis ausdrücken. Mit etwas Korianderkraut bestreuen und mit Salz und Pfeffer würzen.

Hähnchen und Garnelen auf zwei Serviertellern anrichten, mit dem übrigen Korianderkraut bestreuen und mit dem übrigen Limettensaft sowie der übrigen Piri-Piri-Sauce als Dip servieren. Das Gericht wird mit den Händen gegessen.

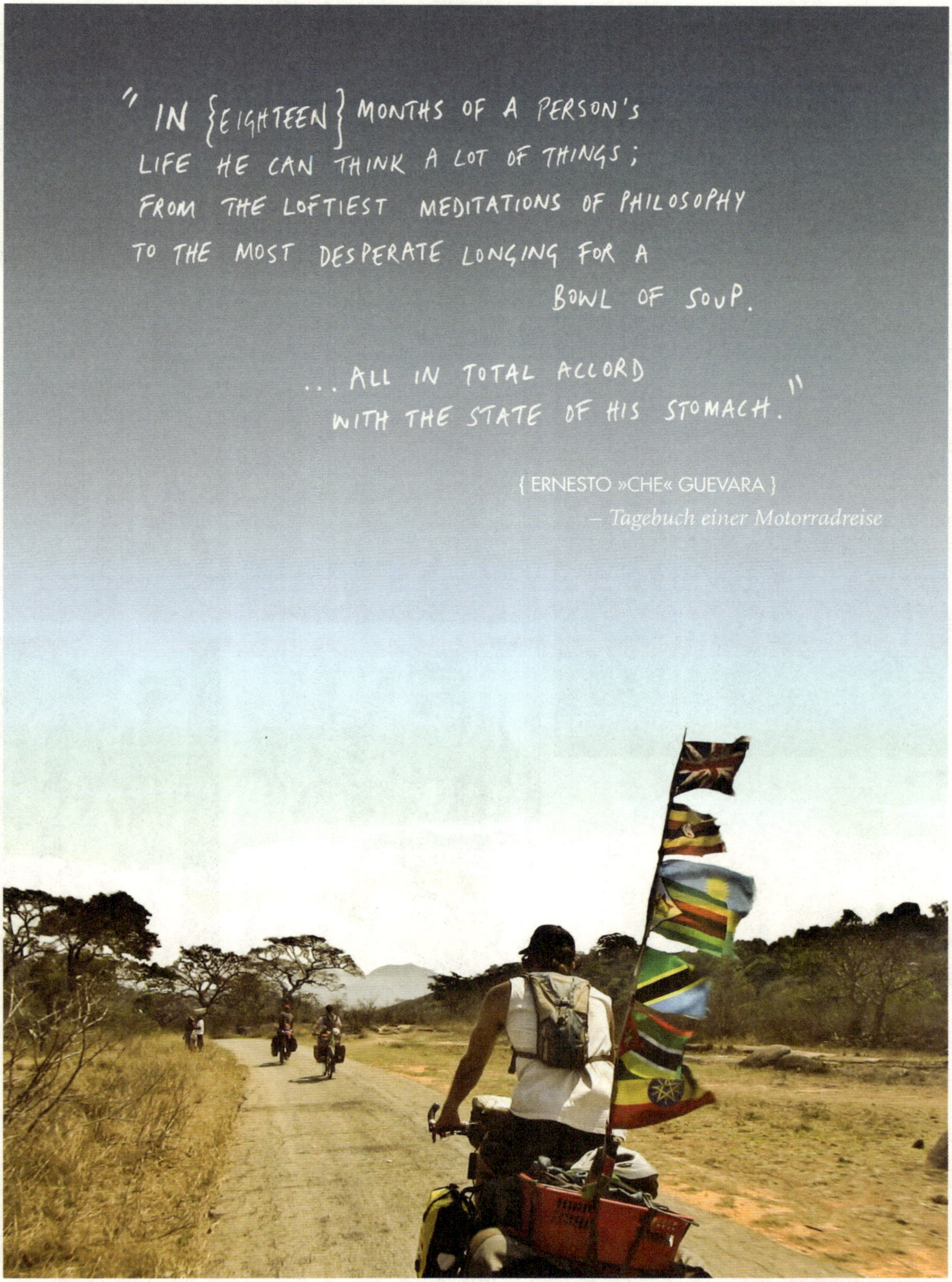
"IN {EIGHTEEN} MONTHS OF A PERSON'S
LIFE HE CAN THINK A LOT OF THINGS;
FROM THE LOFTIEST MEDITATIONS OF PHILOSOPHY
TO THE MOST DESPERATE LONGING FOR A
BOWL OF SOUP.
... ALL IN TOTAL ACCORD
WITH THE STATE OF HIS STOMACH."
{ ERNESTO »CHE« GUEVARA }
– *Tagebuch einer Motorradreise*

– *Willkommen in* –

SIMBABWE

Gibt es ein Land, das zugleich leidenschaftliche, schmerzliche, feurige, begeisterte und herzzerreißende Gefühle hervorruft? Ja, Simbabwe. Ein Land der großen Kontraste und Extreme. Die jüngste Geschichte Simbabwes erzählt von kolonialer Besetzung, erbittertem Nationalismus, staatlicher Unabhängigkeit, wirtschaftlichem Zusammenbruch, gesellschaftlicher Instabilität und internationaler Verurteilung. Sie handelt von ethnischem Profiling, gewaltiger wirtschaftlicher Ungleichheit und brutalen Reformen. Simbabwe gilt als das Beispiel schlechthin, wenn von den Gefahren nepotistischer, despotischer Politik die Rede ist. Die Auswirkungen dieser Politik sind katastrophal. Von den Gräueltaten und ihren Folgen wird weltweit berichtet. Das Leben der meisten war und ist entsetzlich hart und von Gewalt geprägt. Die Landreformen lassen einst reiches Ackerland brachliegen, die Wirtschaft erholt sich kaum, und der Diktator herrscht noch immer.

★ ★ ★ ★ ★

Wir erwarteten ein düsteres Bild, aber als wir dann ins Land kamen, sah die Realität ganz anders aus. Das Gefühl, das stärker war als jedes andere, das die Familien weißer Farmer, die Besitzer winziger Teestuben und Lehrer vereinte, war – Optimismus. Ich war vorher noch nie in einem Land gewesen, das von einem so weit verbreiteten Gefühl der Hoffnung und der Aufbruchsstimmung getragen war. Es war von Reue, Leid und Vorsicht geprägt. Vor allem aber von der Hoffnung. Es schien einen sehr offenen Dialog der nationalen Selbstbetrachtung zu geben, alle räumten Fehler und Versagen ein und wollten, was noch wichtiger war, gemeinsam an einer besseren Zukunft arbeiten. Ich nehme an, wenn man erst mal am Boden lag, wie Simbabwe, dann wird mit jedem Schritt nach vorn das Durchhaltevermögen größer.

Und die Lage sieht tatsächlich schon etwas besser aus. Die tiefen Wunden sind noch nicht verheilt. Vielleicht heilen sie nie. Die Wirtschaft ist unterentwickelt, aber sie wächst langsam, Flüchtlinge kehren ins Land zurück. Das Leben geht weiter. Waren müssen verkauft, die Menschen ernährt werden. Grundnahrungsmittel für den Großteil der Bevölkerung ist auch hier Maismehl, Sadza, dazu gibt es Gemüse, Erdnüsse und Bohnen. Nur wenige können sich Fleisch leisten, die Wohlhabenden jedoch speisen Wild: Kudu, Impala, Krokodil, Warzenschwein. Jahrelang gähnten in den Supermärkten leere Regale. Die importierten Waren konnten die Nachfrage nicht annähernd decken. Das hat sich inzwischen geändert. Jetzt gibt es erstklassige Produkte, einheimische Hersteller von Käse, Joghurts und anderen Delikatessen machen sehr gute Umsätze. Man darf sich nur als Außenstehender von solchen Ausnahmen nicht blenden lassen, sie sind nicht die Norm, auch das lehrt Simbabwe. Der Weg in die bessere Zukunft wird schwer und lang sein, aber Simbabwe wird immer ein Land der Hoffnung und der Schönheit bleiben.

ZEEDS GRILLPFIRSICH-SALAT

– mit geröstetem Kürbis, Zucchini, Mozzarella & Basilikum-Minze-Mandel-Pesto }

{ Für 4 Personen }

- ½ mittelgroßer BUTTERNUSSKÜRBIS {in 1 cm breite & 3 cm lange Streifen geschnitten}
- 2 EL BALSAMICOESSIG
- ½ TL FLÜSSIGER HONIG
- OLIVENÖL
- 1 kleine Handvoll THYMIAN {Blätter abgezupft & grob gehackt}
- 2 große PFIRSICHE {geviertelt & entsteint}
- 2 mittelgroße ZUCCHINI
- 1 große Handvoll RUCOLA
- 1 große MOZZARELLAKUGEL {150 g, in Stücke zerzupft}
- 1 kleine Handvoll BASILIKUM {Blätter abgezupft}
- 1 kleine Handvoll MINZE {Blätter abgezupft}
- 2 EL BASILIKUM-MINZE-MANDEL-PESTO {siehe Seite 19}
- 1 ROTE CHILISCHOTE {in feine Ringe geschnitten}
- SALZ & FRISCH GEMAHLENER SCHWARZER PFEFFER

Wie groß die Misswirtschaft auf dem Land ist, erlebt man in Simbabwe überall. Die persönlichen Schicksale, die dahinterstehen, sind schrecklich und erscheinen sinnlos. Ich hatte aber, während wir in Simbabwe waren, das ungeheure Glück, bei sehr guten Freunden zu Gast zu sein, den Zeederbergs. Wenn jemand weiß, wie man eine erfolgreiche Landwirtschaft betreibt, ohne sich mit den Mächtigen anzulegen, dann diese Familie. Ihre Farm liegt in den fruchtbaren Hügeln der Provinz Marondera, und die Ernte ist reich.

Angebaut wird alles Mögliche, von Tabak über Erdbeeren und Zuckererbsen bis zu Nektarinen. Die Farm besitzt eine der größten Steinfrucht-Sortiermaschinen der ganzen südlichen Hemisphäre, und der Gesamtertrag ist fantastisch. Dieses Rezept verwendet einige der dort gezogenen Produkte. Es ist kein traditionelles Gericht, in dem man das kulinarische Erbe Simbabwes schmeckt. Es soll für ein Land stehen, das stolz versucht, wieder auf die Beine zu kommen, das einige der besten Produkte erzeugt, die man sich nur wünschen kann.

Den Ofen auf 200 °C (Umluft 180 °C) vorheizen. Den Kürbis auf ein tiefes Backblech geben. Mit Balsamicoessig, Honig und etwas Olivenöl beträufeln und mit Thymian, Salz und Pfeffer bestreuen. Alles gut vermengen, bis der Kürbis rundum mit der Mischung überzogen ist. Im Ofen etwa 30 Minuten backen, bis der Kürbis weich und goldbraun ist.

Eine Grillpfanne bei mittlerer Temperatur erhitzen und die Pfirsiche darin braten, bis die Haut zu bräunen beginnt und das Fruchtfleisch karamellisiert. Sie sind fertig, wenn die Haut dunkle Grillstreifen hat und das Fleisch weich ist. Mit einem Sparschäler von den Zucchini lange Streifen abziehen. Die Zucchinistreifen in einem Topf mit kochendem Salzwasser etwa 30 Sekunden blanchieren. Dann abießen, abtropfen lassen, mit Salz und Pfeffer würzen und mit Olivenöl beträufeln.

Den Salat anrichten: Dazu eine Servierplatte mit Rucola auslegen. Darauf Kürbis, Pfirsichviertel, Zucchinistreifen und Mozzarellastücke anrichten. Mit Basilikum- und Minzeblättern bestreuen, großzügig das Pesto darüberträufeln und die Chili darüberverteilen. Schon haben Sie alle Farben der simbabwischen Landesflagge auf einem Teller!

SOUTHERN AFRICA
BOTSWANA
NAMIBIA
SÜDAFRIKA
KLEINE KAROO
GROSSE KAROO
ATLANTISCHER OZEAN
Oudtshoorn
George
Barrydale
Somerset West
KAPSTADT
KAP AGULHAS

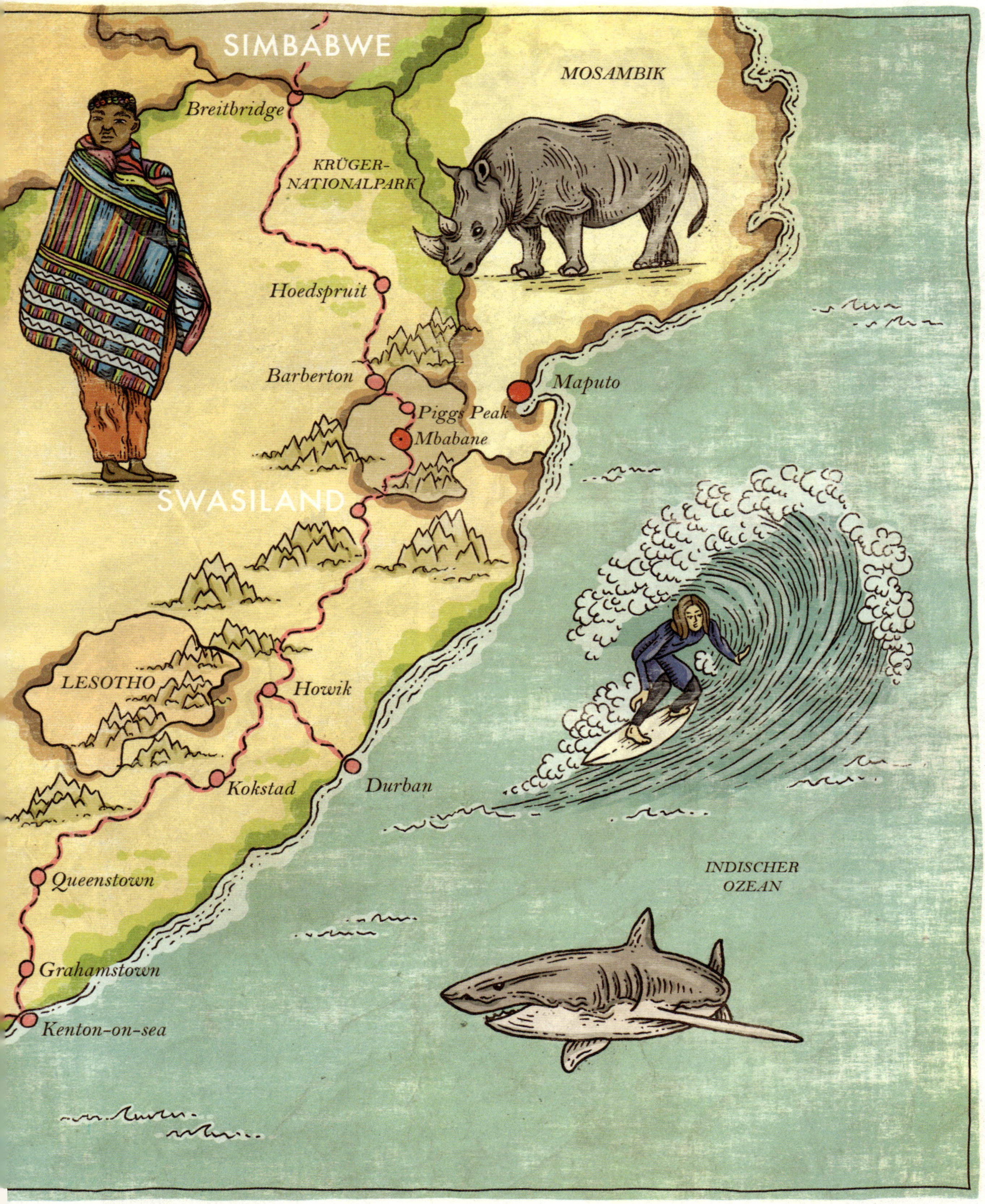
SIMBABWE
MOSAMBIK
Breitbridge
KRÜGER-
NATIONALPARK
Hoedspruit
Barberton
Maputo
Piggs Peak
Mbabane
SWASILAND
LESOTHO
Howik
Kokstad
Durban
Queenstown
INDISCHER
OZEAN
Grahamstown
Kenton-on-sea

– *Willkommen in* –

SWASILAND

Da war es wieder. Dieses flaue Gefühl, wenn etwas Bedrohliches immer näher rückt und es keine Möglichkeit zu geben scheint, es zu vermeiden. Wir fuhren Richtung Barberton, hinter der Stadt lag das Königreich Swasiland. Vor der Stadt erhob sich eine scheinbar undurchdringliche Mauer aus tiefschwarzen Bergen. Ein schwarzes Loch am Ende einer wunderbar flachen Straße. Wir beugten uns über unsere lausige Landkarte. Wäre nicht das erste Mal, dass sie sich als nicht korrekt entpuppte. Es muss doch noch einen anderen Weg geben? Unsere hoffnungsvolle Skepsis brachte aber nur einen Aufschub. Das Unvermeidliche war eingetreten. Es gab nur einen einzigen Weg: bergauf. Also fuhren wir bergauf und weiter bergauf und fluchten, dass es auf der ganzen Welt bestimmt keine steilere Straße gab. Je höher wir kamen, desto schlechter wurde die Straße, immer größere Wellen im Asphalt, immer größere Felsbrocken, immer tiefere Furchen. Ketten gerissen. Reifen durchlöchert. Fahrräder im Stillstand. Aber eine schönere Landschaft kann man sich nicht vorstellen. Völlig unberührt. Himmelhohe Gipfel und fast senkrechte Bergflanken. Kein Grenzübertritt war anstrengender, aber als Empfang war dieser perfekt.

★★★★★

Swasiland ist ein kleines Königreich, in dem man zwei starke einander entgegengesetzte Strömungen sehr bewusst spürt. Einerseits drängt das Land zu mehr Modernität. Große Shopping-Malls, Casinos und Wohnanlagen, Luxus-Golfhotels und teure Restaurants schießen wie die Pilze aus dem Boden. Andererseits werden traditionelle Werte und die hierarchischen Strukturen leidenschaftlich bewahrt. Die jährliche Zeremonie des Schilfrohrtanzes ist ein wesentliches Element der kulturellen Identität Swasilands und demonstriert diese Bewahrung uralter Bräuche sehr deutlich. Zehntausende unverheiratete und kinderlose Mädchen und Frauen strömen aus allen Richtungen und von weither aus ihren Heimatdörfern ins königliche Dorf zur Königinmutter, um an diesem achttätigen Fest teilzunehmen. Sie feiern die Nationaltracht, den Tanz, die weibliche Solidarität und die Keuschheit. Es ist ein wahnsinnig beliebtes Fest und wird immer populärer. Die jungen Frauen schmücken sich mit selbst gefertigten Perlen, Ketten, Federn, Tierhäuten und gemusterten Stoffen. Sie führen den Tanz reihum für das Publikum und die Würdenträger auf. Das Gepränge ist groß, der Lärm unglaublich, es wird ululiert, gesungen, gerasselt. Überall nacktes schwingendes Fleisch und leuchtende Farben – das nenne ich ein rauschendes Fest.

Diese schöne Bewahrung von Tradition und Kultur ist eine Seite der Medaille, die andere ist die heiß umstrittene absolute Herrschaft von König Mswati III. Sie polarisiert. Sie löst Unruhen, Proteste und Kontroversen aus. Viele Kritiker sagen, dass diese Allmacht das Land politisch, gesellschaftlich und finanziell ausblutet, die Ungleichheit, den Mangel und die Armut vieler auf ewig festschreibt. In einem Land, in dem die Unterschiede zwischen Arm und Reich so groß sind und die Not so greifbar ist, wirkt die Pracht und Opulenz des königlichen Palasts abstoßend. Für die meisten Menschen ist das Leben hart. Sie ernähren sich einfach, sie essen, was sie anbauen können. Eine ausreichende Ernährung ist in einem Land mit einer erschreckend hohen HIV-Rate schnell unzulänglich. Mais, Sorghum, Hirse und Getreide sind Grundnahrungsmittel, ihr Mehl wird zu verschiedenen Breien verarbeitet. Fleisch ist für die meisten Menschen unerschwinglich und hat eine große symbolische und zeremonielle Bedeutung. Wenn es aber einmal Fleisch gibt, dann wird gleich das ganze Tier gegessen – vom Maul bis zum Schwanz. Wer es sich leisten kann, bekommt einfach fantastisches Fleisch. Egal, ob Rind, Strauß oder Wild, hier schmeckt alles anders – es muss an der Bergluft liegen.

KURZGEBRATENES STRAUSSENSTEAK

– mit Kürbis-Maismehl-Püree, Grünkohl-Buttergemüse & Rotwein-Honig-Wacholder-Sauce }

Wenn Sie noch nie Straußenfleisch probiert haben, sollten Sie dringend versuchen, ein schönes Steak zu ergattern. Dieser Vogel ist wirklich imposant: der größte Vogel der Welt, das schnellste Tier auf zwei Beinen – es erreicht Geschwindigkeiten von 70 Kilometern die Stunde –, der Vogel, der die größten Eier legt – und mit einem Tritt einen Löwen töten kann. Ziemlich beeindruckend! Oh, und sein Paarungstanz ist irrsinnig bizarr.

Das Fleisch hat einen wunderbaren Wildgeschmack, eine satte dunkelrote Farbe, die für Geflügel ziemlich ungewöhnlich ist, und es ist unglaublich fett- und cholesterinarm. Man darf es deshalb auf keinen Fall zu scharf oder zu lange braten, weil es sonst austrocknet. Am besten schmeckt es, wenn es noch leicht blutig ist.

{ *Für 2 Personen* }

- 2 STRAUSSENSTEAKS {à 200 g}
- 2 TL WACHOLDERBEEREN
- 1 kleine Handvoll THYMIAN {Blätter abgezupft & grob gehackt}
- 125 ml ROTWEIN
- ½ mittelgroßer KÜRBIS {in 2 cm große Würfel geschnitten}
- 75 g FEINES WEISSES MAISMEHL {Mealie Meal}
- 1 EL BUTTER
- ½ kleine ZWIEBEL {fein gehackt}
- OLIVENÖL
- 125 ml RINDERBRÜHE
- 2 TL FLÜSSIGER HONIG
- 1 große Handvoll GRÜNKOHL
- SALZ & FRISCH GEMAHLENER SCHWARZER PFEFFER

Die Straußensteaks in eine flache Form legen. Die Wacholderbeeren im Mörser fein zerstoßen. Mit drei Viertel des Thymians und reichlich Pfeffer über die Steaks streuen, aber noch nicht salzen. Das Fleisch mit dem Rotwein übergießen und darauf achten, dass es so gut wie möglich bedeckt ist. Mit Frischhaltefolie abdecken und mindestens zwei Stunden, besser über Nacht, im Kühlschrank marinieren.

Den Kürbis mit dem Maismehl, einem Liter Wasser und einer Prise Salz in einen Topf geben und zum Kochen bringen. Die Maisbreimischung gut umrühren, die Temperatur stark reduzieren und den Brei etwa 25 Minuten köcheln, bis der Kürbis weich ist. Dann mit einem Kartoffelstampfer den Kürbis und eventuell vorhandene Klumpen zerdrücken, der Brei darf jedoch noch etwas Struktur haben. Das Endergebnis sollte ungefähr die Konsistenz von dickem Haferbrei haben. Falls der Topfinhalt zu dickflüssig wird, noch etwas Wasser zugeben. Falls er zu flüssig ist, mit weiterem Maismehl andicken. Mit Salz und Pfeffer abschmecken und ein Drittel der Butter unterschlagen.

Die Steaks aus der Marinade nehmen und mit Küchenpapier trocken tupfen. Mit Salz und Pfeffer würzen. Die halbe Zwiebel in einem Topf mit etwas Öl bei mittlerer Hitze weich dünsten. Die Marinade dazugeben und ein bis zwei Minuten kochen, bis der Alkohol sich verflüchtigt hat. Die Rinderbrühe angießen und die Hälfte der übrigen Butter sowie den Honig unterrühren. Dann die Sauce mit Salz und Pfeffer abschmecken. Bis zum Servieren bei geringer Hitze köcheln und reduzieren lassen.

Einen Schuss Olivenöl in einer großen Pfanne bei mittlerer Temperatur erhitzen und vorsichtig die Straußensteaks einlegen. Eineinhalb Minuten pro Seite braten, dabei einmal wenden. Nach drei Minuten sind die Steaks rosa *(rare)* gebraten. Aus der Pfanne nehmen, in Aluminiumfolie wickeln und bis zur Weiterverarbeitung drei bis vier Minuten ruhen lassen. Dann die Steaks in Streifen schneiden.

Die übrige Butter in der gleichen Pfanne zerlassen und den Grünkohl darin andünsten. Einige Minuten garen, bis er zusammengefallen ist. Die Pfanne vom Herd nehmen und das Gemüse mit Salz und Pfeffer abschmecken. Den Kürbis-Maismehl-Brei auf Teller verteilen, den Grünkohl darübergeben und das Straußenfleisch darauf anrichten. Mit der Sauce übergießen und mit dem übrigen Thymian bestreuen.

WELCOM
SOUTH AF
JOSEFSD
BORDER CONT

CA

– Willkommen in –

SÜDAFRIKA

Wir kamen mit einem Gefühl der leisen Beklommenheit nach Südafrika zurück. Das Ende dieses ursprünglich – und dann dauerhaft – lausig geplanten und durchdachten Abenteuers war absehbar. Unsere ganze lange Tour war praktisch problemlos verlaufen, wenn man mal von Krankheit, Verletzungen, logistischen und technischen Problemen und zwei Unfällen absieht. Und wir waren nie angefeindet oder bedroht worden. Was, wenn sich das jetzt änderte? Wenn wir uns in unserer Heimat, wirklicher und selbst gewählter, nicht sicher und willkommen fühlten? Was würde das über Südafrika aussagen?

★ ★ ★ ★ ★

Und wie sah die Realität aus? Die Realität dieses rätselhaften, aufgewühlten, fesselnden Landes? Südafrika ist zweifellos eine treibende Kraft dieses Kontinents, viele, die wir auf dem Weg nach Süden trafen, sahen in Südafrika ein Land des Wohlstands und der Chancen. Seine Vergangenheit, Gegenwart und Zukunft sind von Aufruhr, riesigen Herausforderungen und einzigartigem Potenzial bestimmt. Es ist ein Land des Zwiespalts und der Gegensätze. Geliebt, ungerecht, richtungsweisend, fehlgeleitet. Es ist unverwüstlich stark und gleichzeitig sehr schwach. Von seinen ungeheuren Reichtümern profitieren nur wenige. Der Mangel ist allgegenwärtig und von den Strukturen zementiert. Das Land steht für moralische Stärke und Versöhnung, manchmal aber auch kurz vor dem Niedergang. Die Gesellschaft ist noch immer geteilt und die nationale Identität für viele verschwommen. Dieses Land muss immer noch zu sich selbst finden.

Hier ziehen die Macht der Symbole, Aberglaube, Modernität und Tradition ständig in verschiedene Richtungen. Hier haben Hoffnungen und Ängste, Lachen und Traurigkeit, Missgunst und Dankbarkeit, Sicherheit und Ernährung für jeden eine andere Bedeutung. Südafrika ist Vielfalt – der Kulturen, Bevölkerungsgruppen, Ethnien, Landschaften, Sprachen, sozialen Strukturen, der Menschen und der Politik. In dieser unglaublichen Vielfältigkeit liegt die größte Stärke Südafrikas, und sie ist gleichzeitig der Grund für die enormen Spannungen. Das Land nennt sich mit Recht »Regenbogennation«. Aber dieser Regenbogen steht an einem stürmischen Himmel. Kann er mit der Intensität strahlen, die er verspricht? Bestimmt. Wird er seine ganze Strahlkraft entfalten? Ich glaube fest daran, aber bis dahin muss er noch viele Gewitterstürme überstehen. Dieses Land geht einem unter die Haut, nichts ist konstant, nichts gefestigt, und deshalb ruft es auch so widersprüchliche Gefühle wach.

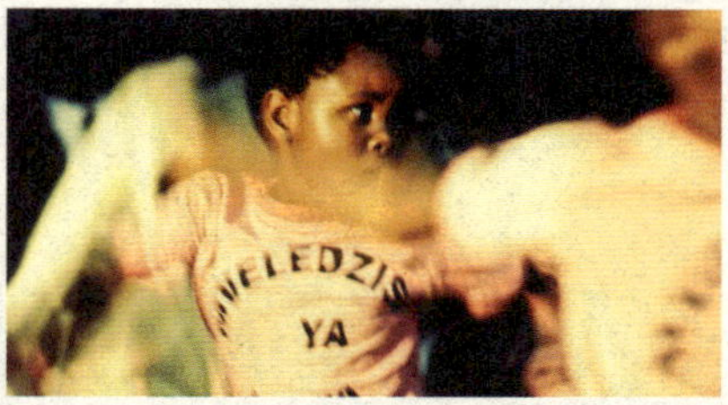

Auf unserer ganzen Tour hatten wir »landschaftlich schöne« Routen mit einem gewissen Misstrauen betrachtet. Nicht weil wir etwas gegen schöne Landschaften hätten – ganz im Gegenteil –, sondern weil wir die Erfahrung gemacht hatten, dass der Ausdruck »landschaftlich schön« gleichbedeutend mit »bergig« ist. Und dieses außergewöhnliche Land ist ausgesprochen und gnadenlos »landschaftlich schön«. In Südafrika stellt man an jeder zweiten Kurve fest, dass es auf dem ganzen Kontinent keine schönere Aussicht geben kann. Und das, obwohl man weiß, dass man ziemlich bald eines Besseren belehrt wird – weil hinter der nächsten Kurve oder der nächsten Passhöhe eine noch großartigere, noch schönere Landschaft liegt. In dieser Hinsicht ist Südafrika unschlagbar.

Hier gibt es: eine endlos lange Küste und hoch gelegene Plateaus im Landesinneren – Highveld, Lowveld, Middleveld und Bushveld; die üppigen Hügellandschaften des Östlichen Kaps, die imposanten Felszinnen der Drakensberge, die weiten Wüstenlandschaften der Karoo, Kalahari und südlichen Namib; das Westliche Kap – das phänomenale Westliche Kap – mit seinen traumhaften Ebenen, Bergen, Tälern und Flüssen. Auch was Geographie, Topographie, Klima und Naturphänomene angeht, ist Südafrika von Vielfalt geprägt, und das heißt, dass hier alles angebaut werden kann, von Weintrauben und Zitrusfrüchten im Westen bis zu Ananas und Zuckerrohr im Osten. Es gibt fruchtbare und trockene Böden, ungeheure Hitze und gemäßigte Temperaturen. Fisch und Meeresfrüchte an der Küste, Wild im Busch.

★ ★ ★ ★ ★

Auch Südafrikas kulinarische Geschichte ist davon geprägt, die verschiedensten Einflüsse aufzusaugen, abzuändern und in etwas Eigenes umzuwandeln. Die ersten Menschen in dieser Region waren Jäger und Sammler, sie lebten von dem, was sie jagen, töten, suchen, sammeln, trocknen und konservieren konnten: Wild, Schildkröten, Langusten, Pinguine, Früchte und Beeren. Mit allen Fremden, die ins Land kamen, kamen neue Speisen, Sitten und Anbautechniken. Moderne landwirtschaftliche Methoden führten die Bantu ein, die, lange bevor die ersten Europäer am Westlichen Kap siedelten, aus dem mittleren Afrika nach Süden zogen. Mit der Ankunft der Europäer änderte sich alles gewaltig.

Die Holländer ließen sich zuerst am Westlichen Kap nieder und begannen, Gärten anzulegen. Sie pflanzten Kürbisse, Bohnen, Erbsen, Wassermelonen, Gurken, Kartoffeln und Kohl. Sie brachten auch Menschen ins Land, politische Gefangene und Sklaven aus ihren indonesischen und karibischen Kolonien, Menschen aus Zentralafrika und Madagaskar. So wurde Südafrika zu einem Schmelztiegel der Kulturen. Mit den Menschen kamen immer mehr Zutaten und Zubereitungsarten. Die wachsende malaiische Gemeinschaft brachte exotische Gewürze, Relishes und Chutneys nach Südafrika. Später kamen französische Hugenotten, Deutsche und Briten und mit ihnen die Kunst des Weinbaus, diverse Backwaren, Würste und Fleischpasteten. All diese fremden Einflüsse verbanden sich zu dem, was wir als moderne südafrikanische Küche kennen, mit Gerichten wie Bunny chow (ein Curry in ausgehöhltem Brotlaib), Boerewurs (Bratwurst), Biltong (luftgetrocknetes Fleisch), Rusk (Zwieback), Chakalaka (eine Würzsauce), Bredie (Eintopf), Pap (Maisbrei), Bobotie, Koeksister (frittiertes Gebäck), Gatsby (mit allem Möglichen gefülltes Baguette), Sosatie (marinierter Fleischspieß) und Skilpadjies (gegrillte Lammfleischbällchen).

Es wäre ein Frevel, hier nicht auf die soziale, kulturelle und kulinarische Bedeutung des wichtigsten und beliebtesten Zeitvertreibs der Südafrikaner hinzuweisen, der Menschen wahrlich zusammenbringt: braii (Afrikaans für »grillen«). Es wird sogar ein nationaler Braii Day gefeiert. Beim Braii geht es nicht nur darum, Fleisch über einem offenen Feuer zu braten, sondern auch darum, in der herrlichen Natur zu sein und mit Freunden und noch Fremden gemeinsam zu essen und zu trinken – südafrikanischer geht es nicht.

Egal, ob in den Townships oder den bewachten Wohnvierteln, über einem alten Fass am Strand oder einem glitzernden Gasgrill vor einer reetgedeckten Villa – Südafrikaner beherrschen die Kunst, über heißen Kohlen und flackernden Flammen zu braten. Auf den Grill kommen gut abgehangene Steaks von Rind, Kudu, Impala oder Strauß, Schafsköpfe, Schweinefüße, Innereien, Lammkoteletts, Bratwürste, Langusten oder Hähnchen. Auf dem Feuer landet (fast) alles, was einmal rannte, schwamm, äste oder galoppierte. Da kommt wohl das Erbe der Jäger und Sammler durch.

CEO 17749

WELCOME

LAMM-CRANBERRY-POTJIEKOS

– mit Blattspinat, Pilzen, Speck & Portwein }

Ein echtes Potjiekos (von Afrikaans *potjie* »kleiner Topf« und kos »essen« abgeleitet) kann man nur über dem offenen Feuer kochen. Die holländischen Siedler brachten diese Zubereitungsart 1652 ans Kap. Der Eintopf ist aus der Küche Südafrikas nicht wegzudenken, er ist ein Nationalgericht und erinnert an das einfache Leben vergangener Zeiten. Während des Großen Trecks ins Hinterland brauchten die Buren einen Topf, in dem sie alles Mögliche kochen konnten. Sie buken sogar Brot darin. Weil es im Busch oft schwierig war, einen Topf übers Feuer zu hängen, griffen die Siedler auf eine einfallsreiche Erfindung zurück. Der typische Potjiekos-Topf hat drei Beine und einen gewölbten Deckel. Diese funktionelle Form ist aus der Not geboren. Wahrscheinlich hatten die Siedler es irgendwann satt, dass die Töpfe mit ihrem wertvollen Inhalt auf dem Feuerholz umkippten. Wer sein Essen verkohlen sieht, hat keine kreativen Ideen.

Als die Siedler immer weiter ins Hinterland vordrangen, begannen sie mit der indigenen Bevölkerung zu handeln. Die Buren brauchten Tierhäute, Werkzeuge und andere Gegenstände, um die harten Bedingungen des Trecks überleben zu können, und der Potjiekos-Topf, kurz: Potjie, entwickelte sich zu einer harten Währung. Er wurde schon bald ein fester Bestandteil der Kochkultur der einheimischen Bevölkerung. Dieser einfache gusseiserne Topf hat sich als ausgesprochen praktisch und dauerhaft erwiesen und gehört bis heute in vielen Gemeinschaften zur festen Kochausstattung. Eins müssen Sie auf jeden Fall beherrschen, wenn Sie ein leckeres Potjiekos zubereiten wollen: die Kunst des Feuermachens. Der Eintopf muss mehrere Stunden lang vor sich hin schmoren und eindicken, Sie brauchen also ausreichend glühende Kohlen. Und wenn alles aus einem Topf kommen soll, dann ist Potjiekos genau das Richtige – pur, zeitlos, kultig, perfekt.

{ Für 6 Personen }

- OLIVENÖL
- 1 große ROTE ZWIEBEL {grob gehackt}
- 2 SELLERIESTANGEN {grob gehackt}
- 2 KAROTTEN {grob gehackt}
- 130 g GERÄUCHERTER PANCETTA {Schweinebauchspeck}
- 1 kg LAMMSCHULTER {in mundgerechte Stücke geschnitten}
- 2 TL TOMATENMARK
- 5 KNOBLAUCHZEHEN {geschält & grob gehackt}
- 1 mittelgroße ROTE CHILISCHOTE {fein gehackt}
- 1 Handvoll ZITRONENTHYMIAN {Blätter abgezupft & grob gehackt}
- 2 Zweige ROSMARIN {Nadeln abgezupft & grob gehackt}
- 1 große Handvoll ESTRAGON {grob gehackt}
- 1 große Handvoll PETERSILIE {grob gehackt}
- 250 ml PORTWEIN {ersatzweise ein anderer Likörwein}
- 2 EL WORCESTER-SAUCE
- 500 ml CRANBEERYSAFT
- 500 ml RINDERBRÜHE
- 300 g BRAUNE CHAMPIGNONS {grob gehackt}
- 2 große Handvoll BLATTSPINAT
- 125 g GETROCKNETE CRANBEERYS
- SALZ & FRISCH GEMAHLENER SCHWARZER PFEFFER

Den Potjie-Pot in eine mittelheiße Holzkohlenglut stellen. Einen guten Schuss Olivenöl hineingeben. Zwiebel, Sellerie, Karotten und Pancetta darin etwa zehn Minuten dünsten, bis das Gemüse weich und das Speckfett goldgelb ausgebraten ist. Das Lammfleisch dazugeben und rundum etwa drei Minuten anbraten. Kräftig mit Salz und Pfeffer würzen. Dann Tomatenmark, Knoblauch, Chilischote, Zitronenthymian, Rosmarin und die Hälfte von Estragon und Petersilie unterrühren. Alles einige Minuten köcheln. Den Portwein angießen und etwa eine Minute einkochen, bis der Alkohol verflogen ist. Die Worcester-Sauce, den Cranberrysaft und die Rinderbrühe zugießen, den Deckel aufsetzen und den Eintopf bei geringer Hitze etwa zweieinhalb Stunden köcheln. Dabei den Eintopf nicht umrühren. Eventuell von Zeit zu Zeit den Topf vom Feuer nehmen, um das Feuer neu anzufachen. Wann und ob das nötig ist, beurteilt jeder selbst.

20 Minuten vor Ende der Kochzeit die Pilze zum Topfinhalt geben und weich garen. Den Topf vom Feuer nehmen, den Blattspinat unterheben und zusammenfallen lassen. Zum Schluss die Cranberrys, den übrigen Estragon und die übrige Petersilie dazugeben und alles gut mischen. Den Eintopf mit Salz und Pfeffer abschmecken und nach Wunsch mit Reis, Miliepap (Südafrikas Antwort auf Sadza und Ugali – siehe Seite 223) oder Krustenbrot servieren.

ABELS & TANIAS AMARULA-RIB-EYE-STEAK

– mit Kürbis- & Süßkartoffelspalten, Blattspinat & Pilz-Amarula-Sauce }

Es ist mir eine besondere Ehre, Ihnen den König und die Königin von Hoedspruit vorzustellen: Abel und Tania Erasmus. Es gibt wohl kaum ein anderes Paar, das so fürsorglich und großzügig ist. Die Adresse der beiden bekamen wir von einer wunderbaren Familie weiter im Norden, die uns bei sich aufgenommen hatte. »Sie bringen euch bestimmt gerne unter«, hörten wir. »Ich kenne Abel eigentlich nicht sehr gut, aber ich erinnere mich, dass er aus der Squash-Liga ausgeschlossen wurde, weil er mal einem Gegner eine verpasst hat ...«. Da mussten wir ihn natürlich kennenlernen.

Jede südafrikanische Familie, die uns aufnahm, schien es als ihre Pflicht anzusehen, uns mit möglichst viel rotem Fleisch zu füttern. Abel und Tania machten da keine Ausnahme. Für Abel, der früher mal ein Steakhaus geführt hatte und inzwischen eine Sicherheitsfirma leitete, die in einem der großen Wildparks gegen Wilderer vorging, hieß das: große Fleischstücke. Für dieses Rezept haben wir etwas kleinere Steakgrößen angegeben, die Monster, die wir serviert bekamen, waren größer als die Teller. Abel war für das Fleisch zuständig, und Tania wirbelte durch ihre blitzsaubere Küche und bereitete alles andere zu, zum Beispiel diese leckere Sauce. Amarula ist ein Likör, der aus den Früchten des Marula-Baums gemacht wird. Der Baum wird auch Hochzeitsbaum genannt – seine Früchte sollen eine aphrodisierende Wirkung haben – oder Elefantenbaum, weil die gruaen Riesen ganz wild auf seine saftigen vitaminreichen Früchte sind. Wir können die Elefanten gut verstehen.

{ Für 2 Personen }

- 2 RIB-EYE-RINDERSTEAKS {à 250–300 g}
- 1 Handvoll THYMIAN {Blätter abgezupft & grob gehackt}
- 4 Zweige ROSMARIN {Nadeln abgezupft & grob gehackt}
- OLIVENÖL
- ½ mittelgroßer BUTTERNUSSKÜRBIS {geschält & in dicke Spalten geschnitten}
- 1 große SÜSSKARTOFFEL {geschält & in dicke Spalten geschnitten}
- ½ mittelgroße ZWIEBEL {fein gehackt}
- 2 Handvoll SPEISEPILZE {z. B. Champignons, grob gehackt}
- 2 KNOBLAUCHZEHEN {fein gehackt}
- 60 ml AMARULA-LIKÖR {ersatzweise ein anderer Cremelikör}
- 125 ml RINDERBRÜHE
- 1 EL BUTTER
- 2 große Handvoll BLATTSPINAT
- SALZ & FRISCH GEMAHLENER SCHWARZER PFEFFER

Die Steaks mindestens 30 Minuten vordem Braten aus dem Kühlschrank nehmen. Mit Küchenpapier trocken tupfen und dann mit je einem Drittel von Thymian und Rosmarin, einem Schuss Olivenöl und reichlich Pfeffer einreiben. Die Steaks mit Frischhaltefolie abdecken und beiseitestellen. Den Ofen auf 200 °C (Umluft 180 °C) vorheizen. Kürbis- und Süßkartoffelspalten in einem großen Topf mit Wasser bedecken und mit einer Prise Salz zum Kochen bringen. Etwa zehn Minuten garen, bis beides weich ist, aber noch einen festen Kern hat. Das Kochwasser abgießen und das Gemüse etwas abkühlen lassen. Kürbis und Kartoffeln auf ein Backblech geben und mit Olivenöl beträufeln. Kräftig mit Salz und Pfeffer würzen und mit einem weiteren Drittel von Thymian und Rosmarin bestreuen. Im Ofen 25 bis 30 Minuten rösten.

Die Zwiebel in einem Topf bei mittlerer Hitze in etwas Öl glasig und weich dünsten. Die Pilze zugeben und weich garen. Den Knoblauch und den übrigen Thymian und Rosmarin unterrühren, mit Salz und Pfeffer würzen und noch eine Minute garen. Den Amarula-Likör und die Rinderbrühe unterrühren und alles erhitzen, bis es sanft köchelt. Dann die Sauce abschmecken: Dabei darauf achten, dass das cremige Amarula-Aroma präsent, aber nicht zu vorherrschend ist. Eventuell noch mehr Likör oder Brühe zugeben. Dann die Hälfte der Butter unterrühren.

Einen großzügigen Schuss Olivenöl in einer Pfanne erhitzen. Die Steaks vorsichtig einlegen und auf jeder Seite zwei Minuten rosa *(medium)* braten. Aus der Pfanne nehmen, einzeln in Aluminiumfolie wickeln und drei bis vier Minuten ruhen lassen.

Die Pfanne nochmals mit etwas Öl und der restlichen Butter bei mittlerer Temperatur erhitzen und den Spinat darin zusammenfallen lassen. Dann die Pfanne vom Herd nehmen und den Spinat mit Salz und Pfeffer abschmecken. Die Steaks neben den Kürbis- und Kartoffelspalten und dem Spinat auf Tellern anrichten und die Sauce großzügig darüberträufeln.

Foresters Arms
Welcomes
Welcome Home
MATT, Buster, Tom, Jim
What An Incredible
Achievement!
The Forries Team
HANSA
PILSENER

٣٦٨٧

Wir waren in Stellenbosch. Unserem Ziel verlockend nah. Ich drehte mich zu Matt um. »Hey, wie weit ist es noch bis zu dir nach Hause?« Er dachte kurz nach und meinte dann: »Ungefähr 17 Kilometer. Wieso?«

Ich guckte auf das Hodometer an meinem Fahrrad, diese kleine Maschine, die – wenn man sie denn anstellt – die zurückgelegte Distanz exakt berechnet. Nach jeder zehnten Reifenumdrehung sollte der Zähler theoretisch umspringen. Er ist auf zehn Meter genau. Weil ich mich verletzt und danach in Frank verliebt hatte, weil ich danach mit Eric unterwegs und meistens ziemlich vergesslich war, zeigte der Zähler irgendeinen Stand an. Aber auch nachdem wir über drei Kontinente gefahren waren und so viel Wunderbares erlebt hatten, konnte mich dieses kleine Hodometer doch noch zum Staunen bringen. Die Zahl, die ich in der letzten Stadt, die wir auf dieser Tour durchfahren mussten, ablas, lautete: 9483,06 Kilometer. Die 9500-Marke wollte ich eigentlich gerne noch durchbrechen. Bei unserer Tour ging es schließlich darum, Meilensteine zu sammeln.

★ ★ ★ ★ ★

Wir traten also weiter in die Pedale, Freunde, Familie, Menschen, die wir liebten, warteten auf uns. Wir fuhren um eine Kurve – und da lag die Kapebene in der Ferne, und über ihr ragte der Tafelberg hoch auf. Dieser Anblick war so schön wie kaum ein anderer und sicherlich der bedeutungsvollste: Wir hatten es geschafft. Wir bogen zu Matts Haus ab. Jetzt mussten wir nur noch bergauf fahren. Nach 501 Tagen mussten wir nur noch ein letztes Mal bergauf fahren.

»Hey, wie weit ist es noch bis zu dir nach Hause?«
Matt lächelte. »Ganz genau 1,3 Kilometer. Wieso? Schaffst du's noch?«
Ich grinste schief. Echt? Konnte das hinkommen?
Das Hodometer stand bei 9498,70 Kilometern. Es sind schon seltsamere Dinge passiert, dachte ich.

Endspurt. Nie hatte ein Hügel so einladend ausgesehen. Da oben wartete unsere Belohnung – der sichere Heimathafen, die Vollendung einer Traumreise. Die Begrüßung war absolut überwältigend. Wir verteilten Umarmungen und weinten und taten, was man so macht, wenn man etwas Großes beendet. Es gab sogar eine Ziellinie, ein zwischen zwei Bäume gespanntes Band: der symbolische Zielpunkt. Als wir es mit einem letzten Tritt in die Pedale passierten, sah ich zum letzten Mal aufs Hodometer: 9500,00 Kilometer. Haargenau. Schon paradox, dachte ich, so ein unglaublich präziser Schlusspunkt nach diesem überaus chaotischen, oft planlosen Reiseleben.

KAPMALAIISCHES LAMM-APRIKOSEN-CURRY

– mit Kokosöl, Tamarinde, & Aprikosen-Chutney }

{ *Für 4 Personen* }

- 1 kg LAMMSCHULTER {in 1 cm große Würfel geschnitten}
- 1 TL KORIANDERSAMEN
- 2 TL FENCHELSAMEN
- 1 ½ TL KREUZKÜMMELSAMEN
- 1 TL SENFKÖRNER
- 5 GRÜNE KARDAMOMKAPSELN
- 2 TL GEMAHLENER BOCKSHORNKLEE-SAMEN
- 2 TL GETROCKNETE CHILISCHOTEN
- 2 TL GEMAHLENE KURKUMA
- ½ TL GEMAHLENER ZIMT
- 1 ½ TL GARAM MASALA {siehe Seite 16}
- 1 EL TAMARINDENPASTE
- 1 ROTE CHILISCHOTE {fein gehackt}
- 3 cm FRISCHER INGWER {geschält & geraspelt}
- 4 KNOBLAUCHZEHEN {geschält & fein gehackt}
- 250 g NATURJOGHURT
- 1 große ZWIEBEL {grob gehackt}
- 2 EL KOKOSÖL
- 1 EL TOMATENPÜREE
- 3 CURRYBLÄTTER
- 1 Dose STÜCKIGE TOMATEN {400 g}
- 80 g GETROCKNETE APRIKOSEN
- 1 EL APRIKOSEN-CHUTNEY, zzgl. etwas zum Servieren
- 50 g KOKOSFLOCKEN
- 1 große Handvoll KORIANDERKRAUT {Blätter grob, Stängel fein gehackt}
- SALZ & FRISCH GEMAHLENER SCHWARZER PFEFFER

Bei diesem Gericht dreht sich alles um die Farbe. Um das kulturelle Erbe. Um das Genießen. Dieses Gericht ist so temperamentvoll wie die einzigartige Kultur, aus der es kommt. Die Cape-Malay-Gemeinschaft ist die in Südafrika lebende Gemeinde der muslimischen Kap-Malaien. Sie pflegen ihre Architektur, Sprache, Kultur, Religion und ihre kulinarischen Traditionen.

Die Kap-Malaien stammen von den ersten nicht indigenen, nicht europäischen Menschen ab, die zwangsweise ans Westliche Kap verschleppt und dort angesiedelt wurden. Die niederländische Ostindienkompanie brachte sie aus Indonesien, Indien oder Madagaskar nach Südafrika. Viele waren als Handwerker hoch geschätzt. In ihrer Heimat waren sie Silberschmiede, Hutmacher, Schuster, Steinmetze und Schneider gewesen. Sie brachten ihre eigenen Essensbräuche, Zubereitungsarten und Speisen mit ans Kap. Relishes, Chutneys, getrocknete Früchte und kräftige Gewürze wie Kreuzkümmel, Fenchelsamen, Koriander, Bockshornklee, Muskat, Kurkuma und Tamarinde, die in der modernen Küche so gerne verwendet werden, kamen mit diesen Sklaven ans Kap der Guten Hoffnung. Auch Sosaties, Bredies, Samosas und Bobotie stammen aus dieser kulinarischen Tradition, die die Vielfalt der südafrikanischen Küche so ungeheuer bereichert hat.

Das Lammfleisch in eine große Schüssel geben. Koriander-, Fenchel und Kreuzkümmelsamen, Senfkörner und Kardamomkapseln in einer Pfanne bei mittlerer Hitze einige Minuten trocken rösten, bis sie aromatisch duften. Die Gewürze in eine Gewürzmühle oder einen Mörser geben und fein mahlen oder zerstoßen. Bockshornkleesamen, getrockneten Chili, Kurkuma, Zimt und Garam Masala unter das Gewürzpulver mischen und alles über das Lammfleisch geben. Dann die Tamarindenpaste mit frischem Chili, Ingwer, Knoblauch und Joghurt hinzufügen und alle Zutaten vermengen, bis das Lammfleisch gleichmäßig mit der Mischung überzogen ist. Die Schüssel mit Frischhaltefolie abdecken und das Fleisch im Kühlschrank einige Stunden oder noch besser über Nacht marinieren.

Die Zwiebel in Kokosöl in einer großen Kasserole bei mittlerer Hitze dünsten, bis sie weich und leicht gebräunt ist. Das Lammfleisch und das Tomatenpüree zugeben, alles gut verrühren und etwa zehn Minuten garen. Dann die Dosentomaten und 125 Milliliter Wasser zugeben, alles kräftig mit Salz und Pfeffer würzen und zum Kochen bringen. Die Temperatur wieder reduzieren und die Mischung etwa 35 Minuten köcheln, bis sie eindickt. Die Aprikosen, das Aprikosen-Chutney, die Kokosflocken und die Korianderstängel unterrühren und alles 15 Minuten kochen. Mit Salz und Pfeffer abschmecken, mit Korianderblättern bestreuen und mit

WENN DIE STRASSE ENDET

– Dank –

Eine solche Distanz mit dem Fahrrad zurückzulegen ist per se ein unglaublich veränderlicher Prozess. Ein Prozess wie: Entstehen, Ablauf, Entwicklung. Eine Erfahrung, der man sich aussetzt, die einen unglaublich fordert. Die oft gefährlich, entmutigend, körperlich und geistig auslaugend ist. Entfernungen scheinen unüberwindbar. Nichts ist konstant. Gefühle, Gelände, das Zusammenspiel – alles ändert sich ständig. Aber dieser Prozess hat auch einen anderen Aspekt. Einen viel wesentlicheren und durch und durch positiven Aspekt.

Mit dieser Art des langsamen und intensiven Reisens gewinnt man nämlich eine Gewissheit. Die Gewissheit, dass wenigstens einmal am Tag irgendetwas, irgendjemand, irgendeine Situation dich so überwältigt, dass du unwillkürlich lächeln musst oder dir auf einmal die Tränen kommen. Das passiert immer unerwartet. Es kann alles Mögliche sein: eine Landschaft, ein Auto, das plötzlich anhält und dessen Fahrer dir etwas zu essen oder zu trinken anbietet, ein tanzendes Kind am Straßenrand, eine Unterhaltung, eine spontane großzügige Geste. Eine Einladung zu einer Tasse Tee oder zu einem gemeinsamen Essen von einem völlig Fremden. Der Grund für das Lächeln ist immer unerwartet – aber es gibt immer einen. In einem Augenblick war man noch völlig kaputt, im nächsten ist man überglücklich.

Und das war und ist das Besondere am Fahrrad, seine ureigene Gabe. Kaum ein anderes Fortbewegungsmittel ermöglicht es einem, so intime Interaktionen zu erleben, so einfach belohnt zu werden. Keine Ansprüche, keine Überheblichkeit, keine Barrieren, kein Vorbeirauschen. Das Fahrrad lädt zur Neugier ein, es schenkt ein Gefühl der Freiheit, einer verdienten Freiheit, die man sich erkämpfen muss. Für jede Reifenumdrehung muss man strampeln. Aber mit jeder Reifenumdrehung bekommt man auch etwas zurück.

★ ★ ★ ★ ★

An einem Punkt waren wir noch niedergeschlagen, aber nur einen Kilometer weiter waren wir in Hochstimmung. Wir versuchten, immer daran zu denken, dass so eine Reise es automatisch mit sich bringt, von einem Extrem ins andere zu fallen. Dass man aber auf keinen Fall zulassen darf, dass diese Tiefpunkte die Eindrücke verdüstern, die Einsicht verhindern. Auf Reisen kommt es immer auf die Perspektive an, und wenn man in einigen der wirklich herausfordernden Ecken dieser Welt unterwegs ist, kann man wertvolle Einblicke gewinnen. Wenn wir unsere selbst gemachten Probleme in den großen Gemeinschaftstopf warfen, würden wir immer mit unserem alten Selbst herumlaufen und nie an den Problemen anderer zu knabbern haben – um diese Erkenntnis mal in den Küchenjargon zu übersetzen. Ja, manchmal hatten wir es schwer, aber aus dem richtigen Blickwinkel betrachtet, bewegten wir uns ziemlich sorgenfrei. Und glücklich.

Wir hatten riesiges Glück.

Mir ist klar, was für ein Riesenglück es war, dass ich meine Traumreise machen konnte, und dieses Buch ist aus dem Wunsch entstanden, sie festzuhalten, über sie nachzudenken und sie mit anderen zu teilen. Ohne die vielen fantastischen Menschen, die uns auf dieser Reise ermutigt, motiviert und unterstützt haben, wären wir wohl nie vom Fleck gekommen. Die Entstehung dieses Buches basierte wie die Reise auf einer Kombination von schierer Improvisation und verbissener Beharrlichkeit. Wieder ein stürmischer, lehrreicher, ganz und gar wunderbarer Prozess. Ich habe oft geglaubt, dass es nie fertig werden wird. Ich wusste nicht, wo ich anfangen sollte. Wie ich anfangen sollte. Oder zum Ende kommen. Als wir losfuhren, hatte ich praktisch keine Ahnung von Fahrrädern, als Self-Publisher hatte ich sogar noch weniger Ahnung. Ich habe überwältigend viel praktische und moralische, nie nachlassende Hilfe bekommen. Wenn ich gar nicht mehr weiterwusste, wenn ich auf der Stelle trat, dann halfen mir Menschen, die sehr viel klüger und ausgeglichener waren als ich.

★ ★ ★ ★ ★

Es wird höchste Zeit, ein paar Helfern namentlich zu danken. Ich entschuldige mich im Voraus bei allen, die ich nicht nenne. Es liegt nur an meiner Vergesslichkeit, und nicht daran, dass ich undankbar wäre, glaubt mir. Zuallererst: Matt, ohne dich wäre das alles nicht möglich gewesen. Du warst der beste Reisegefährte, den man sich wünschen kann. Wenn's hart auf hart kam, hast du nie gezweifelt. Deine Stärke und deine Disziplin haben nie nachgelassen. Dein Optimismus hat mich mitgezogen. Es war mir eine Ehre, diese fantastische Erfahrung mit dir zu teilen. Ich kann es gar nicht erwarten, wieder ein Zelt mit dir zu teilen. Dank an Jimmy und Buster – ihr habt unsere Truppe verstärkt und uns auf ein paar der anstrengendsten Reiseabschnitte neue Energie geschenkt. Diese Geschichte ist auch eure Geschichte.

Ich danke meiner engsten Familie – ihr habt mich vom ersten Moment an unterstützt. Ihr habt die lästigen und sehr nötigen Fragen gestellt. Ihr habt mich dazu gebracht, über meinen Traum nachzudenken und ihn dann weiterzuverfolgen. Ihr wart, was ihr immer wart, meine nie versiegende Quelle der Energie und Motivation. Mama, Papa, Ref und Squidge – ich weiß, was ich euch zugemutet habe, ich habe es keinen Tag vergessen, ich setze alles daran, euch die Liebe, die ihr mir geschenkt habt, zurückzugeben. Ich danke meiner erweiterten Familie – wir sind schon ein toller immer weiter wachsender Haufen. Ich danke meiner Zweitfamilie – dem gesamten Chennell-Clan – und ganz besonders Miah, Colly und Jack. Ihr habt mir in all den Jahren so viel Liebe und Unterstützung geschenkt. Diese Reise führte von einem Zuhause zum zweiten – diese Feuerstelle wird immer mein Lieblingsschlafplatz sein. Und ein Hoch auf die Straße – die verfluchte wunderbare Straße. Ein Hoch auf die Reise. Bis zur nächsten …

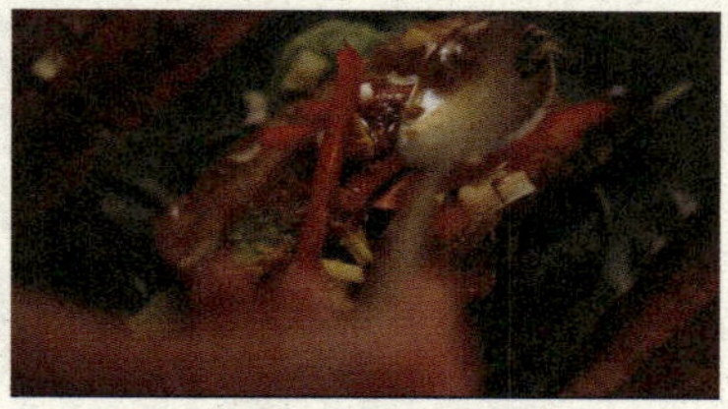

Impressum

Deutsche Ausgabe veröffentlicht von National Geographic Deutschland, 1. Auflage, Hamburg 2016.

Text und Food-Fotografie: Tom Perkins
»On the road«-Fotos: Tom Perkins & Matt Chennells mit ganz besonderem Dank an Dan Harrison, Yann Roth, Buster Brotherton, Jimmy Owen, Sian Owen, Will Perkins & Catherine Payne
Kartenzeichnungen: Cassandra Leigh Johnson

Mitarbeiter der deutschen Ausgabe
Übersetzung: Anke Albrecht und Martina Walter (Rezepte)
Redaktion und Satz: Gerdi Killer, bookwise GmbH, München
Umschlaggestaltung: www.anjagrimmgestaltung.de (Gestaltung), www.stephanengelke.de (Beratung)

Herstellung: Bettina Schippel
Druck: Printer Trento S.R.L.

Printed in Italy
ISBN 978-3-86690-475-0

تأشيرة منافذ
ENTRY VISA
EGYPT
$15
0199381238
№ 004829
İÇİNDE 90 GÜN GEÇERLİ MÜTEADDİT
VİZESİDİR. TÜRKİYE SINIRLARINDAN
İLK GİRİŞTE SÜRE BAŞLAR.
ÇALIŞMA HAKKI VERMEZ.
ENTRY VISA VALID FOR AN INTENDED
MORE THAN 90 DAYS PER PERIOD
DURATION BEGINS ON THE DATE OF
HOLDER HAS NO RIGHT TO WORK
Haydarpaşa Garı
29 MAY 2012
UGANDA
EXIT
PASSPORT CONTROL
ENTRY
2009-08-05
236
CAPE TOWN
ARRIVAL
NUEIBAA
DEPARTURE
ASWAN
Single Journey Visa SAA 00384935
REPUBLIC OF KENYA
Nationality
Other Document No.
Date
Expiry Date
Issuing Signature
Authority Ref
Registration required for stay exceeding 90 days and Employment Prohibited
VISA
Federal Democratic Republic of Ethiopia
Date of Issue
Date of Expiry
Visa Type
No. Entries
Given Name
Surname
Nationality
Date of Birth
ARRIVAL
02 MAR 2012
METEMA BORDER
MOYALE BORDER
17 APR 2012
SULTANATE OF OMAN
EXIT
OCT 2007
OR TAMBO INTERNATIONAL AIRPORT
REPUBLIC OF UGANDA VISA
SU 660027
Employment Prohibited
Name
Nationality
Passport No.
Category:
Holiday
Tourist
Student
Fee US$50
Single/Transit
Issuing Office
Issuing Officer
Expiry Date
IMMIGRATION
EXIT
2012-10-12